高校课程改革与教学研究

夏建雪　徐　竞　张丽晶　著

中国农业出版社

北　京

前 言
FOREWORD

　　课程改革是一项复杂的系统工程，也是教育发展的永恒主题。高等院校教育是高等教育的重要组成部分，也是我国现代教育体系的重要组成部分，高等教育事业的发展状况直接影响到我国经济社会的发展和社会进步。近年来，我国高等教育事业取得了长足的发展，教育规模、结构、质量和效益都有了较大的发展。但是，在新形势下，高校教育改革和发展中仍存在一些问题和不足，特别是在课程改革与教学改革方面仍有很多亟待解决的问题。这些问题主要表现在：一是课程体系结构不够合理；二是课程内容陈旧、知识结构不合理；三是教学方法和教学手段陈旧、单一；四是学生学习缺乏主动性。我国从20世纪50年代开始就对高等学校教育进行了不断改革和探索。特别是改革开放以来，高等教育事业取得了长足的发展，教育规模、结构、质量和效益都有了较大的发展。

　　本书在分析当前高校课程改革与教学实践中存在的主要问题和不足的基础上，对高校课程改革与教学提出了一些建议。全书主要分为3个部分：第一部分分析了高校课程与教学的基础内容，其中包括教学理念、课程理论等内容；第二部分对高校课程的改革与课程建设进行研究，提出了相应的举措；第三部分探究了互联网时代下教育教学的改革与创新发展，分析了现代教育技术在教学与课堂中的应用。

　　本书在撰写的过程中得到了很多专家学者的帮助与指导，在此衷心地表示感谢。由于作者水平有限，书中难免存在疏漏之处，恳请广大读者批评指正。

著　者
2024 年 1 月

目 录
CONTENTS

第一章

高校教育教学理念与基本原则

第一节　高校教育教学理念

一、以人为本推进高校教育教学管理创新

创新教育教学管理模式是推动教育事业更好发展的保障。以人为本的管理理念顺应了当代社会发展的趋势，将其运用到高校教育教学管理中，对教育教学管理的创新与发展具有重要意义。

（一）开展以人为本推进高校教育教学管理创新

高校教育教学管理是高校工作的重要组成部分，在促进高校发展以及在给学生创造一个更和谐、更有序的生活和学习环境中，扮演着极其重要的角色。而要实现推进高校教育教学管理创新，首先应保证能够坚定不移地以科学发展观为理论指导，并且始终坚持以人为本的教育理念，才能真正达到教育的要求。

以人为本是高校教育教学管理的根本诉求。以人为本的理念早已被提出，要想坚定不移地落实科学发展观，必须达到以人为本的核心要求，并且认识到为人服务、对人有利才是发展的根本目的，保证所取得的发展成果能被人享有并且惠及全人类。高校是有计划、有组织并且能够开展系统性教育工作的机构，其目的就是为社会的发展提供保质保量的人才，以教育促进社会发展，也让社会的发展为教育提供教学指南。与社会上的企业相比，高校教育是一种为教书育人而设立的机构，不以营利为目的，却对学生有一定的要求，要求他们能够遵守相关的规章制度。而高校的教育者需要掌握扎实的理论知识、教学技能和专业技能等，还必须具备高尚的职业道德操守，需要尽可能地拉近与学生之间的距离，实现与学生心灵上的交流和沟通。在高校领导、教职员工和学生3个层级构成的群体中，人不仅是高校开展教育活动的主体，同样也是客体，人的双重身份使得教育管理更应该坚持以人为本。高等学校是对所有渴望获得知识的人开展高等教育的教育机构，是培养各个行业人才的重要场所。设立高

校的根本目的就是培养具有创新能力的高级别人才。为了能够使高校教育达到这一标准，必须保证师资力量，这样才能保证所培养出的学生符合高级别人才的需要。"教授"与"学习"都是一个很花费时间和精力的劳动方式，既需要相对自由的学术氛围，又需要能够让教学环境有一定的宽容度，从而满足人文主义式的管理要求。

以人为本才能满足高校教育教学管理的实际需求。多年来，我国很多高校都致力于实现以人为本管理理念的要求，不断探索现代化教育教学管理模式和机制，从目前的情况来看已经取得了初步成效。然而，总的来讲，目前以人为本开展的教育教学管理工作并未从本质上使问题得到解决，人性缺失现象还较为突出。而产生这种现象的原因主要有 3 点：一是教育教学管理目标不够完整。实际上，很多高校管理者经常讨论的话题主要是教学评估、教学如何升级、申请更高学位以及争创名牌学校等，教学管理的重点都放在了设备更新、维护、多媒体教室的建设和食堂、操场建设等问题上，而对"人"的问题关注得较少。以人为本的重点在于对人的尊重，学会换位思考和理解他人，才能依托于对人的全面管理来实现高校的稳步发展。二是教育教学管理体制和机制行政化。高校是一个以教育为目的的场所，在开展教育教学管理工作时要认清一点，就是不能使教育教学管理体制和机制朝着行政化的方向发展。基于当前高校的教育教学管理现状，使得教育教学管理不仅不能充分体现出各层级教学组织的价值和意义，也很难调动教师工作的积极性和学生学习的热情。三是教育教学管理制度呈现僵化的特点。很多高校在开展教学的过程中逐渐形成了一整套涉及教育教学管理规章制度体系，在改善教育教学管理工作方面发挥了一定的作用。但由于受到条条框框制度的影响，教师在真正想对教学工作进行改革创新时会受到很多限制，不利于教育创新的实现。不仅如此，在这种约束下，还使教育教学活动不能展现出活力，从而使整个教育教学管理工作的效果受到影响。

（二）实现以人为本推进高校教育教学管理创新

要想真正地实现以人为本推进高校教育教学管理创新的目标，就必须清楚地认识到以人为本教育教学管理理念的重要性，逐步强化以人为本的管理理念，探寻更为人性化的管理模式，及时构建服务型的管理队伍，为教师和学生提供更高质量的管理服务，满足他们的实际需求，促进高校教育教学健康发展。

探寻更为人性化的管理模式。首先应该满足一定的要求：弱化行政功能，强化学术功能。高校是开展教育的场所而不是办公的场所，所以应坚持专业化的治校理念，始终维护教师在教学管理中的核心地位和核心作用，赋予其权利和相关权益，避免"外行人指挥内行人工作"的情况发生。高校在开展教育教学管理的过程中要体现出民主性，保证教师能够享有基本的教学自由，以开展教学改革创新工作，为学生提供更优质的教学环境。管理分为被动接受型和激励型。激励属于更高级别的管理方式，取得的管理效果更好，同时对管理者的能力要求也更高。要不断完善教育教学管理规章制度，努力在原有的被动接受型管理方式上融入激励型管理因素，逐步实现由被动接受型管理向激励型管理的过渡。

构建服务型的管理队伍。即使传统教育教学管理在不断的发展过程中表现出了一定的优势，但是面对现代信息化管理还存在一些烦琐、呆板的问题。身处信息化时代，高校教育教学管理应该以现代化教学管理理论为导向，对传统教学管理体制和机制进行改革创新，向实现教学管理现代化不断靠近。这种管理更倾向于一种服务性质，是以为教师和学生服务为目的。这就要求管理队伍能够树立起以人为本的服务理念，在处理问题时做到热情、耐心和细致。为了提高服务的质量，还应该不断地提高管理人员的专业素养，提高综合素质和业务能力，增强职业道德感。与此同时，还应构建并完善教学管理人员的目标管理责任制，激励并引导教育教学管理人员严格要求自己，以身作则，在对师生进行管理的同时不断深化教育教学管理的功能。

以人为本作为当代社会的一种新的管理理念，其顺应了时代的发展，将以人为本的管理理念运用到高校教育教学的管理中，有利于高校教育教学管理的创新与发展。

二、高校法治教育教学模式创新

当前，高校大学生法治教育依然是一项任重道远的工作，其根本目的是培养高素质人才。经实地调研高校法治教育工作的现状，分析其影响因素，提出了改进教学模式、改革教育环境、利用教育资源、创新教育手段等措施，促进当代大学生掌握法治模式和法治思想，实现了法治育人的根本目的。

（一）高校法治教育工作的背景

我国全面依法治国道路正逐步铺开，执法懂法理念渗透于社会发展的方方面面，在不断完善的法治社会背景下，高校法治教育工作面临新的发展机遇，国家大政方针、法治理念越来越受到大学生的普遍关注。实际上，2010年《国家中长期教育改革和发展规划纲要（2010—2020年）》明确提出要提高教育教学发展的质量，促进教学模式的转变，激发学生学习的积极性，实现育人理念的创新。2016年《全国教育系统开展法治宣传教育的第七个五年规划（2016—2020年）》再次指出，高校是培养大学生的主阵地，而青少年的法治教育是国民教育的基础性工作，应科学规划法治教育工作，实现学以致用，切实增强法治教育工作成效。2020年，教育部印发的《关于进一步加强高等学校法治工作的意见》对高等学校法治工作的目标定位是推进高校依法治理，完善高校治理体系和提高治理能力的现代化水平。可见，国家一直把育人工作放在高校教育工作的首位，非常重视法治教育与法治宣传工作，希望高校能够在育人的过程中，促进法治教育工作落地生根、全面深化、开花结果。

高校要积极推进法治教育工作的规划与发展，健全全面育人机制，把培养创新型、高素质人才作为高校的首要任务执行，逐步完善大学生的法治理念，提升个人法治素养，落实依法治国理念，实施依法治校思维，推动社会主义法治建设快速发展，构建高校成熟的法治教育环境，切实全面提升大学生的法律知识和法治观念。

(二) 高校法治教育的重要性

高校法治教育是通过高校开展教学活动，实施法治思维理念的引导式教育，大学生通过课堂学习理解社会主义法治理念，懂得法治国家和新时代全面依法治国理念的重要性，具备法治思维和法治素养，促进法治行为的养成。高校目前的法治教育主要是通过教育资源和手段实施，法治教育的本质就是利用现有的一切教育资源和手段，使学生掌握法治脉络，了解法律在国家体系中的设置情况，理解国家的立法理念、司法制度、执法行为等法治基础问题，进一步培养学生遵法守法的理念，这也是高校开展法治教育的根本目的。

高校依托现有的人文环境，以法治素养的养成为基础，探索大学生法治教育工作中遇到的困难，改革高校法治教育工作方法，借鉴国外法治教育工作模式，完善自身教育工作的不足，对提升全面育人效果具有深远意义。

(三) 高校法治教育教学中存在的问题

1. 法治教育师资水平有待提高

高校从事法治教育工作的教师虽大部分具备较高的学历，有着丰富的教学经验，但普遍缺乏法律素养，绝大多数高校的法治教育课程从属于公共课教研室，导致教师法律知识储备不充足。为了解决这个问题，多数教师自学法律知识或利用课余时间学习法学专业的相关课程，由于时间短加之本身没有系统接受过法律教育，理解上难免不够深入，使得在涉及法律相关内容讲解时，教学思路不清晰，教学内容讲述含糊不清。

这种法治教育教学模式造成一些教学内容呈现走马观花的形式，学生对法治体系的理解一头雾水，无法深入理解法治教育的知识点。有的高校师资力量缺乏，一名教师要承担多个教学班级的教学任务，每周的教学工作任务繁重，备课时间少，教学经验不足，教学手段应用不理想，缺乏积极的思考能力，不利于教学模式的改革，课堂教学效果不佳。有的高校甚至不重视集中备课环节，对于课前教学计划和相关准备要求甚少，不重视专业课教师的对外交流和培训，使得教学方式和教学技巧无法改进。

2. 法治教育教学形式单一

目前，法治教育的课堂教学设计以讲授教材中的知识点为主，重点分析法治教育的逻辑关系，启发学生理解学习内容。高校教学活动仍以教师为实施主体，主导课堂活动，教学分为课前准备、课堂讲解、课中互动、课后温习、期末考试等阶段，学生仍处于被动接受的地位，缺乏自主学习的环境，当课堂互动缺乏时，课堂教学演变成"灌输式"的教学形式。学生完全脱离自主思考模式，教学模式弊端凸显，课堂教学缺乏新意。

2016 年，《关于中央部门所属高校深化教育教学改革的指导意见》明确指出，高校要致力于重塑本科教学课程内容和教学体系改革，依托教学硬件条件，建设优质的在线开放课程，开展线上线下混合式教学，推进教学方式方法的变革。

（四）法治教育教学模式创新策略

1. 完善法治教育网络在线课程

高校法治教育目标是希望通过教育手段引导学生提升自主分析和解决问题的能力，为了实现该目标，高校教师要考虑采用学生喜闻乐见的方式，充分利用手机、电脑等载体开展教育活动。目前，大学生都有一到两部手机，每天使用手机至少 2 个小时。学校建立网络在线课堂，使得在线教学融入学生的学习生活中，他们可以利用碎片化时间，通过手机或电脑进行学习，这种方式顺应了学生的需求，是他们喜闻乐见的教学形式，可以提升学习效果。

高校要加强法治教育在线开放精品课程的建设，通过大型开放式网络课程（MOOC）和超星学习通等网络教学平台，开发《思想道德修养与法律基础》在线课程。在建设课程时，教师应根据教学目标设计学习任务，使得学生能够理解所学内容。把所要学习的内容拆分为多个知识点，每个知识点录制 10 分钟左右的教学视频，并设置学生参与互动和回答问题的环节。在教学视频中设定启发式的任务点，启发学生参与知识点的提问回答环节，激励学生对视频教学内容进行回顾和总结。

在网络教学平台上建立教学班级，以 4～8 人为一组分成多个学习小组，通过学习视频中的知识内容，以小组学习的方式开展在线讨论和在线交流，教师预先设计问题并制定评价标准，在网络课程中设置学生参与学习以及在线讨论的权重分数，方便检验小组的学习效果。同时，在小组学习中要加入实际案例，对所学内容进行补充，通过视频、音频和文本形式在线发给小组进行讨论，教师及时在线解决学生学习过程中的困惑，实现学生在线自主学习，增强学习效果。

每次学习后都要鼓励学生参与课程章节中的课后测验，这样的测验能够第一时间检验学生学习的效果，测验以选择题和简答题为主，答题数量在 10 个左右，便于学生通过手机或电脑迅速完成。

2. 开展法治教育混合式教学模式

第一，在课前教学环节中要进行法治教育教学前的准备。课前利用网络发布通知，要求学生在网络平台中预先学习教师转发的网络教学资源，内容可以涵盖最新的法律案例、时政要闻、国家法治建设大事等；同时告知学生，教师要在课堂上对这些内容进行检验，要求学生在课堂上进行分析和讨论，充分发挥学生的自主性。

第二，在课堂教学过程中要充分发挥学生的主体性地位，通过设计课堂互动教学环节，检验学生课前学习的效果，让学生评述案例，然后由教师引导在课堂上进行分组讨论，通过案例形成对法治教育内容的理解。教师作为整个课堂的引导者和协调者，职责是充分调动学生主动分析问题的积极性，引导学生积极参与到教学活动中，从中总结知识点并讲授给学生，促进学生对法治教育教学内容中知识点的熟练掌握，并对积极参与课堂互动的学生给予相应的课堂分数，计入平时成绩中。

第三，课后教学环节需利用网络教学平台建立课后测验题库，督促学生课后进入平台，随机抽取预先布置的课后测验，每人的测验题目都不相同，可以设计为填空题、简答题等，学生在线完成测验，形成测评分数，学期末进行综合排名，形成测评总分计入平时成绩。同时，平台也设置讨论和答疑区，学生有任何与课堂教学有关的建议和问题，可以在线进行讨论、学习和交流，教师通过平台与学生进行即时互动。

总之，法治教育课程的混合式教学有利于激发学生学习的热情，使枯燥的法治教育课堂变得灵活生动，充分调动学生学习的积极性，引导学生认真学习。

三、Web 2.0 时代高校教育教学的创新

在 Web 2.0 时代的背景下，学习已不是传统课堂的学习模式，而是建立在互联网技术手段基础上的广阔范围的学习。在探索如何在开放式的社会化网络条件下对教学平台和教学模式建构，并根据实际操作过程中存在的教学方法滞后、学习方式的困惑、硬件设施和网络资源建设的薄弱等问题的同时，提出高校要更新观念，加强培训，提升信息应用的整体能力；搭建移动学习平台，构建评价和控制体系；加大投资力度，推进校园数字化建设的改进措施。

近几年，随着 Web 2.0 的新一代互联网信息技术的不断发展，以信息化为特征的教学环境的构建和教学资源的建设正不断改变着传统高校教育教学的思维、观念和方法，以教师、课堂、书本为"三中心"的传统教学模式被广大教师和学生所质疑。教师不但要传授学生以知识，还要给予学生自主学习的能

力，学生也逐渐由过去单纯的信息接收者和使用者转变为信息的传递者和创造者。为适应这种高度共享信息化资源的变化趋势，传统的教育教学模式必须要改革，而改革的重要途径就是构建新型的信息化教育教学模式。

Web 2.0 环境下，网络的社会化程度非常高，例如博客、微博、社会书签、资源分享网站、社交网络等应用层出不穷，为学生提供了极为丰富的学习资源和强有力的技术保障。在开放式的社会化网络中，老师与学生可以进行充分的交流沟通，形成参与性、动态性的学习环境，个性化开放式共享型的学习活动不断出现。

（一）Web 2.0 时代教学理论依据和现实需求

构建基于 Web 2.0 的新型教育教学模式具有充足的理论依据和迫切的现实需求。

1. 建构主义教学理念

进入 Web 2.0 信息时代以后，主张以学生为中心，强调师生交互手段的建构主义学习理论在教育教学技术实践发展中逐渐占据主流位置。建构主义理论的中心思想认为，学生的知识获取并不仅仅是通过教师的讲授，还应借助外部（包括教师、学生、社会）的支持，在一定的社会文化背景下，积极利用必要的技术手段，通过自身主动的学习构建获得。

Web 2.0 技术可以把不同媒体、新旧信息进行整合，学生按照自己的实际情况选择学习内容，提高了主动性、自觉性。Web 2.0 技术还有利于学生进行合作化学习。师生都可以把自己的研究成果在信息化平台上进行共享，不受时间、空间制约的信息交流，培养学生的合作精神和建立良好人际关系的能力。

2. 激发学生的学习兴趣，培养学生的自主学习能力

在传统的高校课堂中，学生只能被动地接受专业教师的程序化知识传授，无法选择课堂教学内容和接触其他高校优秀教师、企业职业经理人的知识传授。学生通过 Web 2.0 时代的互联网获取了更多新的知识，就可以解决这个难题。这种方式打破了时间和空间的局限，改变了单纯从教师或课本获取知识信息的单一格局，培养了学生能动学习和比较好地利用网络知识的本领，从而使学生在更大范围内获取知识，扩宽了知识视野，进一步激发了学习兴趣，培养了学生的参与意识。

3. 教学资源共享，教学成本相对较低

知识传授、互动及创造活动需要多方互动，在传统的学习及知识创造场景下，需要知识传递方和接收方共同在场，从而对时间有着严格的要求。计算机网络具有信息容量大、信息传播快等优点是其他教学设备没有办法比拟的。通过网络的资源共享实现低成本的知识互动，知识供应方一次分享可使知识获取方不受时间限制地多次、多人受益，同时对场地、设备等没有额外要求，成本

更低。

4. 跨越师生空间距离，链接行业直通教学

现在很多高校新校区远离市区，远离教师居住区，使得以前教师课后深入教室和寝室当面指导学生的传统难以坚持。移动数字课堂利用互联网络和数字传播技术可以解决师生难以普遍化持续性当面交流的问题。数字媒体传播在新闻界和企业中的应用最为直接和广泛，通过数字媒体可以建立链接行业资讯与专业教育的数字媒体课堂，大大缩短专业教育与行业实践的距离，加强了专业教育与行业实践的联系。

（二）Web 2.0 时代教学平台设计和教学模式构建

1. 教学平台设计

教学平台是一个面向学校教务管理人员、教师、学生，为学生提供服务的教学管理系统。教学平台建设与设计会促进教师改革教学内容与教学方法，引发学生学习方式变革，提高高等学校的教学质量。把基于 Web 2.0 技术的教学平台分为两大模块：教学共享资源库、互动交流系统。

（1）教学共享资源库

这是一个包括学习资源库和实训项目资源库为基础的共享型专业教学资源库，包括专业标准资源、IT 信息资源及工具、网络课程资源、项目案例及实训资源、多媒体素材及教学视频、专题特色资源、核心能力测试题库，通过数字化校园网络平台的支撑，为师生、合作企业和社会学习者提供资源检索、信息查询、资料下载、教学指导、学习咨询、就业支持、人员培训等服务。所有教师与学生在网络平台上建立个人空间，实时上传教师教学过程资料、学生学习过程资料，实现教学资料的积累与共享。

（2）互动交流系统

这是教学平台的主要部分，实现学生作业上传与批阅，师生在线答疑与交流等功能，主要包括在线交互（虚拟社区）、作业管理和在线评测等子系统。该系统为客户提供博客、微博、BBS、网上调查等读者交流、互动的个性空间。

2. 教学模式的构建

基于 Web 2.0 的教学模式主要有以下几种类型。

（1）传授型教学模式

为促进学生对课程的理论理解，可以采取传授型教学模式，即把教学计划、课程内容、讲义或课件放到 Web 2.0 平台，供同学下载学习，同时发布学习要求和作业，采用同步式或异步式的方法进行课程指导，学生的参与度较高。

（2）问题型教学模式

教师把教学内容设计为具体的责任和任务，要求学生通过完成任务实现对课程内容的学习；教师利用博客提供课程背景资料和评价，要求学生在学习和思索中形成对问题的看法和见解。

（3）协作型教学模式

以学习社区或团队的形式利用共享的学习资源，教师仅起到引领作用，主要依靠学生的主动性来完成项目，最后教师给予团队总结性评价。

（4）自主型教学模式

充分发挥学生的自主学习能力，让学生建立自己的博客和微博，加入社区，充当管理员，发起讨论，运用自己所学知识拓展自身的知识领域，完善知识结构，构建自主化的知识体系，把研究成果加入学习社区，丰富教学资源。

（三）Web 2.0 时代教育教学存在的问题

Web 2.0 的技术进步给高校的教育教学改革提供了完美技术保障，但在实际的操作过程中却并不完美，仍存在诸多问题，集中归纳体现在以下几个方面。

1. 教师教学方法的滞后

教师由于长期采用传统的教学方法，形成了固定的教学思维定势，未能深刻理解 Web 2.0 时代的教育教学特征，只是机械地把课本的内容简单复制到电子课件上，使用多媒体进行讲解传授，没有真正实现与学生的互动，激发学生主动学习热情。或者教师过于关注教学节奏，追求课堂内容的"多、快、新"，导致学生无法消化吸收课堂内容，学生在学习过程中，没有自己独立思考和寻找知识的时间和空间。

2. 学生学习方式的困惑

新的教学平台的应用也给学生带来不适应，许多学生未能掌握新的学习方法，对待 Web 2.0 的相关教学工具不知道怎么使用，由于缺乏自主学习和与人沟通能力，无法把线上学习和线下学习进行有机组合，达不到预期的学习效果。网络环境虽然对学生自学非常有帮助，但是网络学习材料并没有进行科学合理的分类，大多数学生主要还是依靠教师进行课程的指导和分派任务，还不是真正意义的自主学习。

3. 硬件设施和网络资源建设的薄弱

部分高校的硬件设施不完善，环境嘈杂，监督机制不完善，校园网覆盖率尤其是无线网络覆盖率和带宽不足，造成学习效果大打折扣，还存在着多媒体的使用频率过高的问题。多媒体变成了 Web 2.0 教学的主角，自主学习知识反而成了配角；多媒体课堂教学也逐渐形成一种固定的 Web 2.0 教学模式，学生会产生厌烦情绪。部分高校虽然积极开展网络资源的建设和软件开发，但网络资源获取比较困难，受到多媒体课件制作的工艺水平的制约，网络课件普遍质量不高。

（四）Web 2.0 时代教学改革的对策

根据在运用 Web 2.0 开展教育教学改革过程中出现的问题，结合目前高校的现实情况，可做以下改进。

1. 更新观念，加强培训提升信息应用的整体能力

面对信息技术的飞速发展，学生的需求呈现出多样化和个性化趋势，这就要求作为传道授业的广大教师必须更新教育理念，优化教学内容、课程体系、教学方法和手段，熟悉掌握各类信息交流工具，充分利用 Web 2.0 平台与学生进行交流沟通。可以采取岗位技能培训、专题讲座的形式，对教师的信息软件应用能力进行培训，提高教师的教学水平。同时，也应加强对学生的信息素质教育，提升学生应用信息工具的能力，促进教学质量整体提高。

2. 搭建移动学习平台，构建评价和控制体系

积极采用基于云计算的数字移动学习平台，实现全天候的自由个性化学习与沟通。平台的设计可以根据学校和学生的实际情况进行选择，如利用博客、微博、BBS 等手段引导，学生畅谈学习的苦和乐、交流学习资源。针对 Web 2.0 制订人才培养方案、教学实施细则、学习评价体系和教学质量控制系统，注重与传统的教学评价控制体系的融合，保证使 Web 2.0 教学与传统教学取长补短，互为补充，形成一个相辅相成的有机系统。

3. 加大投资力度，推进校园数字化建设

Web 2.0 教学改革离不开校园数字化建设工作，需各级教育主管部门和电信通信企业加强对校园的信息工程建设的支持。可以采取以点带面、分步实施的方法，从重点教学区域开始实现数字化网络覆盖，再推进到生活服务区，最终实现校园网络的全覆盖。做好资源整合，利用已有的相关移动通信设备，在移动互联网和智能手机快速发展趋于普及的背景下，可以随时随地登录网络，通过账户的形式实现从公共网络访问校园网络。根据使用者的主观操作和各级别用户的需要，如教师账户、学生账户、行政管理人员账户，对校园的资源和权限进行分类管理。

第二节　高校教育教学的基本原则

一、高校教学原则

从我国新时代高校教学的视野，对高校科学性与思想性相结合原则、启发性与创新性相结合原则、专业性与综合性相结合原则、理论与实际相结合原则、教学与科研相结合原则等几个基本教学原则做探讨，彰显出高校教师做好教学工作的一些新意蕴。

高校教学原则是指高等学校教师从事教学工作必须遵循的基本要求。它是根据高等教育目的、任务和教学规律提出的，是高校教学实践经验的概括和总结。

我国高校的教学原则是根据我国的教育方针、高等教育的任务和高校的教学规律，批判地继承了古今中外的高等教育遗产，特别是在总结了我国社会主义高校教学实践经验的基础上提出的，对我国高校教学实践具有积极的指导作用。高校教师正确贯彻教学原则是全面完成高校教学任务、提高教学水平和教学质量的重要保证。

高校的教学规律是客观存在于高校教学过程内部诸要素的本质性联系。高校教学规律的作用一般是通过教学原则对教学现象的本质解释来体现的，而高校教学原则是高校教学过程客观规律的反映，是人们在认识高校教学规律的基础上，根据一定的社会教育目的和高校的教学任务，经过一定的理论加工而提出的高校教学工作的基本要求。高校教学的基本规律主要有：专才教育与通才教育统一规律、间接经验与直接经验统一规律、掌握知识与发展能力统一规律（教学的发展性规律）、传授知识与思想教育统一规律（教学的教育性规律）、教师主导作用与学生主体作用统一规律等。

目前，在我国《高等教育学》中关于教学原则的名称、数目及其体系还没有完全统一的意见。在我国高校教学工作中具有广泛指导意义的、确实被公认的和体现时代性的教学原则主要是：科学性与思想性相结合原则、启发性与创新性相结合原则、专业性与综合性相结合原则、理论与实际相结合原则、教学与科研相结合原则等。可从我国新时代高校教学的视野对这些教学原则进行探讨。

（一）科学性与思想性相结合原则

科学性与思想性相结合是指我国高校教学要以马克思主义为指导，坚持社会主义人才培养方向，向学生传授科学知识，并结合知识教学对学生进行德育教育（思想政治道德教育），以完成立德树人的根本任务。

我国高校教学的科学性与思想性是辩证统一的。高校教学的科学性是思想性的基础，思想性是科学性的内在属性和重要保证。这一原则是高校教学的教育性规律的充分反映，是高校培养"德、智、体、美等方面全面发展的社会主义建设者和接班人"的必然要求。使高校立德树人的根本任务得以落实，体现着中国特色社会主义高校教学的根本方向和特点。

贯彻科学性与思想性相结合原则的基本要求有几点。

1. 高校教学要确保科学性，向学生传授知识

高校教学的科学性是指高校教师向学生"传道、授业、解惑"，知识内容必须是科学的、正确无误的。为了便于学生理解教材知识，教师授课力求通俗易懂、生动形象，打比方、举例子、看视频，或者为了开阔学生学习眼界，向他们介绍不同的学说和观点等都是需要的，但要保证科学性，不要庸俗化、低俗化和极端化，更不能有违背国家宪法和法律的言行，不能向学生传播错误的思想观点、内容。此外，教师一旦发现自己的授课中有错误，要及时纠正。

2. 高校教学要贯穿思想性，对学生进行德育教育

高校教学的思想性是高校教学中内在的、能够对学生思想政治和道德品质产生影响的特性。教学中，教师要根据不同学科课程的特点对学生进行德育教育，充分发挥高校教学"立德树人"的教育作用。从内容上看，一是理想信念教育；二是社会主义核心价值观教育，引导学生树立正确的世界观、人生观和价值观。其中，高校教学要引导学生牢牢把"富强、民主、文明、和谐"作为国家层面的价值目标，深刻理解"自由、平等、公正、法治"作为社会层面的价值取向，自觉遵守"爱国、敬业、诚信、友善"并把它作为公民层面的价值准则，将社会主义核心价值观内化于心、外化于行；三是弘扬中华优秀传统文化、革命文化和社会主义先进文化教育，弘扬民族精神和时代精神。从形式上看，要充分释放对学生直接进行德育教育的强大作用，要积极挖掘不同学科教材的思想性，对高校人文社会科学、自然科学类等课程在教学中要对学生渗透德育知识。例如，对于文学、历史学、艺术学等学科类课程教学要充分利用其蕴含的丰富的德育因素（如"爱国、敬业、诚信、友善"），潜移默化地对学生进行德育教育；对于理学、工学、农学、医学等学科类课程教学要强化学生爱国主义情感、科学精神和科学态度等方面的培养，促进学生树立勇于创新、求真求实的思想品质，以达成思想政治教育的目标。

3. 高校教师要不断提高自身的专业水平和思想修养

高校教师要不断钻研业务，不断提高自己的专业水平（专业知识、能力等水平），养成严谨治学的科学态度，形成科学的世界观和方法论，并运用于教材内容中，指导教学实践。同时，高校教师要以德立身、以德立学、以德施教，不断提高自身的思想道德修养，充分利用自己对学生潜移默化的影响作用，结合所教学科的特点创造性地对学生进行思想道德教育。只有这样，才能保证高校教学科学性与思想性的统一。

（二）启发性与创新性相结合原则

启发性与创新性相结合是指高校教学要充分发挥教师的主导作用和学生的主体作用，注重学思结合，调动学生学习的主动性、积极性，激发学生的积极思维、创新思维，促进学生在融会贯通地掌握知识的同时，培养创新精神和创新能力。

高校教学坚持启发性与创新性相结合原则，目的是为国家培养具有社会责任感、创新精神和实践能力的高级专门人才。

贯彻启发性与创新性相结合原则的基本要求有几点。

1. 高校教学要调动学生学习的主动性和积极性

高校教学中，教师要充分调动学生学习的主动性和积极性，包括学生的学习动机、兴趣等。这是学生学习的内在动力，是学生学习主体作用发挥的首要条件。同时，针对部分学生学习目的不明确和责任感不强的问题，教师还应对学生的学习目的、态度等方面进行启发引导教育，增强学生学习的责任感和使命感。

2. 高校教学要激发学生的积极性和创新思维

孔子说"不愤不启，不悱不发"。启发的关键在于创设一种问题情境。所谓问题情境指的是一种具有一定困难，需要学生努力克服（寻找达到目标的途径），而又是力所能及的学习情境（学习任务）。学生的积极思维和创新思维常常是由问题情境而引起的。高校教师要根据课程的教材特点和学生的学习实际，在教学过程的各个环节都要考虑如何从教学的重点、难点来创设问题情境，以激发学生的积极思维和创新思维，并采取具体的措施。例如，教师授课时要启发学生敢于对某些已知事物产生怀疑而再思考；敢于否定某些自己一向认为"是"的事物，通过再认识，发现其中的"非"；能进行"由此及彼"的思考，朝着前向、逆向、纵向、横向的发散思维；发扬教学民主，开展课堂讨论，鼓励学生各抒己见；实验（实训）中引导学生创造性地设计、提出报告等。这样进行教学，有利于培养学生的创新精神和创新能力。

高校教学的启发性、创新性要以学生掌握知识为基础，并同发展学生学习的认知能力（观察、记忆、思维、想象等能力）、探索能力和实践能力等方面相结合。同时，教学要"注重因材施教"，关注学生不同的特点和个性差异，发展每个学生的优势潜能和创新能力。

教学要有创新性，需要教师有创新意识。对此，李培根说严复有一段话"其于为学也，中国夸多识，而西人尊新知。"中国人认为懂得的东西越多越好，学到的东西越多越好，而西方人尊崇新知，即新的发现、创造或创新。今天我国政府和大学都很强调创新，但大学教师做研究真正凭好奇心驱动的很少，而好奇心更能驱动创新。另外，创新教育不只是重点大学的事情，也是高职、中专、技校的事情，它们也有能力培养学生的创新技能。同样，创新教育也不只是优秀学生的事情，每一个大学生都有创新潜能，只不过很多学生的潜能还没有发挥出来。

（三）专业性与综合性相结合原则

专业性与综合性相结合是指高校在实施专业教育的教学过程中进行综合化教育。这是一条反映高等教育本质特性的教学原则。

高等教育是一种专业教育，以培养学生将来从事某种专业（行业）工作为目的，也就是为社会培养各级各类的高级专门人才。

当前我国高校实施的专业教育是根据学科领域（如本科教育 12 个学科门类、高职教育 19 个专业大类）和社会行业（职业）部门的分类而设置专业，教学组织单位为院（系）等。高校的教学过程主要围绕着专业而展开，随着学生年级的提高，教学过程中专业理论知识的传授和专业技能的训练所占比例会越来越高。

高校实施的专业教育是现代科学发展高度分化和社会分工的产物。同时，要看到科学发展的高度综合和社会分工的整合趋势，对高校人才培养提出了综合化的实际要求。相应地要求高校教学专业性和综合性相结合，为社会培养专业知识扎实、综合素质高、实践能力强的高级专门人才，这也是高校教学"专才教育与通才教育统一规律"的集中体现。贯彻专业性与综合性相结合原则的基本要求如下：

1. 高校教学要扎实进行专业教育

我国高等教育（学历教育）应当符合的学业标准是：第一，专科教育应当使学生掌握本专业必备的基础理论、专门知识，具有从事本专业实际工作的基本技能和初步能力。第二，本科教育应当使学生比较系统地掌握本学科、专业必需的基础理论、基本知识，掌握本专业必要的基本技能、方法和相关知识，具有从事本专业实际工作和研究工作的初步能力。高校本科、专科（高职）的各种专业培养方案（教学计划）、各门课程和各个教学环节都要根据上述标准扎实地进行专业教育，提高专业人才培养质量。

2. 高校教学要切实进行综合化教育

我国高校教学在专业教育中进行的综合化教育，可分为两大类型：一是通识课程贯穿于大学生的四年或三年学业之中。二是通识课程集中于大学生的一、二年级学业之中。从中培养大学生的人文、科学（科技）等方面的综合素质，也提升了大学生专业学习的基础。还有的高校是按学科大类进行的综合化（复合型）教育，即某一学科门类的综合化教学。

当前，值得审视的是我国部分高校教学在推进综合化教育中，存在着学科专业教育及优势被弱化的突出问题。对此，很需要回归大学之道即遵循高等教育的人才培养规律，大力重塑高校的学科专业教育，也就是高校教学在以实施学科专业教育为主的同时，切实地进行综合化教育。

例如，我国首批"双一流"高校的建设必然是建立在一流学科的基础上的。建设双一流，无论是一流高校还是一流学科，都要突出学科建设的要求。这些本质上都在引导高校根据自己的优势与特色，而不是什么专业什么学科都去做、都去建设，这显然是对过度综合化的一次调整，一次对高校的重新塑形。

（四）理论与实际相结合原则

理论与实际相结合是指高校理论知识教学要联系实际进行，"注重知行统一"，引导学生从中去理解和运用知识，从而达到学以致用和培养实践能力。

理论与实际相结合原则反映了我国高等教育目的（方针）的要求和教学的间接经验与直接经验统一的规律。学生学习的理论知识，主要是间接经验、书本知识，是人类的已知真理。这就要求教学注意理论联系实际，防止理论与实际脱节。

贯彻理论与实际相结合原则的基本要求有几点。

1. 高校教学要联系实际传授理论知识

高校教师在传授理论知识时，首先要讲清基本理论（理论知识的重点、难点），同时还要讲清产生这些基本理论的实践基础和这些理论的实际运用。因为各门学科课程的特点不同，所以教师授课联系实际的内容、方法也不同。教师对理论知识的传授要联系的实际有诸多方面，如学生的知识、能力、思想实际；科学知识在经济建设和社会发展中的实际运用；科技特别是高新科技的实际运用等。

2. 高校教学要加强实践性环节及训练

高校教学的理论联系实际，要通向生产（产学研）、社会实践等。通过课堂讨论、案例分析、模拟、实验、实习实训、社会实践、毕业论文（设计）与综合训练等环节，让学生参加教学实践性活动，达到印证理论、应用理论去分析、解决实际问题和培养实践能力的目的。

高校教学为了加强实践性环节，课堂讲授应当"少而精"，重视知识的简约化、结构化，让学生重点掌握本学科、专业必需的基础理论、基本知识和基本结构（方法）。要构建高校课堂讲授与实践（实训）整合化的教学模式，更加重视大学生学习本专业必要的基本技能、实践能力和就业创业能力的培养及训练。

同时，高校应通过校际联盟、校企（行业）合作等途径来助推实践性教学的实施。例如，2017年由广西大学发起成立、全自治区34所高校加入的"广西高校新工科研究与实践联盟"，提出聚焦广西发展战略重点，面向当前和未来产业发展需要，主动优化学科专业布局，促进现有工科的交叉复合、工科与其他学科的交叉融合。要突破"围墙思维"，主动对接地方经济社会发展需要和企业技术创新要求，深化产教融合、校企合作、协同育人。要增强学生的就业创业能力，培养大批具有较强行业背景知识、工程实践能力、胜任行业发展需求的应用型和技术技能型人才。

由此可见，高校教学的理论联系实际，必须正确认识教学中理论与实际的辩证统一性，既要防止理论脱离实际的教条主义，又要防止以实际代替理论的经验主义。当前，我国部分地方普通本科高校向应用型发展的教学改革尤其要防止经验主义。

（五）教学与科研相结合原则

教学与科研相结合是指高校把科研引进教学，培养学生的科学精神、科学态度、科学方法和科学研究能力，这是一条反映高校教学特殊性的教学原则。

19世纪初，德国的洪保提出具有划时代意义的大学理念："通过科研进行教学"和"教学与科研统一"，并在他创办的柏林大学成功付诸实践。从此，这一理念成为世界各国大学普遍推崇与共同遵守的原则。

当今，我国重点大学（"双一流"大学）与一般大学、本科院校与高职高专院校的人才培养层次虽然有明显的区别，但科学研究作为高校人才培养的有机组成部分，则是所有高校人才培养教学过程的共同属性，反映了高校教学过程的特点和规律，也就是"教学与科研的结合渗透在高等学校教学过程的一般形态中"，以适应新时代中国特色社会主义建设对创新人才培养的客观诉求。

贯彻教学与科研相结合原则的基本要求有几点。

1. 高校教学和科研要全程性融合

从其活动的过程来说，一方面是高校教师将科学研究的宗旨、方法、手段及成果体现于教学过程的各个环节，实现教学过程的科研化；另一方面是高校教师将教学目标、内容、环节等结合到科研过程之中，实现科研过程的教学化，从而达到"教研融合"。在高校教研融合过程中，教师要及早引导大学生参与科研活动。国内外教育实践表明，大学生早期参与科研活动，既是培养创新人才的重要途径，也为促进学科发展和提升科研水平提供了生力军。大学生参与科研不仅给教师带来启示和反思，有助于促进教师科研和教学水平的提升，也直接促成了研究成果的产出和学科建设水平的提高。在国内外高水平大学中，大学生通过参加科学研究和技术研发取得创新成果（如发表高水平论文、申请发明专利、研发实用系统、社会调查咨政等）的事例已有很多。

从活动的途径来说，一是结合各门课程的教学，尤其是专业课程和提高性的选修课程，在经常性的各种教学活动中实现与科研的结合。教师把最新的科技信息和科研成果引入教学中：如中国科学技术大学"把课堂设在科学研究最前沿"，又如，教师在中医学类专业教学中向学生介绍中国药学家屠呦呦获得诺贝尔生理学或医学奖的巨大科学成就即根据中医药信息率先发现并成功提取青蒿素的事迹"青蒿素——中医药献给世界的一份礼物"；教师在物理学、天文学专业教学中引导学生关注美国科学家对"引力波"的最新发现等。教师在教学中如能向学生呈现一些科学技术上和新时代国家建设中亟待解决的难点问题或者重大问题，对于引发学生的科学探求和创新意识以及培养学生的科研志向是很有裨益的。二是通过课程论文或设计、毕业论文或设计以及某些为培养科研能力而开设的课程，如文献检索、科学研究方法等课程实现同科研的结合。三是结合教学，组织学生参加学术、科技、生产、社会调查等实践活动，也是有效的科研训练方式。这种教学与科研融合化的模式，对于学生来说有利于加强专业基础、拓展知识面和提高创新能力，尤其有利于培养科研能力及科学精神、科学道德和科学方法，不断提升人文和科技素养，增强为国家做出贡献的使命感和责任感，也为学生的自主创新发展和可持续发展奠定基础。

2. 高校教师要提高科研水平和能力

高校教师要一手做教学，一手做科研，也就是"教研相长"——"结合教学做科研，以科研促进教学"。教师在教学中，只有坚持不懈地做好科研工作，才能提高自身的科研水平和能力，并促进教学水平和质量的提高。教师只有做好科研工作，才能不断地将自己研究的新成果体现在教学内容中，才能真正实现"教学与科研的统一"；教师也只有有了足够的科研经验，才能更好地指导学生的科研活动。

上述关于高等学校的几个教学原则都有其科学依据、内涵和作用，从不同方面对高校教师的教学工作提出了基本要求。但这些教学原则相互联系、相互作用，是一个有机统一的整体。高校教师在教学工作中既要把握每条教学原则的精神实质，又要重视把握教学原则的整体功能，全面地加以贯彻，创造性地综合运用，以提高教学水平和教学质量。

二、现代高校教学制度的价值理念与创新原则

制度建设与实践创新作为高校教育教学和人才培养质量的重要保障，是尊重高等教育规律、培养学生创新精神和实践能力的需要，也是创办人民满意的教育、建设创新型国家、构建和谐社会的需要，现已成为高校教学改革的重要研究领域。高校教学制度创新的供给侧结构性改革亟须更新，以适应诸多需求带来的巨大挑战。分析教学中存在的制度问题，探讨教学运行、教学管理、教学服务的理念基础、价值精神和创新原则，有利于健全立德树人落实机制，扭转不科学的教学保障与评价导向，建构以培养德、智、体、美、劳全面发展的人才培养体系。

制度，一般指要求大家共同遵守的办事规程或行动准则，也指在一定历史条件下形成的法令、礼俗等规范或一定的规格。教学制度作为一种特殊类型的制度，与一般的社会经济、政治制度本质上是一致的，都是一种规范体系。制度的制定是为更多的人创设适应有效教学的制度环境或者教学环境，也是对少数不当教学行为的约束和限制。良好的教学制度能够保证教学活动按照预期的方向顺利、有序进行。教学制度是提高教学质量的关键环节，分析教学中存在的制度问题，探讨教学运行、教学管理、教学服务的理念基础、价值精神和创

新原则，有利于建构创新人才培养的保障机制。

（一）现代高校教学制度构建存在的问题

高等教育的发展已经实现精英教育向大众教育转化，教育的规模与数量发生了翻天覆地的变化。高校教学制度的建立和完善变得越来越困难，一方面，高校之外的学习变得越来越简单，途径也越来越多，在很多专业领域，应用程序、在线课程、论坛、游戏及聊天室等迸发出来。智能学习系统的开发和应用场景在高校教学中也非常常见，相比传统教学，在线课程、混合课程几乎建立在完全不同的原则基础之上，学习时间更自由，教学材料更丰富，内容被切割成更多的小块。这些都鼓励了那些学习自觉性更高及对教师、辅导员、教学管理人员依赖甚少的学习者，网络、电子资源成了他们学习的中心。在斯坦福大学的一门慕课中，来自全世界的 400 名学生作业完成得比斯坦福大学最优秀的学生还要好。换言之，斯坦福最优秀的学生被一帮自学者打败了。另一方面，教学制度中的评价系统也正在发生变化。可汗学院在提供与教材匹配的在线课程的同时，通过数据控制器检索所有学生，获取大数据信息，学生的网上行为被一一记录，时长、频次、作业完成时间、反馈及时性等，有助于帮助教师全面把握学生的学习成效。姑且不论数据分析器是否存在道德考察和伦理考量，学生和教师确实在此评价系统中受益，对于看得见的提高，师生皆大欢喜。学生的学业表现被网络公示后，激发了学生更用心地创作。这些变化都弱化了教师教学管理者的作用，也弱化了传统教学制度的功能。在高度解析化的社会，传统教学制度面临土崩瓦解的危机，我国教学制度改进的理论和实践应对表现出滞后性。

我国已经成为了世界上高等教育规模最大的国家。2023 年，全国各类高校 2 631 所，高等教育在学总规模 3 779 万人，高等教育毛入学率达 45.7%，正在快速迈向高等教育普及化阶段。新一轮科技革命和产业变革扑面而来，新产业、新技术、新业态、新教育正迎接新的未来，国家创新发展和产业升级对人才的迫切需求前所未有。人才培养的政策环境与制度保障面临着更高要求和巨大挑战，然而，制度建设需要的理论支撑、人才支撑、平台支撑却依然相对不足，供给侧结构已远远不能满足教育需求侧结构的需要，尤其是不能满足当前高校人才培养的需求。

1. 教学制度创新的理论支撑及科学化方面

我国现代教学制度除从古代《学记》等经典教育典籍中获取外，主要来自国外高校教学经验，大多从美国、英国、俄罗斯、日本、德国等教学发达国家引入，但结合我国本土高校、立足本土思维的制度理论研究缺失，而国外的教学制度在试用和探索阶段容易出现"水土不服"和"走弯路"的状况。在有限的对大学教学制度研究的著作和论文中，大多探讨教学管理的基本流程、制度建设的常识性知识和操作性程序，而缺乏系统化的理论研究。多数学者从工作需要的角度出发，强调教学及管理的操作性层面革新，集中在组织制度和激励制度等方面的探讨，理论深度不够，尚未形成全面的教学制度研究框架。部分高校教学制度建设一直处于探索阶段，其研究未受到足够重视，难以形成系统性的规则体系，经验管理痕迹依然很重，距离科学管理的路程还很远。

2. 教学制度建设的研究组织和平台发育方面

现代大学已经加快了科学研究和发展的步伐，很多高校设置了高等教育研究处、发展规划处、发展研究中心和相关研究室等机构，但研究大多定位为宏观政策研究，对具体微观的教学制度，主要还是在教务处、教学研究室等部门，通过长期的办学实践，陆续出台了有助于科研发展的规章制度，有效激励了科研成果的孵化。相比而言，教学的制度建设、制度研究、制度实践本应由参与教学活动的群体共同负责的工作被片面地看作教学管理部门的职责，教务处成了既是制度研究主体，又是制度执行的主体，没有形成全校多元研究和教师群体共同关注的研究对象，很多学术造诣高的教师、研究型的科研组织很少关注高校教学质量和相应制度的建构，对教学及其教学保障相关制度的热情明显低于对科研成果的热情，这也使得教学制度研究深度不够。伯尔曼指出"一项制度要获得完全的效力，就必须使人们相信制度是他们自己的"，还需要吸纳多元利益相关者共同研究教学制度，多元共建的制度应是"经得起重新谈判的考验"的教学制度。

3. 教学制度改革的路径创新方面

教学制度需要适应人才培养，尤其是创新人才培养的现实需求。受"路径依赖"和传统行政化思维的影响，集权式的制度生产方式往往缺乏制度生成的创新路径，使得大学教学管理制度存在制度适应不良、忽视教育教学和大学教师身心的特殊性等问题，因此难以有效培育大学教师良好的教学行为。当前，制度的文本数量已经超越了以往的任何时期，大学通过制度的刚性和约束作用，适应了管理的需求，却忽视了育人的保障，制度控制的刚性容易导致教学管理制度的非理性增长，控制代替了激励，教师会有消极的情绪，学生会产生逆反心理。良好的管理应当"既有纪律，又有自由；既有统一意志，又有个人心情舒畅"，在教学管理的制度生成和过程执行中，需要创新更多的制度生成路径和实施路径，让控制与教学自由之间达到一种平衡，刚柔相济，统而不死，放而不乱，既要有教师和学生的接受度，又让师生在育人过程中充满获得感。

4. 教学制度创新的方式方法方面

大学教学人员作为具有主观能动性的"理性经济人"，其教学行为选择要受到个体情感需要和物质利益需求的影响。制度设计需要从分析主体、时间、空间、文化、心理等因素入手，掌握并运用有效的基本方法，对教学习惯或已有条件进行更新。然而，由于制度依赖和惯性思维的影响，任何变化均需要付出相当的工作量，甚至会因为调整一定的利益格局，使制度创新往往成为费力不讨好的实施；经久不变的陈年旧法即便大众都知道有问题、有漏洞，但由于制度创新的方式方法单一陈旧，很难提出建设性的创新方式方法，难免会造成主观主义和命令主义的错误倾向，不易及时把握教师和学生的感情，造成激励无效，影响师生教学积极性和教学绩效。制度之间的衔接也缺乏相应的机制，因而选择适当的方法，并有效组合，从而达到事半功倍的效果。我国高校教学制度建设大多采用借鉴历史、整合其他高校教学制度为自己所用的方式，缺乏制度创新的合理性解读程序，没有很好地开展深入系统的研究和实践，制度具有局限性、稳定性和不确定性。

（二）高校教学制度建设的价值理念

目前，保证教学质量和提高教学水平已成为高等教育改革的主要内容。前者是由大学内部功能定位所决定，后者是由人才竞争中的市场确定。在加强高等教育教学改革研究的同时，推进教学管理制度建设，克服制度建设固有顽疾，发挥制度建设在管理、评价、诊断、反馈中的积极作用，切实解决大学人才培养中的实际问题，为教学改革提供良好的制度环境，已是不容忽视的问题。通过制度的设定，逐步转变教学思想、教学内容、教学方法等内容的人性观、教学观和管理观，树立高效教学管理制度建设的新理念，是推进和切实保障教学改革的重中之重。

1. 坚持立德树人的理念

德为才之资，树人先立德。高校具有人才培养、科学研究、社会服务和文化传承的四大功能。人才培养是其最核心及最根本的功能，贯穿于其他各项功能之中。大学作为高素质创新人才培养的重要基地，要准确把握立德树人的深刻内涵和实践要求，并将之贯彻到人才培养全过程、全体系和全环节之中。未来世界的竞争，归根结底是人才的竞争、科技的竞争，特别是创新人才的竞争。人才培养的质量提升取决于观念、制度、人才 3 个方面的因素。高校建设和改革的基本出发点是"以人为本"，落实立德树人的根本要求，准确把握高等教育基本规律和人才成长规律，让学校所有工作都能真正回归常识、本分、初心、梦想。首先在全校上下统一"以人为本"的理念中对教师和学生的人性假设，现代高校师生首先是具有知识水平、探索能力和创新精神的"学术人"和"知识人"。"办学以教师为主体，教学以学生为中心"，归根结底管理制度的设计是"为人"服务，应切实加强制度的"为人性"和"育人性"。

2. 全面协调发展理念

人才的培养是全面发展的人才培养，当前，我国的基础教育负担重，高校学生负担相对较轻。因此要狠抓大学教学质量，坚持科学发展观，落实"以人为本，四个回归"，确保教学工作的中心地位。制度的"普适性"要求制度设计必须统筹兼顾，综合协调，而教学制度的指向性则要求制度设计在人才培养过程中应充分适用，切实扭转当前评价的四唯倾向，建立科学合理的多元评价机制。从现实来看，当前高校效益来源很大一部分依靠学生学费的收入，部分大学存在扩大招生规模的情况，缺乏注重质量的理性。加强规模与质量相互匹配，在制度设计上促进规模、质量、结构、效益协调发展，正确处理和保障教学与科研的协调关系，以科研带动教学，以教学促进科研；改善师生交往关系，从以教师为中心转向以学生主动发展为主，发挥教学民主。

3. 质量优先与质量保障理念

质量优先是质量时代的产物，强调高质量发展意味着人才培养的高质量供给、高质量需求、高质量资源配置、高质量投入产出。教学管理的质量包括教学质量、人才培养质量、公平道义的关注以及制度文化建设等。质量是制度建设优劣得失的重要指标，把握和关注这些质量要素是良性制度建设的前提。教学制度作为教学工作的重要保障，是对学生学有所得、学有所成的全面负责。质量是全面发展的质量，其维度是立体、多元和动态的。不仅仅是知识质量，要建立健全具有参与性、公开性和透明性的各项工作制度、管理制度和评价制度，使学校的质量精神成为全体师生共同遵守的行为准则，自觉为学校的质量目标和质量方针实现而努力。

（三）高校教学管理制度建设的创新原则

高校教学管理制度需要根据人才培养目标和规格要求，尊重传统又不拘泥于传统，适度的维持与适度的创新组合。高校教学制度的创新，一是有赖于主体的自觉和理解，尊重制度的规范作用与引导作用，承认制度的价值并自觉遵从和执行。二是有赖于内生需求和动力，制度建设本身追求"健全和完善"，力求理性与德性相统一，追求制度的理性和张力。三是有赖于周期性的等待与坚守，如万物有周期，制度的优劣得失需要时间检验，也需要时间去被认知和认同，在改革与坚持之间应当有耐心，避免制度建设一直在变动之中。因此，我国高校教学管理制度建设既要有辩证的思维，又要有科学的理性，既追求创新又坚持原则。

1. 继承与创新相结合

管理的核心内容是在现有管理基础上有所提升，维持是基础，创新是方向。维持是保持现状，是求变创新发展的基础和载体。制度的发展需要保持制度的延续性和稳定性，否则就会让制度环境不可捉摸，主体也会显得无所适从，教师和学生在人才培养的努力中，容易缺失努力的参照和方向。尊重传统制度的管理优势，运用现有教学管理中的优秀经验，尊重现有运行模式，将经验管理进行科学化转化的一个必要环节就是，教学管理经验的制度化、标准化和专业化。教学单位和相关部门需要改革教学管理制度，一方面，要正确对待"破"和"立"问题，谨慎推进和大胆创新相结合；另一方面，也必须承认，创新毕竟是一个过程，既非流行的口号，也非终结的目标。必须充分考虑大学人才培养的实际，把握办学和教学的规律，仔细思考部分制度"维持"和坚守的意义，既不能不顾办学规律蛮干，又不能固守成规，一成不变。既不能为创新而创新，又不能不顾办学实际，完全否定延续的制度体系。大学制度创新需要在局部突破时牢牢把握住其他部分的维持，创新是维持基础的发展，维持是创新的逻辑延续。

2. 制度建设与实践创新相结合

教学管理制度不是固化的文本形式。创新的前提就是调查研究和理性思考。创新是一个逐渐完善、螺旋前进的过程，创新是在规范基础上的创新。制度建设始终是规范层面的东西，必须通过不断的实践探索、科学创新才能把制度建设中的相关思想落实到具体的实践中。通过实践的创新探索，不断总结经验，又为进一步的制度建设提供有力佐证，并为丰富制度体系奠定基础。教学管理制度的变革性和创新性已经应用于人类教育活动实践中，它将继续成为一个生机勃勃的规范体系。保留制度中富有成效、合理的内容，实现教育的可持续发展，必然要有制度建设的创新精神和勇于实践探索的精神。

3. 整体把握与细节处理相结合

教学管理制度是一个复杂的制度系统，在制度设计时要充分把握全校教学工作的整体框架，面向全体教师和学生，关注教学的所有环节与基本条件，从整体把握教学管理的内容体系，同时又要重视制度设计的论证，充分考虑具体制度细节的可操作性与可测量性，确保制度运行合理有效，既全面管理又重点把握。细节处理是整体把握的必要保障，在整体中注重细节，在细节中体现整体。制度的建设和完善需要充分考量决策层、执行层、监督层的彼此衔接，在不同的制度体系中，还需要注意交接界面的细节把握；既要注重制度体系中内部环节的一致性和有效性，还要注重外部制度和内部制度的彼此呼应，教学制度与人事制度、财务制度、后勤保障制度之间也需要衔接和配合。

4. 民主与集中相结合

"制度建构了个人选择方式以及对行为的有效塑造"。信息时代的到来，人与人之间越来越透明，教学行为也越来越被可视化和可量化。教学制度中既要充分尊重决策的强推进性，同时也要注重师生个体在教学行为中的表现特征，注重师生在教学中的话语权与表达方式。集思广益和众筹智慧越来越被教学决策者重视。数字化校园越来越重要，数字化、智能化管理普遍存在于教学过程之中，个体被行为数据分析得越来越透明，人与人的差异被解析得越来越透彻，用普遍的制度去约束或引导教学行为的难度越来越大，教学中的民主正受到制度倒逼和技术倒逼，教学制度在创新和被创新中砥砺前行。

大学作为底蕴厚重的学术机构，是一个松散联合的组织系统，校院系及各学科专业之间在教学管理流程和方式上也存在巨大差异，教学人员的情感机制和教学运行的复杂网络，也很难依靠统一强硬的教学管理制度达到理想的管理效果。与此同时，数字化社会的到来，诸多新兴技术正在倒逼高校教学改革，诸多以人为本的教学创新正在变成现实，如同人工智能汽车能够提升道路安全性和使用率，其正向价值显而易见。但是，为此人们也要为无人驾驶修改诸多的制度，如交通法、保险制度、基础设施配套，等等。教学创新和改革变成现实之后，同样需要在自由和个性化的校园提供更丰富的教学制度，需要一种新的制度性结构与之相适应，高校面临教学方式、内容、方法和智能化技术手段的冲击、解析和解体，甚至包括教学组织形式的解体，教学制度的建设专家也逐渐面临更多的现实问题，有些问题甚至毫无头绪，在构建现代大学制度基础上，如何提高现代治理能力和教学管理水平，依然是个话题。

三、高校教师专业化的教学质量监控原则

教师专业化的教学质量监控是教育实践研究中的焦点问题，在厘清二者内涵，分析二者相关性的基础上，高校教学质量监控应遵循 3 个结合：上下贯通，即以上级要求为依据与以教师意见为参考相结合；动静结合，即进行常态化的相对稳定的量化考核与实施动态的评价过程相结合；宽严相济，即严格按照教学质量监控标准及程序实施评价与进行弹性管理相结合。

在高校系统的教育教学过程中，师资队伍质量是影响教育教学质量的关键，教学质量监控是保障教学质量达到预期目标的管理活动。高校在实施教学质量监控过程中，应避免因制度标准的统一性、程序性以及不灵活性导致的阻碍教师专业化发展的弊端，充分发挥标准规范的考核对教师专业化的引导与促进作用，实现高校以质量谋发展，以质量促发展的目的。

（一）内涵

教师专业化，最早是在 1966 年联合国教科文组织和国际劳工组织的《关于教师地位的建议》中提出的。我国教师专业化的提法，最早是在 1993 年《中华人民共和国教师法》中的规定即"教师是履行教育教学职责的专业人员"。之后，于 1995 年确立了教师资格证书制度，加强了对教师专业地位的确认，促进了教师专业化的发展。

教师专业化的内涵，因对其考查的视角不同而体现出差异性。对于高校教师发展而言，教师专业化指教师通过传授学业知识实现良好的教学效果，使学生在德、智、体等方面全面发展，为社会培养合格人才。对于高校人才培养目

标而言，一是体现为高校教师因具有丰富的专业知识而成为某一学科的专家，二是肩负着教育学生成为有用的社会人的重担，要培养学生正确的世界观、价值观、人生观。因此，可以得出，教师专业化是教师在教育实践中持续进步的动态发展过程。不仅包含教师专业知识的不断学习与充实，也包含教师职业态度以及教育教学方法的持续改进，其核心体现为教师内在专业结构的改进与教学水平的提高。

教学质量问题一直是各高校关注的焦点，在我国高等教育大众化的形势下，教学质量监控问题也受到越来越多高校的密切关注，不仅是研究的热点也是亟待加强的重要工作。教学质量监控指的是计划、评价、监督、反馈以及调节的全面持续运行过程。通过依据上级教育部门的相关规定要求，高校制定出相应的教学标准与规范，评价、监督教育教学过程的各个环节，包括对学生学的监控、教师教学的监控以及教学管理过程的监控等各个方面。可以概括为：以提高教育教学质量为目标，促进高校的教育教学工作按预期的计划进行并最终实现培养目标的活动过程。

（二）相关性

教师专业化与教学质量监控在内涵上具有差异性，但二者也存在密切的相关性。

二者的关联性：从各自内涵看，虽然教师专业化与教学质量监控因针对具体问题的角度不同而呈现出差异性，但二者也存在密切的相关性。首先，二者目标的一致性，教师专业化与教学质量监控的最终目标都是提高教育教学质量。其次，二者内涵的相互包含，对教师教育教学的评价是教学质量监控的重要内容，教师通过专业化发展也是实现监控标准、提高教育教学质量的有效保障。再次，二者运行过程中的相互扶持，教学质量监控对教师教育教学行为制定了标准与规范，该标准与规范不仅是教师专业化发展的要求，也对教师专业化发展起到引领的作用。因此，教师专业化发展能够促进教学质量监控目标的实现，教学质量监控的实施也推动了教师专业化发展进程，二者相辅相成。

二者的不适应性：教师专业化与教学质量监控因最终目标都是提高教育教学质量，而具有目标一致性，然而，在教育教学过程中二者却体现出不适应性。一方面，教师专业化发展是动态过程，具有自身的规律，在教师发展成长的不同阶段，会体现出专业水准、专业理想等各方面的差异性；而教学质量监控却只能以制定出的较为优秀的教师的教学行为及效果作为评价标准。另一方面，由于高等教育本身的特点，学科知识的复杂性，高校教师的专业知识、能力和素养会存在差异，因此高校教师在教育教学理念、方法以及专业追求等方面会体现出一定的独特性。可见，教学质量监控在促进教师专业化发展过程中存在诸多不适应的环节。

（三）原则

鉴于以上分析，在教学质量监控过程中应贯穿以考核标准为纲与以人为本相融合的理念，既要考虑质量监控标准与规范的制度约束作用，也要考虑教师专业化发展的动态性过程，在发挥教学质量监控规范作用的同时引导与促进教师专业化发展。

1. 上下贯通

上下贯通原则主要是指以上级要求为依据与以教师意见为参考相结合。教育过程的复杂化致使教师专业化不是单一的过程，教学质量监控不仅要尊重上级部门，比如国家、地方的教育发展政策与规划，制定高校的教育教学质量监控标准，同时也要关注教师的感受和需求，在教学质量监控标准制定与实施监控过程中加强与教师的沟通，将教师在教育教学过程中的总结体会以及对教学质量改进的意见建议作为提高教学质量监控与管理活动的重要参考，从教学管理层面发挥教师对教学质量提高的重要作用。

2. 动静结合

动静结合原则主要是指进行相对稳定的常态化的量化考核与进行动态评价相结合。作为教学管理活动的教学质量监控工作，必须有监控的标准作为依据，考核标准的科学化、量化有助于考核的实施，并且考核标准要具有一定的稳定性，质量监控的实施也要形成常态化。然而，鉴于教师专业化的动态性与阶段性特点，其影响教学质量的重要因素不是仅仅依据程序化、量化的考核方式就能够测量与控制，因此，在监控实施过程中应针对教师专业化的不同发展阶段，体现出评价的动态性特征以及教师的进步性特点。

3. 宽严相济

宽严相济原则主要是指严格按照教学质量监控标准、程序实施与进行弹性管理相结合。一方面，要严格按照相关政策文件要求以及高校办学实际，制定科学合理的质量监控标准规范，并实施严格的质量监控以保障日常教学的正常运行。另一方面，对监控目标实施严格考核的基础上体现管理的弹性化。比如，对于教师按时上下课，按程序调停课，课程开课学时数以及开课学期等的监控要严格按照要求落实；而由于教师因处在不同发展阶段所体现出来的专业知识、专业态度等的差异性要区别对待。因此，在教学质量监控过程中应针对教师所处的发展阶段及整体工作状态，对高校教师实施弹性管理，在质量监控过程中考虑到不同教师所处的发展阶段，对其教育教学行为进行差异化的考核评价。

教师专业化是提高教育教学质量的基石，是一个不断趋于完善的发展过程，在教学质量监控的实践中应秉承制度规范与人文关怀相结合的理念，消除教学质量监控对教师专业化发展的不利因素，提高教学质量监控对教师专业化发展的促进与引导作用，这也是广大教育工作者需要在实践中不懈努力与奋斗的目标。

四、高校创业教育课堂教学体系的构建原则

开展课堂创业教育是为了培养学生创业意识、提高学生创业能力、缓解学生就业压力。创业教育的目标是培养人的创业思维、意识、技能等各种创业综合素质，课堂教学是高校开展创业教育的主要形式。通过分析我国创业教育课堂教学的背景和意义，可以提出改进我国高校创业教育课堂教学体系的基本策略框架，为高校更好地实现创业教育目标提供参考。

（一）创业教育课堂教学体系的现实背景

大学生毕业首先想到的是到何处工作或者继续深造，但是很少有学生会考虑自己是否可以创业，同时很多没有上过大学或者上学很少的人开始寻找创业的发展方式，以更好地实现自己的人生目标，高校创业教育的缺失是这种现象出现的原因之一。我国高校的学生工作多数以就业为主，开展创业教育课程的高校相对较少，因此学生很少拥有创业意识，即使部分学生具有创业意识，也常会被一些现实情况抹杀。这种现象既影响了学生的就业质量，对社会的经济发展也产生了一定的负面影响。

高校培养人才的目标是为了社会经济发展的需要，为社会提供各方面人才。高校不仅要培养学生的素质、增加学生的知识，还要培养综合型人才，加强学生的创业实践能力，这是高校提高人才质量和自身发展实力的内在要求，开展创业教育是经济社会发展的必然趋势。创业教育的目标是培养学生创业的基本素质。目前我国很多高校都陆续将创业教育纳入学生的学习范围，创业教育的效果直接取决于创业教育体系是否合理构建和实施，构建符合创业教育规律的课堂教学体系对完善创业教育体系和实现创业教育目标具有重要意义。

（二）创业教育课堂教学体系的构建原则

建设合理的创业教育课程体系是创业教育的发展重心之一，构建课堂创业实践主要是树立学生的创业意识，培养学生的创业能力，挖掘学生的创业思维，激发学生的创业兴趣。创业教育课堂教学体系可以总结为"四个结合"的构建原则。

1. 创业课程和专业课程相结合

创业教育要与专业教育相结合，体现在课堂教学上，是创业课程与专业课程的结合。专业课程是指根据各学科的培育目标和要求所开设的专业理论知识和技能课程；创业课程是指为培养学生创业意识和创业能力而开设的课程，如创业导论、创业管理、商业计划等。创业课程和专业课程的结合分为两个层次：第一个层次是两类课程在基础性和普及性上的结合和搭配，使学生既具有

专业能力，又具备创业能力；第二个层次是两类课程在课程内容上的深度融合，将学科特点融入创业教育中，基于学科开发出具有专业特色的创业课程，如旅游创业、营销创业、科技创业等，将创业教育立足于专业技能之上，将专业知识渗透到创业教育之中。在第一层次和第二层次的结合上可以将创业基础课程设置为必修课程，将创业专业课程设置为选修课程，因材施教。

2. 理论课程和实践课程相结合

创业教育理论课程是指创业基础知识课程，通常有规范完整的教学大纲和教学计划，是创业教育的基本功；实践课程是指对创业知识和创业技能进行综合运用的课程，紧密地围绕着创业实际。通过系统的理论课程和灵活的实践课程合理配置，使学生将创业基础知识深度理解和掌握，通过实践课程来体验、内化为自身能力，形成创业教育的一个完整体系，既传授了创业知识和原理又培养了创业能力。为使二者相互结合，要有创新的教学方法与之适应，在课堂教学中要以案例研究、创业者现身传教、创业模拟实训、现场体验和测试等为实践课程的依托；以问题为导向，通过教学互动、角色扮演等方式充分促使学生思考，调动学生积极性，要特别强调案例研究，以精选的案例增加教学的鲜活性。

3. 第一课堂和第二课堂相结合

创业教育的开放性、参与性特别突出，第一课堂和第二课堂是创业教育并行的两个重要环节。通过第一课堂的学习和训练，学生掌握了系统的创业知识；通过第二课堂的创业活动，学生训练了专业的创业技能。如举办"挑战杯""创业大赛""创业俱乐部""创业孵化""创业者巡讲访问"等活动，并整合教学、科研、学工、创业园、校友会等学校和社会资源，为学生提供富有实效、丰富多彩的第二课堂。

4. 创业知识和创业意识相结合

创业教育的主要任务是传授创业的基本知识、方法和技能，更重要的是培养学生的企业家精神和素质，除了创业能力，更基础性的工作是使学生拥有创业的心理特质和创新意识，使学生能够以企业家的视角思考和看待问题，具备商业思维。例如英国根据功能作用将创业教育分为"创业意识""创业通识""创业职业"3种类型。创业意识的培养是向学生传递社会价值观念，塑造学生的商业观。校园文化具有培育学生创新观念和创业意识的重要功能，学校应通过政策制定和文化活动营造一种鼓励创新的宽松、自由的人文环境，允许失败，重视过程，在潜移默化中形成崇尚创业的良好文化，渗透到学生的创业意识中。

（三）创业教育课堂教学体系的实施策略

高校应积极面对学生创业能力培养的各种障碍，寻找一条符合自身情况和特点的道路，改进自己的办学定位和培养目标，重视创业教育的师资队伍、开设创业教育课程、改进课堂教学方法，为有意创业的学生提供一个良好的平台，构建和完善课堂创业教育实践教育体系。

1. 在课堂上树立正确的创业理念

创业首先要有理念上的创新，以理念上的创新为基础将其应用到实践活动中。具体到课堂创业教育体系中要做到几点：①以学生为本，尊重学生的人格，把学生作为教育目的的根本出发点，培养学生在德、智、体、美等方面实现全面发展；②面向全体，把创业教育融入培养人才的体系中，贯穿培养人才的整个过程，向全体学生全面、广泛、系统地开展；③重视引导，使学生正确了解创业与国家社会经济发展的关系，以及创业与职业的关系，提高学生的创业能力和创新精神；④理论与实践相结合，在培养学生成长的过程中，不仅要注重在课堂上学习理论知识而且还要注重实践教学，完善和丰富实践教学，改革实践教学方法，将理论知识与实践能力紧密结合，全面提高学生各方面的能力；⑤因材施教，在教学过程中保护学生的个性，发挥学生的长处，激发学生的学习兴趣，充分尊重学生的需要和发展。同时也要结合学校的办学特点进行合理定位，根据学生的不同专业，开展不同模式的创业教育教学。

2. 完善创业教育的课堂教学方法

美国耶鲁大学校长理查德·莱文认为："制约学生创新能力发展的主要因素是教学方法问题，不同的教学方法取得的效果大不一样。"在教学过程中应根据学生的创业需求，明确学生的学习内容，要求学生学会对待问题时要独立思考，学会用批判性的思维解决问题，学会从不同的视角看待问题，这种教育模式对社会发展具有积极的促进作用。创业实践能力的培养要求在教学过程中尽量使角色互换，增加课堂中的互动性，以研讨式、互动式和模拟式等方式组织教学课程。从传统教育观念转变为现代教育观念，从以传授知识为中心转变为以培养学生的创业实践能力为重点。

3. 完善创业教育的课程体系和教学内容

学生的创业意识主要是通过课程中学习的内容来实现的，要想提高学生的创业能力，必须优化和完善课程体系和教学内容。在课程体系上可以尝试减少必修课的学分，增加选修课的学分；减少理论课的课时，增加实践课的课时，特别是边缘学科、交叉学科可多开设一些实践研究型课程；在教学内容上，改变传统的"死板式"教学模式，除了学习课本中的知识，增加一些有关能够培养实践能力的知识，提高学生创业实践能力的发展。在开展课堂创业教育学习理论知识的同时，还要全面推动课堂创业实践活动的开展。完善专业教育与创业教育相结合的教学体系，培养学生勇于创新、善于发现创业机会、敢于创业的能力。

第二章

课程与教学的基础理论概述

第一节 课程与教学的基础

课程与教学是构成教育活动的基本和核心要素，课程与教学的研究是教育研究中的基础和核心。在课程与教学研究领域，什么是课程，什么是教学，课程与教学研究的发展历史，课程与教学、课程理论与教学理论之间的相互关系等，是课程与教学领域的基础性问题，也是本章的主要内容。

一、课程与教学的涵义

（一）课程

课程是一个使用广泛而涵义多重的教育学术语。不同的人在不同的时代、不同的情境中，所使用的课程概念的内涵和外延是不同的。从某种程度上讲，每个人都有对课程的认识、理解与建构。因此，要得出一个较为一致的课程涵义是非常困难的。事实上，由于人们对客观世界认识水平的层次性与差异性，一个最基础的"怎样认识课程并对课程做出界定"的问题就能引发各种类型和各种取向的课程概念。

1. 课程的词源分析

课程与教育实践相伴共生，与人类社会、人类的教育活动共生共长。在原始社会，老一代向新生一代传授采撷、捕鱼、狩猎、歌舞等生存技能和民俗传统等，即属于课程活动内容；春秋时期孔子的私学教育，因材施教，礼、乐、射、御、书、数等六艺，以及后来对教育内容及其进程的记载实为课程实践的例证。

"课程"一词在我国文献中的出现始见于唐代。唐朝孔颖达在《五经正义》里为《诗经·小雅·巧言》中"奕奕寝庙，君子作之"一句注疏：教授课程，必君子监之，乃依法制也。南宋朱熹在《朱子全书·论学》中亦有"宽着期限，紧着课程""小立课程，大作功夫"等句。这里的课程已含有学习范围、进程、计划的程式之义。这与现在许多人对课程的理解有相似之处。

在国外，"课程"一词，英语为 curriculum。在西方教育史上，英国教育家斯宾塞（H. Spencer）在《什么知识最有价值》一文中，首先提出"课程"这一术语，并将之概念化为"教育内容的系统组织"。该词源于拉丁文"currere"，即"race-course"，意为"跑道"，规定赛马者的行程，与教育中"学习内容进程"之意较为接近。斯宾塞将"课程"术语引入教育中，并很快被西方教育者普遍采用。

2. 课程定义的基本类型

迄今为止，已有的课程定义各式各样，教育与课程理论工作者从不同的侧面与角度建构着对课程的不同认识和理解。

（1）课程即教学科目

课程即"学科或教材"。把课程等同于教学科目，在历史上由来已久。我国古代的课程有礼、乐、射、御、书、数"六艺"，欧洲中世纪初的课程有文法、修辞、辩证法、算术、几何、音乐、天文学"七艺"。事实上，西方学校是在"七艺"的基础上增加其他学科，而逐渐形成现代学校课程体系的。斯宾塞最初把知识的系统组织定为课程的内涵，实质上是确立了课程即知识或系统化的知识的观点：把有价值的知识系统化，形成一定的科目或学科，将这些学科的知识传授给学生，以实现教育目标。

这种课程观强调学科知识的系统化及教育进程安排，课程内容的来源主要是人类长期积累的知识，教育的任务就是把经过选择并系统化的知识传递给学生。其实质是从知识本身出发，强调在学校教育中向学生传授学科的知识体系，突出体现掌握在学生手中"教材"的规定内容。然而，只关注教学科目，却忽视了与学生的心智发展、情操的陶冶、创造性思维培养、个性发展的培养等有重要影响的其他课程活动和资源，甚至当前提出的隐性课程也被忽视。

（2）课程即学习结果或目标

课程即预期的学习结果或目标。一些学者认为，课程应该直接关注预期的学习结果或目标，即要把重点从手段转向目的，因而教育教学目标的选择和制定成为核心任务。这就要求课程应事先制定一套有结构、有序列的学习目标，然后，围绕预定的教育教学目标而选择组织学习经验，实施教育教学活动，并进行教育教学评价。这种课程观强调教育的目的性，可操作性强，对课程理论具有较大影响。然而该课程观过分强调教育的预先计划性而缺乏灵活性，不容易关注到变化中和已经变化了的教育环境及客观要求，同时也容易忽视非预期的学习结果。

（3）课程即"计划"

课程即"教育计划"或"学习计划"。这一计划包含了教育教学的目标、内容、活动和评价等，甚至把教学设计和教学方法等都组合到"课程"中去了。这种观点是 20 世纪 50 年代以来较为流行的观点。

这种"课程"定义强调了课程的计划性、目的性，而且也把所有有计划的教学活动组合到一起，力图对课程本身有一个全面的说明。但是，在对课程的计划性与目的性的理解上，也出现了异义与偏差。

（4）课程即"经验"

20 世纪 20 年代，进步主义教育思潮盛行。受美国实用主义教育家杜威（J. Dewey）的教育思想影响，一部分教育学家认为课程即学习经验，是针对学生所学的东西而言的。经验是学生在对所从事的学习活动的思考中形成的，使其真正体验到的意义。这种观点强调了学习者的兴趣、爱好、需求和个性，重视学习者与环境的相互作用，重视教育环境的设计与组织，兼顾课程过程与结果，预期的与未预期的经验。

但这种课程观在实际活动中却带来了教育过程的随意性、内容的不系统性和评价标准的不确定性。要想对学习者所得的经验进行评价，很难有统一的标准。所以这种课程观虽然照顾了学生的积极主动体验，把教学的出发点放在了学生身上，实现了课程本质从"物"到"人"的转变，但让课程宽泛化且很难把握了。

另外，还有从课程内容构成的来源及课程的社会功能等视角出发给课程下的定义，如"课程即社会文化的再生产""课程即社会改造"等观点。这也拓展了认识课程的角度与视野。

3. 课程的定义及其发展

总结以上对课程定义的描述，吸收前人研究成果，可以把课程定义为：课程是按照一定的教育目的，在教育者有计划、有组织的指导下，受教育者与教育情境相互作用而获得有益于身心发展的全部教育内容。

事物是发展变化的，课程的定义也是如此，在某一时期必有其存在形式，且是相对稳定的。随着社会的发展和人们对课程认识的深入，课程的定义又将不断丰富、完善和发展，如果认为对课程定义的探讨可以在某个早上以终极真理的形式画上句号，那是不科学的。如有学者认为课程的本体功能是培养人，进而提出如下观点：课程的广度与深度决定着个人发展的广度与深度；课程是丰富的、全面的、生机勃勃的，个人就可能拥有广博的精神世界、美好高尚的修养和情操。相反，贫乏的、狭隘的、沉闷呆板的课程只能使个人的发展带上畸形片面的色彩。可以说，关于课程的全部问题，其实都是围绕着培养人这种本体功能展开的。课程应当包括哪些门类，课程的内容和标准应当维持在什么范围和程度，课程应当怎样把握统一与灵活的关系等，这些问题的选择和决定都是以如何有利于培养人为准则的。

因此，在对课程定义的探讨上，新的定义将层出不穷，但每一个新定义，都是在继承前人研究结果基础上的更进一步发展，而绝不代表课程定义的终结。

（二）教学

人们对"教学"的认识也如同对课程的认识一样，既有共识也有分歧。教学是为实现学校教育的课题与目标而实施的具体活动，它既可以指日常生活中普通人员对它的理解，也有作为教育术语而使用的科学概念。不同的研究者在使用教学以及与教学相互关联的术语时，都有对教学的不同界定。

1. 教学的词源分析

（1）汉语中的"教学"词义

中国古代殷商时期的甲骨文中分别出现了"教"与"学"两个字。比较甲骨文中"教""学"两个字的构成，一般认为"教"字来源于"学"字。把这两个字连在一起使用则是在《尚书·兑命》中最早出现的"斅学半"（斅，xiào，同教）。据宋朝蔡沈注解："斅，教也……始之自学，学也；终之教人，亦学也。"说明其词义只是一种教育者先教后学、教中又学的单方向活动。《礼记·学记》引用它作为"教学相长"的经典依据，指出："是故学然后知不足，教然后知困，知不足，然后能自反也，知困，然后能自强也。故曰：教学相长也。"在《礼记·学记》"建国君民，教学为先"中，"教学"的涵义却极为广泛，几乎是"教育"的同义语。随着社会的发展，客观上产生了有组织、有计划传递社会经验的需要，有了专门化的教学活动，教学便开始有教师传授、学生学习的专门涵义。这种涵义最早见于宋代欧阳修所作《胡安定先生墓表》中："先生之徒最盛，其在湖州学，弟子来去常数百人，各以其经传相传授，其教学之法最备……"这里"教学之法"中的"教学"与我们今天的"教学"涵义相接近。

（2）国外"教学"的涵义

美国教育学者史密斯（B. O. Smith）把英语国家对教学的定义做了系统整理，并把它们归为5类：传统意义上的教学，或者称为描述性定义；教学即成功；教学是一种有意识的活动；教学是一种规范性的活动；在形成中的、科学的教学概念。

（3）原始的教学涵义

从字词的来源分析发现，教和学实质上是一件事情。从中国古代甲骨文的研究来看，教与学显然具有同源性，是对同一人类社会活动的指称。进一步分析"教"字的结构，更可看清这一点。几乎在每一种写法的"教"字里，都是首先包含了一个写法与意义最简单的"学"字（爻），然后再添加些新笔画和部首。这种新的添加就表示了这个字又增加了一些新的涵义。由此，可以说

"教"字来源于"学"字，或者说教的概念是在学的概念的规定性中加上了又一层规定性。

在西方，teach 与 learn 是由同一词源派生出来的，关系十分密切，正如美国教育学者史密斯所说：teach（教）自古以来就同 learn（学）结下了不解之缘。因此，从词的起源上讲，教学被原始地规定到一起去了。

2. 教学涵义的规定性

通过对中西方"教学"词源的考察可以发现，教学的涵义多种多样，不同的历史时期所指不尽相同，不同层次与研究领域的使用者与研究者，对教学的界定与规定也各不相同。因此，教学从其约定俗成的前科学概念到科学概念的不同层次，以及在不同领域、不同层次的使用，都应有其使用的具体规定性。

（1）教学及教授

在我国，19 世纪末 20 世纪初较为流行的观点是教学即教授，意为教师的教。由于当时科举制度刚刚废除，新式学校开始兴办，又苦于没有专职教师，加之受源于德国教育家赫尔巴特（J. F. Herbart）的教学法的影响，人们非常重视教师的"教"。"怎样教"的问题便使教学演化为"教授"。在西方，"teach"这个词从其词源的词根上分析，也有"说明"的意思。这与我国的教学即教授、讲授有一致之处，偏重教师"教"的一方。

（2）教学即教学生学

针对教学即教授的思想倾向，人们发现了"教师中心"下的教师的"教"所存在的弊端，领悟到教授的目的在于学生的学习，因而，教学被强调为教学生学。这实际上是"学生中心"地位教育观的转变。强调教源于学，教的目的是学生的学，这与西方"教学即成功"的教学词义有相同之处。

（3）教学即教师的教与学生的学

这种观点已普遍被人们所接受。从构成教学活动的要素而言，活动的主体是教师与学生，教师与学生以课程内容为中介，以一定的目的为追求而共同参与到同一活动中去，构成完整的教学活动，即教师的教与学生的学。教学的本质目的是学生的发展、学生的学习。教师的教，目的是引起学生的学以达到社会要求；学生的学，目的是在教师有意识、科学的指导下加速个体社会化的进程。因此，教师的教和学生的学是教学活动同一过程的两个方面，彼此不可分割地联系着。

（4）教与学的理论支撑

教学活动是由教和学两种活动所构成的，教学活动可以分割出"教"和"学"两个方面。因此，关于教的方面就出现了"教是怎样影响学的""怎样的教才是有效的"这些教学理论和"学是怎样的学""怎样的学才是有效的"学习理论。所以，关于教学理论的研究，实际上已分化为关于如何教的"教学理论"和关于如何学的"学习理论"两个方面。

3. 教学的本质

教学的涵义很丰富，解释各异。概括说来，教学是为实现教育目的、以课程内容为中介而进行的教和学相统一的共同活动。在教学活动中，师生双方按照一定的目的及要求，通过各种方法进行交往、交流，以使学生掌握一定的知识技能，形成完善的个性品质和思想品德，以实现人类社会发展对个体身心发展要求的统一。

（1）教学是有目的的活动

教学活动是有目的的活动，其根本目的是指向学生的学习和发展。在教学活动中，教师活动的目的指向学生的发展，一切活动的进行都要建立在为学生的学习和发展服务上。尽管教师也有其他活动目的，但是要通过引起学生的学习与发展来实现。学生也有各种各样的目的，但在教学活动中，其学习的出发点与归宿都落在个体的学习与发展上。

（2）教学活动是教与学的有机统一

教学活动包含教师的教与学生的学两个方面，它是有机统一的。首先，教不同于学。在教学活动中，教学是教师的主要行为，其目的是引导学生的学习并使之变得有效。为此，教师要把知识外化出来，变成学生易于接受的东西。学生的行为主要是学习，与教师的外化过程正好相反，是一个接受知识并内化、建构的过程，学是学生的主要行为。正是因为教的行为与学的行为在本质目的上的相同性与表现形式上的差异性，教师的教与学生的学才变得有价值且顺利进行。

其次，教与学互相依赖。教与学之间互为基础、互为方向，即教和学是同一活动的两个方面：教师的教，离不开学生的学；学生的学也离不开教师的教。教师的教就意味着学生的学，学生的学也包含着教师的教。

再次，教与学是辩证有机统一的。教学永远包含教与学两个方面，但这两个方面绝不是简单的数量的对比和相加，而是辩证有机地结合在一起的。只有教或只有学的片面活动，或简单意义上的二者相加是非科学的。另外，随着信息时代的到来，传统的教学方式正在发生根本性转变，教师的权威被解构，在师生共享的、丰富的网络资源面前，学生获得信息的途径已多样化，从某种意义上讲，学生也会在某些方面成为教师的"教师"，促进教师的学习。

（3）教学活动是以课程内容为中介的共同活动

课程内容是联系教师的教与学生的学的中介和纽带，没有特定活动内容材料的传输与学生自身经验的体验，教学活动将不能成为事实。因此，教学活动中，教师必须明晰学生所学的内容，并正确运用教育情境中的相关教育资源与影响。

（4）教学是科学与艺术的统一

教学是科学还是艺术？这一问题曾被长期争论着，有人认为教学是科学，有人认为教学是艺术，各据其理。实际上，教学既是科学，又是一门特殊的艺术，是科学与艺术的统一。

教学是科学，教学活动必然要按一定的规律而进行。构成教学的诸种要素之间是相互作用、相互影响的，这种作用与影响有其内部规律与必然联系，不管人们承认与否，它都客观地存在于教学过程之中。从事教学活动的主体必须认识、把握并利用它，才会使教学活动得以顺利进行。

教学是艺术，只是说教学具有艺术性，教学活动可以艺术地表现出某些方法、内容和技巧。教学可以是一种艺术化的存在形式，但又区别于其他艺术而有其独立存在的内在规定性或根本特点。完美的教学，在性质上应是富有想象力的，能唤起人们意外与惊讶的感觉，给身临其境者一种认识能力上的解放感；完美的教学犹如一篇优美的散文诗，它具有起、承、转、合的韵味，具有曲径通幽、起伏跌宕、峰回路转的魅力；它是一种精神漫游，教师收放自如，学生心领神会，既有纵横捭阖的豪放，又有细处摄神的精致。

因此，教学既是科学，又是艺术，是科学与艺术的统一。一味表述教学的科学概念，往往会使教学活动变得呆板、机械、枯燥无味而失去教学活动的乐趣；同样，片面地把教学当成艺术表演与欣赏，就会失去教学活动的目的性与教育性的本质追求。要克服艺术形式的表面现象，把艺术精神内化于教学活动的实践中。

二、课程与教学研究的历史发展

课程与教学的研究大致走过了萌芽时期、系统理论时期、专门学科时期，并向着更为科学、完善的方向继续发展。为使课程与教学研究更好地为教育实践服务，必须把握课程与教学的历史发展、研究特点与发展趋势。可以把课程与教学研究的历史发展分为课程研究和教学研究两个方面加以考察。

（一）课程研究的历史发展

1. 课程研究的阶段及特点

从课程研究的历史来看，课程研究主要经历了前科学阶段、系统理论阶段、专门学科阶段，并向着未来方向逐步发展。课程研究表现在理论探讨及实际运用两大方面。每一个时代都有其课程的表现形式，表现形式的背后蕴含着课程的研究理念、研究内容及其特点。课程发展史、应用史也就是课程研究史，它们紧密地联系在一起，表现出不同的研究特点。

（1）前科学时期的课程及其研究特点

第一，前科学时期的课程及其形成。前科学时期，即课程研究的原始萌芽时期，是指古代社会的课程及其研究，包含原始社会、奴隶社会与封建社会 3 种社会形态的课程及其研究。

原始社会的教育并没有从社会生产和生活中分化出来而成为独立的活动，教育内容只是混合的、零乱的、不系统的，因此，也就没有专门分化的教育内容，因而也就无所谓"课程"。以奴隶社会、封建社会为代表的古代教育，较原始社会教育有了极大的进步与提高，这时对课程的建设与研究也有了形态与特征。奴隶社会已出现学校和著名的教育思想家，如，我国的孔子及其"六艺"（礼、乐、射、御、书、数）、"四文"（诗、书、礼、乐）说，是我国古代学校最初的学科群形成的理论依据。

作为西方教育源头的古代希腊教育，在斯巴达和雅典两种不同的教育体系中产生了不同的课程，斯巴达教育的主要课程是围绕军事体育教育而设置的，如赛跑、跳跃、掷铁饼、投标、角力等。在奴隶制民主政治和商业贸易基础上形成的雅典教育，课程充分体现了和谐教育的思想，在各个教育阶段即文法学校、弦琴学校、体操学校、体育馆中都分别设置文化、艺术、体育方面的课程。古罗马的学校教育在共和时期有较大发展，面向平民子弟的初等学校，有读、写、算和十二铜表法（laws of twelve tables，制定于公元前 451—前 450 年）为主的课程。面向贵族和富家子弟的文法学校有希腊文、拉丁文以及包括了文学、历史、地理等方面知识的修辞学为主的课程。稍后发展起来的修辞学校，则有修辞学、哲学（辩证法）、法律学、希腊语、数学、天文学和音乐为主的课程。欧洲文艺复兴时期（14—16 世纪），教育努力摆脱宗教的束缚，"智育、体育、美育、德育"四者均衡的课程出现，标志着古典中心课程的兴起；文艺复兴时期的课程虽然偏重人文学科，把代表古典语文的拉丁文和希腊文作为中心科目，但未曾排除其他学科，而且也开设了一些新的课程，如自然科学、天文学、物理学、历史和地理等。但由于自然科学革命尚未发生，课程在范围和内容的更新程度上仍然是有限的，而且宗教教育仍占有一定地位。总之，文艺复兴时期，打破了宗教对学校课程的垄断，破除了禁欲主义思想，重视锻炼身体，增加了新学科，确立了以拉丁语、希腊语为中心的人文主义课程，而且这种课程对后世的影响是深远的。

第二，前科学时期的课程研究特点。前科学时期的课程研究处于孕育与萌发阶段，并没有科学的概念及系统的理论体系。一些课程研究思想都交织在哲学、伦理与政治等的论述中，特别是融入对教育目的、内容等的思考之中，没有专门的术语、概念、体系著作和论述，更谈不上对课程的目标、结构、内容、评价等问题的专门研究；与课程研究相关的论述仅仅停留在描述、规定或记载上，并没有把"课程"作为专门的研究对象，而且也没有对课程的推理、论证及构成课程要素的内部规律的认识与把握。

（2）课程研究的系统理论时期

17 世纪到 19 世纪，乘文艺复兴的东风，欧洲各国从英国率先进行资产阶级革命，先后建立了资产阶级政权。随着资本主义制度的确立，民主主义思潮也在蓬勃兴起。加之生产力的发展，科学技术的进步，产业革命的进展，资产阶级为了它的工业生产和自身的革命必然要用科学的方法和手段去探索世界。因此，科学便起来反叛过去，传统的古典中心课程的垄断地位面临挑战，加之教育科学、心理科学的迅速发展与运用，使学校课程有了很大的变化。这时的教育科学也从哲学中逐渐分化出来，教育理论家相继出现，课程研究也逐步繁荣形成系统理论。

第一，系统理论时期的学校课程的变革。文艺复兴后，自然科学在同宗教的斗争中迅速发展起来，在学校课程中占据了应有的位置；百科全书式的课程主张及课程编排的文理学科趋向统一；伴随着新人文学科，如现代国语、历史、公民、地理等的出现，其他一些学科也逐渐受到重视并被采用到课程体系之中，如体育、艺术学科等。

第二，系统理论时期的课程研究特点。在这一阶段，课程研究还没有被独立出来，但从教育学论著中，已在为课程成为一门独立的学科做理论准备，并在对课程问题的有关研究中，表现出系统理论形成的某些特征：①课程研究逐步系统化。这一时期的研究从不同角度入手，不仅涉及课程的门类、内容，还考虑到课程与学习者各方面发展的关系，考虑到课程的结构、教材的编写等。②课程研究的理论依据科学化。课程研究中已改变了纯粹的描述、记载与思辨的特征，改变了理论附庸于哲学、政治、伦理学的状态，有了自己直接的科学理论基础，特别是心理学的运用，使课程研究达到了较高的科学化水平。③课程有关问题的专门化研究。这时出现了课程研究中基本理论层面的重要命题，并积累了丰富的观点和理论，如形式教育与实质教育的课程内容之争，活动课程与学科课程的安排，知识与能力的使用与训练，课程编排的顺序、分科与综合等，这些问题的出现，已表明课程研究在向专门化方向发展，出现了一批有影响的代表人物，如夸美纽斯、赫尔巴特、杜威等。

总之，这一时期的课程理论研究体系已基本构成，并表现在教育学的各科理论研究中。课程研究的理论体系正为专门化的课程研究做积极的准备工作。

（3）课程研究的专门学科时期

课程论独立体系的建立，标志着课程这门学科的诞生。虽然课程的发展与研究有一个丰富而漫长的过去，但作为一个独立的研究领域从教育学中相对独立地分离出来，却是20世纪初的事情。1918年，美国著名教育学者博比特出版的《课程》一书，被认为是第一本专门讨论课程的著作，也是课程成为一个独立研究领域的标志。20世纪30—40年代，美国著名教育学家、课程理论专家拉尔夫·泰勒集课程研究科学化之大成，成为现代课程理论的重要奠基者和里程碑式的人物，其代表作《课程与教学的基本原理》因而被誉为"现代课程理论的圣经"。之后，课程研究流派纷呈，标志着一个课程研究专门学科时期的到来。在 20 世纪早期的课程科学化运动中，博比特与查特斯是主要代表，他们的课程理论为科学化的课程研究以及泰勒的课程原理奠定了坚实的基础。

第一，泰勒及其"泰勒原理"。美国著名教育学家、课程理论专家拉尔夫·泰勒是现代课程理论的重要奠基者，也是科学化课程研究的集大成者。由于对教育评价理论、课程理论的卓越贡献，他被誉为"现代课程理论之父""当代教育评价之父"。关于课程基本原理最完美、最简洁、最清楚阐述的"泰勒原理"，因此被公认为是里程碑式的课程研究范式。泰勒在其"八年研究"的实践基础之上，提出了著名的"泰勒原理"。

"泰勒原理"即泰勒在《课程与教学的基本原理》一书中指出的、开发任何课程和教学计划都必须回答的 4 个基本问题：学校应该试图达到什么教育目标？提供什么教育体验最有可能达到这些目标？怎样有效地组织这些教育体验？我们如何确定这些目标正在得以实现？这 4 个基本问题可以进一步归纳为"确定教育目标""选择教育体验（选择学习体验）""组织教育体验"和"评价教育体验"。

"泰勒原理"是由确定教育目标、选择教育体验（选择学习体验）、组织教育体验以及评价教育体验 4 个基本环节构成的，这 4 个环节有其内在的逻辑顺序性，各环节之间又具有相对独立性及关联性。确定教育目标，是课程开发与研究的出发点；选择教育体验和组织教育体验是课程开发的主体环节，它指向教育目标的实现；评价教育体验则是课程开发系统运行的结果检验和基本保证。其中，教育目标既作用于教育体验，又作用于评价，既是选择、创造和组织教育体验的指南和关键因素，又是开发评价手段和工具的规范。因此，教育目标是课程开发的出发点与归宿，是课程开发的核心。

第二，"泰勒原理"的历史贡献。"泰勒原理"力图有效控制课程开发过程，使课程开发成为一种理性化、科学化的普遍被采用的模式程序，为人们提供了一个广为采用的课程研究范式，引起人们在课程研究中的方法论思考，这是其突出的贡献。这种课程理论的体系及具体研究奠定了基本框架，将评价引入课程编制过程，这是泰勒的又一重要贡献，这大大提高了课程编制的科学性，使其成为动态的、开放的过程。只有不断地搜索信息，评价效果，才能不断地改进和完善课程。建立了课程编制的目标模式，将目标贯穿于课程编制的全过程，使目标模式具有极强的可操作性和目标的明确性，这对课程的编制及其他编制模式具有重要的指导与启发作用。

当然，这种目标编制模式过于强调科学性、操作性与程序性，也会导致运用过程中影响教师及学生积极主动性的发挥和其他潜在教育内容的利用，使教师受目标的严格限制而影响对课程内容的进一步开发与研究，学生也被教师严格地控制在应该学习的经验与情境中。

2. 当代课程理论构建方式

"泰勒原理"以其"课程研究范式"影响着世界各国课程论专家，也正是其独特的研究范式与视角，引起了人们的思考，人们试图转换角度确立新的切入点，从其他方面研究课程理论的本质规律。由于视角的转换和侧重点的不同，目标模式受到各种挑战。尤其是从 20 世纪 60 年代以后，课程理论的构建已明确纳入研究者的"意识域"之中，人们开始用审慎的、带有反思性的眼光来构建课程理论本身，使课程理论研究获得了新的发展。由于当代课程理论研究流派众多，人们从不同的价值取向对课程理论进行构建。如，美国当代课程论研究专家派纳（W. F. Pinar）沿着历史发展的线索确定了 3 类课程编制和课程理论：传统论者、概念经验论者、概念重建论者。我国课程论专家施良方[①]在其《课程理论——课程的基础、原理与问题》中，把当今课程理论区分为科学的课程理论、自然主义的课程理论、激进的课程理论、解释学的课程理论、审美的课程理论，并对这 5 种课程理论做了详细的分析与论述。国内外其他学者也有一些不同的课程理论构建方式与分类，当代课程理论的兴盛由此可见一斑。

（二）教学研究的历史发展

任何一门科学都有其产生、发展和完善的历史过程，在发展过程中又以某种特点表现出其阶段性。教学理论现在已经成为一门相对独立的研究领域，它也经历了早期研究、理论萌芽、独立体系和发展与繁荣等阶段，并在各阶段环节上互相渗透，呈现出鲜明的特点。

1. 教学研究的早期发展

从古代社会到欧洲文艺复兴，是教学研究的早期发展时期。我国是世界上最早有文字记述教学思想的国家之一，商朝的甲骨文中，教学的内容和方法就可以从"教"字中形象地表现出来。春秋战国时期是中国古代历史上发生重大变革的时期，百家争鸣，私学兴起，儒、墨、道、法各个学派的创始人，大多是著名的教育家，对教学有着深刻的见解。儒家学派的创始人孔子（公元前551—前479年）毕生从事教育事业，在长达40余年的教学生涯中积累了丰富的教学经验，主要记载于《论语》一书中。其"虚心好学、学思结合、时习温故、广闻博见、愤启悱发、举一反三、因材施教、教学相长、诲人不倦"等精辟论述都是教育、教学智慧的结晶。这些博大精深的教学思想构成了我国古代教学思想的渊源，并对世界教学思想有着巨大影响；系统论述我国古代先秦教学思想的《学记》，可以说是世界上最早论述教学问题的专著，它比古罗马教

---

① 施良方，1996. 课程理论：课程的基础、原理与问题［M］. 北京：教育科学出版社：22.

育家昆体良的《雄辩术原理》要早 300 多年。

国外教学思想的源头可以追溯到古希腊。当时的智者派就云游各地，以传授雄辩术为业，很重视讲述、解释、演说、对话、争论等技巧。雅典著名思想家苏格拉底在教学中使用对话、提问、暗示、诘难、归纳等法激发学生思维，使之主动寻求答案的"产婆术"教学方法，被认为是西方最早的启发式教学。古罗马著名教育家昆体良系统地总结了罗马的教学成就和自己从教 20 余年的教学经验而写成的《雄辩术原理》，被西方誉为第一本教学法专著。

在教学研究的早期发展中，应该说还不存在现代意义上的教学理论。因为人们对教学的认识还是非常肤浅的，教学思想往往包含于哲学等著作中，教学的认识和表述也多是直观的、感性的经验描述，缺乏概括的、理性的抽象与升华，有关教学的观点、认识也是零散的、不系统的，散见于其他著作中，没有相对完整的理论体系。但这一时期的教学思想却萌发着人类教学理论的全部基因和力量，包含着教学理论的原始信息，是人类教学理论进一步形成与发展的理论基础。

2. 教学理论形成的基本阶段

教学理论的形成基本上经过了教学理论的萌芽与发展、教学理论独立体系的形成与发展、科学教学论的形成等阶段。

（1）教学理论的萌芽与发展

教学理论的萌芽，产生于启蒙运动的爆发。资产阶级革命的开始和产业革命的发生使时代发展带上了理性特色，科学技术的迅猛发展推动了社会生产力的迅速提高，自然科学特别是心理学的发展为教学理论的萌芽与确立奠定了基础。在这种社会背景下，教育领域自然需要努力探求合乎规律的、能有效提高人们科学技术知识、技能和能力的方法与手段，加之对教育普及的追求与效率意识的觉醒和提高，教学理论的理论化、系统化必然成为教学领域的重要追求，这一阶段著名的教学论专家主要有拉特克、夸美纽斯、卢梭和裴斯泰洛齐等。

第一，拉特克的教学理论。拉特克（W. Ratke）是在教育史上第一个倡导教学论的德国教育家。他在 1612 年向法兰克福诸侯呈交的学校改革的奏书中，自称是"教学论者"，称自己新的教学技术为"教学论"。拉特克认为，受教育是人与生俱来天赋的权利。要保障每一个人享有这一权利，要使所有国民共享统一的语言、学术和文化，以实现国家和民族的统一、和平与独立。为此，拉特克致力于探求"教授之术"，开拓教学论。拉特克的教学论思想直接影响了夸美纽斯，并对整个近代教学理论的发展产生了积极的推动。

第二，夸美纽斯的教学理论。夸美纽斯（J. A. Comenius）是捷克著名教育家，理论化、系统化教学理论的创立者。1632年，夸美纽斯①用捷克语出版了教学论史上划时代的著作《大教学论》，17世纪也因此而被称为教学论的世纪。夸美纽斯给"教学论"下的定义是，"教学论是指教学的艺术"，"是一种把一切事物教给一切人类的全部艺术"，夸美纽斯第一次确定了教学论的概念并构成了它的体系。

夸美纽斯及其《大教学论》在教学论史上具有不寻常的历史地位，他第一次确立理论化、系统化的教学理论，《大教学论》也因而成为现代教学研究的奠基之作，开拓了17世纪教学论的世纪，形成了以"教"为中心的西方教学论传统。他的《大教学论》一方面集文艺复兴以来的教学思想之大成，另一方面又以突出的理论创造成为教学论从哲学体系中分化出来并走向学科独立发展的开端和基石。虽然他的教学理论中还不可避免地留有那个时代给他留下的宗教神学的印记，也没有彻底摆脱其唯心主义世界观的束缚，但这决不影响他和他的《大教学论》在教学理论发展史上的里程碑地位。

第三、让-雅克·卢梭②和裴斯泰洛齐对启蒙时期教学论的发展。夸美纽斯之后，法国的卢梭和瑞士的裴斯泰洛齐继承和发展了夸美纽斯的自然适应教学思想，对近代教学理论做出了重要贡献。

卢梭是18世纪启蒙时期法国著名思想家、社会哲学家、教育理论家，1762年出版的教育名著《爱弥尔》被认为是柏拉图《理想国》之后西方最完整、最系统的教育论著。《爱弥尔》这部教育小说中，虚构了主人公爱弥尔从出生至成人的教育历程，表达了卢梭教育教学的思想理念，从而揭开了西方教学思想中个人主义价值取向的序幕。

卢梭的教育思想是自然教育论。他在《爱弥尔》中开宗明义："出自造物主之手的东西都是好的，而一到人的手里，就全变坏了。"人性本善，人之所以堕落是由于社会的污染。

尽管卢梭不是教育实践家，但他主张教育要尊重儿童的自然天性和主体地位；他主张教学要基于儿童发展的年龄特征；他把发现视为人的天性，把兴趣与方法视为发现教学的基本因素，把自主的、理性的人格视为发现教学的目的；他确立的活动教学、实物教学和形式教学等问题，都是现代教学理论研究的基本问题；他的"自然教育"和"发现教学"成为后来"儿童中心"和"发现法"的思想渊源。同时，他注重儿童心理发展的思想，也使教学理论研究向心理学方向迈出了一大步。

裴斯泰洛齐是瑞士民主主义教育思想家、教育改革家。裴斯泰洛齐深受卢

① 夸美纽斯，2014. 大教学论［J］. 甘肃教育（23）：1.
② 让-雅克·卢梭，2010. 爱弥尔［M］. 内蒙古：内蒙古人民出版社：23-25.

梭的影响，在长期的教育改革实践中，创造性地发展了卢梭的教育思想，提出了"教育适应自然的原则"，充分论证了"自我发展"原理和"直观"原理，明确提出把心理发展的研究作为教学总原则的基础，成为教学"心理学化"的先驱。裴斯泰洛齐的教学理论是对夸美纽斯、卢梭教学理论的总结与深化，是近代教学论的集大成者，特别是"教育教学心理学化"的思想，推动了教学理论科学化的进程。

（2）教学理论独立体系的形成与发展

教学理论独立体系的形成是以赫尔巴特的《普通教育学》为标志的。在其后的发展历程中，第斯多惠、斯宾塞、乌申斯基等人的心理学科学观念丰富着教学论的科学性。特别是德国著名心理学家冯特（W. Wundt）在 1879 年建立的世界上第一个心理实验室，激发了德国梅伊曼（E. Meumann）、拉伊（W. A. lay）的教育教学实验研究。"实验教学论"的出现，给具有独立体系的教学理论注入了现代科学主义的因素，开创了教学理论研究的新时代。而美国教育家杜威"现代教学论"的诞生，既批判了传统教学论的弊端，又提出了新的教学理论理念，使教学理论中关于"主体地位"的认识得到充分体现，使教学论的发展更趋于完整，同时也揭开了现代教育的序幕。

第一，赫尔巴特与教学理论的独立体系。赫尔巴特是德国著名哲学家、心理学家、教育学家。他在裴斯泰洛齐"教学心理学化"思想的影响下，继承并超越了前人教学理论的遗产，在教育史上第一次建立了以心理学为基础的教学理论，并第一次把教学论作为教育学相对独立的组成部分，确立了西方近代教育史上的教育学、教学论体系。他将观念心理学中的"统觉"原理运用于教学中，阐明了教学的任务是培养多方面的兴趣，创立了教学过程的"形式阶段"理论，提出了教学的教育性原则，从而形成了以掌握书本为主旨的被称为传统教学论的完整理论体系，统治并影响欧美教育界半个世纪之久，至今也在影响着教学领域。

赫尔巴特对教学理论的贡献是巨大的，是教学理论历史上的一座丰碑。但他过于强化教师对教学过程的控制作用，对学生主体性的发挥重视不够，从而陷入"教师中心论"；过于强化学科的重要性，对学生活生生的经验重视不够，从而陷入"学科中心论"。

第二，独立体系的教学理论发展。赫尔巴特使教学理论从教育学中分化出来，成为一门独立的体系和独立的学科。之后，被第斯多惠、斯宾塞、乌申斯基等人以各种方式方法，特别是拉伊、梅伊曼等人的"实验教学论"不同程度地注入了科学化的内容和理论，为教学论做出了贡献，使教学论逐渐成熟并走向科学。

总之，自赫尔巴特教学论到实验教学论，整个教学理论的发展从独立到科学，历经众多教育家的丰富与完善，表现出其发展过程中的某些特点：教学论的概念被正式运用，其内涵也逐渐得到揭示，教学论从哲学与教育学中分化出来而形成相对独立的完整体系；教学论与心理学建立起联系，教学的心理学化运动使教学理论的科学化程度显著提高，教学论的科学基础得到重视和丰富；对教学理论的认识和表述开始从经验描述走向理论说明，从具体比喻发展为科学论证，从哲学思辨到实验研究；教学理论研究方法日趋科学化，教学本身的理论性逐渐增强；传统优秀的教学理论思想不断得到补充、丰富、发展和完善，由夸美纽斯到赫尔巴特所建立的以课堂教学为中心，以强调教师的教为中心，以学科知识体系为中心的"传统教学论"已经形成。

第三，传统教学论与现代教学论的分水岭。虽然人们对"传统"与"现代"的分类标准各持观点，不同的标准依据下有不同的意义理解，但对赫尔巴特的传统教学论与杜威的现代教学论从"教师中心"到"学生中心"观念转变的认识是一致的。因此，杜威的教学论在某种意义上既是"传统"与"现代"的"分水岭"，又是人们对教学论中教师与学生的地位与作用辩证性认识的新起点，是现代教学论发展的里程碑。

杜威是美国著名的哲学家、心理学家、社会学家，20世纪最伟大的教育哲学家。他的教学论是建立在其实用主义或经验自然主义哲学基础之上的。他继承和发展了西方自古希腊、古罗马以来的教育遗产，创造性地确立了4个教育哲学命题："教育即经验的不断改造""教育是一个社会的过程""教育即生活""教育即生长"。并在此基础上形成了他的教学论主张。至此，教学理论的独立体系已形成，并且走向科学化。

可见，传统教学论与现代教学论的分庭抗礼，把教学论分为两种对峙模式，并表现在"三个中心"的分野上：书本中心与经验中心的分野、课堂中心与活动中心的分野、教师中心与儿童中心的分野。现代化教学便分为两个侧面，各自在自己的道路上完善自己的理论和实践。

（3）科学教学论的形成

科学的教学论应该有科学的方法论指导思想、科学的理论基础和科学研究方法。如果说17世纪是教学论理论化、系统化确立的时期，以夸美纽斯为代表；18世纪是教学论独立体系并成一门独立学科的时代，以赫尔巴特为代表；19世纪是教学论走向科学化并全面展现教学论问题的时代，以拉伊等人实验教学论的问世及赫尔巴特传统教学论与杜威现代教学论为代表的分庭抗礼为标志；而科学教学论的形成则以马克思主义的诞生并被运用到教学论中为标志，即苏联凯洛夫主编的《教育学》中的教学论——科学的教学论。当然，这种科学教学论的诞生是当时社会发展的产物。

一般认为，20世纪40年代，以凯洛夫为代表的苏联教育家在1948年主编的《教育学》中的"教学论"部分，便是马克思主义教学论的诞生，即科学的教学论。在俄国十月革命后的社会主义条件下，凯洛夫主编的《教育学》中的教学论，既是对从夸美纽斯到乌申斯基教学论思想的批判与继承，又是对苏联 20—30 年代教学经验的总结。在今天看来，凯洛夫的教学论存在一些明显的缺点和不足，但凯洛夫的教学理论毕竟和传统的教育学者的教学理论有着本质的区别，它在教学论史上第一次把马克思主义的认识论引进了教学过程，可以说，凯洛夫的教学理论代表了他所处的时代教学论所达到的高度，并在社会主义阵营中作为"科学教学论"广泛传播，影响并得以发展壮大。

3. 当代教学论的发展轨迹

20 世纪 50—60 年代，在以行为主义心理学为基础的教学理论研究盛行的同时，一些"新教学论"特别是"三大新教学论流派"对教学的影响是相当大的。所谓"三大新教学论流派"是指苏联教育学家赞科夫的"发展性教学论"、美国著名心理学家布鲁纳的"发现教学论"、以德国教学论专家瓦根舍因（M. Wagenschein）和克拉夫基（W. Klafki）为代表的"范例教学论"。"三大新教学论流派"的共同特点是通过改革课程结构与教学体制，培养儿童优异的智力，进而推动其个性整体发展。

另外，苏联巴班斯基的教学过程最优化，体现了现代教学的多样结合。保加利亚洛扎诺夫（G. Lozanov）的暗示教学开辟了现代教学利用无意识的广阔天地。美国心理学家罗杰斯（C. R. Rogers）的非指导性教学，把心理临床治疗的原理运用于教学之中，充分发挥人的作用，教师不对学生进行指示，而是进行平等的对话、交流，注重感情的适应性，双方都在真诚、平等地进行沟通，从而建立起教学注重学生的个性和情感、体现着学生的主体性的非指导性教学过程。

从 20 世纪 60 年代末期开始直到整个 70 年代，行为主义在心理学领域的主导地位逐渐被认知心理学所取代，以认知心理学为基础的教学设计理论开始兴盛起来；进入 80 年代，北美洲的教学设计理论有一个基本趋势，那就是把不同的教学设计理论与认知科学和教育技术学的发展综合起来；到 90 年代，建构主义理论以及相关的理论已经对各国的教学设计和教学理论产生了重要影响，并涌现出一批具有建构主义思想的教学论专家，产生了一些新的教学设计范型和教学论理论流派。

总之，20 世纪以来的教学论发展丰富多彩，特别是 20 世纪 50 年代后产生了许多新的教学论流派，谁也不能主导教学的理论与实践研究而独霸天下，这种多家共存、互相斗争而又互相吸引的局面，意味着现代教学论迈入了多样综合的新时代。

三、课程与教学的关系

课程与教学、课程理论与教学理论的关系问题是课程与教学理论研究中的一大困惑。当代课程与教学理论家们对这一问题的讨论更是见仁见智、莫衷一是。

（一）课程与教学关系概述

课程与教学的关系极为复杂、密切，难分难解。从教育发展史来看，最早的课程与教学是统一为一体的，随着科学技术的进步与发展、对课程与教学研究的视角切换以及在实践研究中的不同侧重点，人们逐渐把课程与教学看作两个相对独立的研究系统。在我国，随着课程与教学研究的不断深化以及课程与教学开发中教师作用的凸显与学生主体地位的提升，课程与教学又在向一体化发展，课程由原来的政府控制层面真正转移到课程与教学过程中，"课程开发"的理念与实践开始出现，课程也由"课程编制"变为"课程开发"，而教学的研究更加重视学生的主动参与和教师对学生学习的促进、引导与帮助。课程与教学的一体化研究是人们研究课程与教学的指导思想，课程与教学是有机统一的同一事物的密不可分的两个方面，只有这样才能在课程与教学的理论与实践研究中把握课程与教学论的全貌。

1. 课程与教学关系研究的主要观点

综合国内外对课程与教学关系的研究，主要有以下几种观点："分离说""关联说""包容说""目的-手段说"和"整体说"。

（1）分离说

分离说的观点认为课程位于一端，教学位于另一端，两者无交集，互相独立。课程与教学两个实体单元之间存在一条鸿沟，不但课程规划与编制者漠视教育者的存在，后者也忽视前者，编制好的课程与在教育活动中实际应用的课程相脱节。在这种状态下，课程或教学在彼此不发生重大影响的情况下，各自发生变化：课程是上级制定的，教学是教师与学生具体操作的；课程具有法规性，一般不更改，教学则是被动地执行课程内容并体现在执行上。实质上，这种观点认为：课程是内容，教学是过程。课程即为学习内容，教学是传授学习内容的过程。持这一观点的学者认为，课程是由一些组成各种教学类型的适当内容所组成的，课程只包括教学内容，而教学方法、方式等不是课程的组成部分。

（2）关联说

关联说是指课程与教学两者之间互相独立，但彼此关系密切，不可分离。两者若分离，就会造成彼此严重的伤害，或者认为是两个阶段。关联说中又包含不同层次的关联，有连接说与过程交叉说两种表现。

第一，连接说。这种观点认为课程与教学是两种系统连接在一起的关系。课程是课程开发系统的输出结果，同时又是教学系统的输入成分（图 2-1）。

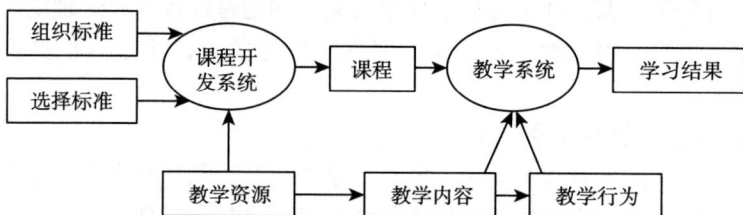

图 2-1　课程开发系统与教学系统的关系（M. Johnson，1967）

按照约翰逊（M. Johnson）的观点，课程为意欲取得的学习结果的结构系列，而教学是为取得这些学习结果而进行的事件。课程类似于建筑物的设计蓝图，教学是具体建筑物的施工过程。课程、目标、教学三者之间的关系为：课程是要学习什么，目标是说明为什么要学习它，而教学则是如何来辅助学习。约翰逊进一步将教学系统划分为 3 个组成部分：教学计划、教学执行、教学评价。教学计划包括教学目标、内容、序列等的安排；教学执行即为实际的教学过程，它包括两方面的互动：学生与环境以及学生与教师之间的互动。教学评价则是进行实际教学结果与意欲取得的教学结果之间的比较。

第二，过程交叉说。过程交叉说主要是指课程与教学两个系统密切关联在制定与实施过程中，有交叉的成分，表现为教学是课程系统的实施过程、教学是课程的一种表现形式、教学设计是课程开发的微观层次的活动等观点。

教学是课程系统的实施过程，课程作为一项完整的系统工程通常称为课程系统或课程工程，由前期研究、课程设计、课程开发、课程实施和课程评价等阶段组成。

教学是课程的一种表现形式，这种观点认为，教学就是操作课程，教学活动为课程的操作过程，其代表人物为古德莱德（J. I. Goodlad）。古德莱德及其同事们曾经把课程分成 6 种表现形式：①理想课程，课程设计者的初始的想法、意图，是课程的一种理想化模型；②正式课程，以书面形式表现出来的课程，可以是各种各样的文档、材料等；③感知课程，不同的用户（主要指教师）对正式课程的理解也会不同，感知课程指的就是用户所理解的课程；④操作课程，教师理解了课程以后通过教学活动将内容向学生传授，操作课程指的就是教师在教室里具体的教学过程；⑤经验课程，在教学的过程中，学生的反应及结果；⑥获知课程，学生从这门课中真正学到的东西。课程有以上 6 种表现形式，教学就是操作课程，教学活动为课程的操作过程，即教学是课程的一种表现形式。

教学设计是课程开发微观层次，国外课程开发一般强调 3 个层次：宏观层、中间层及微观层。不同的课程学者对这 3 个层次的理解不尽相同。古德莱德将这 3 个层次分别定义为社会层、研究机构层及教学层。社会层主要负责制定教育目的；研究机构层则主要负责制定一般教育目标，并选择可利用的教育手段；教学层则是最贴近学生的一层，主要是选择"学习组织中心"，并负责将教育目标细化成可实现的较具体的教学目标。而有些专家则将这 3 个层次对应为国家层、地区层及学校层。不管怎么划分，微观层面的课程开发通常指的是教学设计。

（3）包容说。

这种观点表现为两种情况：一种认为课程包括教学或"大课程论说"；另一种认为教学包括课程，或"大教学论说"。这两种说法，有人称之为同心圆说（图 2-2），图中，有 A、B 两种同心圆的包容模式。在这种包容模式中，一种系统是另一种系统的上位，另一系统则处于下位，是附属关系。不论谁处于上位或下位，课程与教学之间存在着包容与被包容的明显的阶层关系，如苏联的"大教学论"和英美国家的"大课程论"。

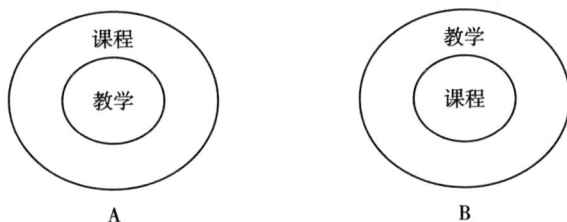

图 2-2 课程教学包容模式

"大教学论"中，苏联学者主张把课程作为教学内容，把课程理论作为教学理论的一部分，表现为把课程作为教学的一部分。在俄文中，"课程"一词极为少见，"教学内容"或"教养内容"比较常见。在凯洛夫主编的《教育学》中，他认为教学内容是学生在教学过程中所要掌握的系统的知识、技能和技巧，它可以分为 3 部分：教学计划、教学大纲、教科书。自凯洛夫时代至 20 世纪 80 年代，苏联的教育学著作中，几乎一直将课程作为教学内容来谈，教学论也就"责无旁贷"地承接了课程研究的地盘。我国许多研究者由于长期受苏联的影响也持此观点。在我国众多的"教育学"著作中，所谓的"四大块"即教育概论、教学论、德育论、教育管理都是将课程置于教学论之中的，而在诸多版本的"教学论"中又几乎无一不用一两章或几章的篇幅论述课程问题。除了在理论阐述上无法回避的学科间的交叉融合之外，有不少人实际上是在有意无意之间认同了课程论是教学论一部分的观点。

在"大课程论"中，英、美国家的一些学者往往认为教学是课程的一部分，对教学的研究是课程理论的重要组成部分，从而认同把教学作为课程一部分的"大课程论"观点。这种认识源于英、美教育文献对"课程"与"教学"的交互使用。在一些人看来,"真正的"课程,只有在与教学紧密相连的学习活动中才能看到。泰勒的《课程与教学的基本原理》被简称为"课程原理"就是一个明证,因为泰勒是把教学作为课程的一部分来看待的。在欧洲一些国家,有的学者也是把课程与教学结合在一起来论述课程理论的。例如英国的斯坦豪斯的过程模式就是强调课程与教学过程中的一系列相互作用。瑞典的伦德格伦(U. Lundgren)也是从课程与教学之间系统化联系的角度来界定课程理论的。在他们看来,对教学过程的研究是课程理论的一个重要方面。

（4）目的-手段说

这一观点从"目的-手段"角度入手,认为课程是目的,教学是手段。也有人认为课程教学都是手段,但以课程为主而以教学为辅,教学是因为有课程才产生的。"目的-手段说"是1957年美国因苏联第一颗人造地球卫星上天而引发的课程改革运动,使得一批专家学者为课程改革做了种种努力。而在这种改革与探索中,大家日益感到要构建和发展教学理论,首先必须对课程与教学做出区分。波姆和贝克(W. J. Popham and E. Baker)在1970年出版的《制定教学目的》一书中,专门探讨了课程与教学之间的区别。他们认为,课程是指学校的意图,教学则指学校的实践;课程是为有目的的学习而设计的内容;教学则是达到教育目的的手段。相应地,课程理论主要探讨教育的目标和内容;教学理论主要关注达到这些目标的手段。尽管目标与达到目标的手段之间有千丝万缕的关系,甚至还存在着某些重叠部分,但这两者之间毕竟侧重不同的方面。

课程与教学是学校教育的两种手段,教学是为适应课程而产生的(图2-3)。从学校教育目标到目标的达成,必然涉及"学校应该教什么"(课程理论)与"我们应该如何教"(教学理论)的问题。同时还强调,不能把课程与教学混同起来,而且,在这两者中,课程处于首要地位。课程理论工作者必须注意课程与教学两者之间的关系。

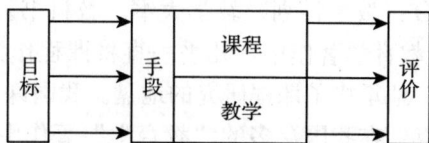

图2-3 学校教育动态

（5）整体说

整体说是指课程与教学实属一件事,高度连接、关联与融合,具有不可分割性。这种整体说又有两个层次的表现:一为"循环整体说",二为"有机整体说"。

第一，循环整体说。课程与教学关系的循环概念，是一种将两种系统简化的模式，强调反馈的主要因素。课程与教学两种实体虽然分开，但都存有延续的循环关系，即课程继续对教学产生影响，反之亦然（图2-4）。该模式是指教学决定在课程之后，且在教学决定付诸实践与评价之后，接着根据其成效修正课程决定。此一过程周而复始，永不终止。这样对教学程序所做出的评价会对每次循环的课程决定构成影响。在该模式中课程与教学如图2-4所示，虽为分开的实体，但是均为一个旋转圈的一部分，两个实体彼此互相调适与改良。这就是说，课程与教学是密切相关的两个概念，没有课程就不可能组织起有效的教学；同样，如果没有教学，课程也毫无意义。人们往往为了讨论的方便而将它们分开，但是谁离开谁都是不完整的。课程与教学是一个循环体，课程对教学施加影响，通过教学得以实现，反之亦然，教学也对课程产生影响，通过教学可以发现课程存在的问题，从而改进课程。

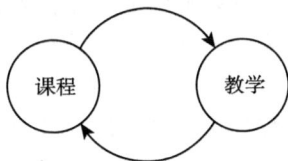

图2-4　课程-教学的循环模式

第二，有机整体说。有机整体说是指课程与教学具有内在的连续性和整体性，是不可分割的，这种观点的代表人物是美国教育哲学家杜威及其后来的一些教育家如韦迪（R. Weade）等。我国一些课程论专家也有这种理念与追求。

"连续性整体观"中，杜威在其实用主义认识论的"连续性"原则的基础上消解了传统教学中的课程与教学的僵硬对立，认为课程与教学的统一在本质上是由经验的性质决定的，经验是对所尝试的事情与所承受的结果之联系的知觉。他认为课程与教学是教材与方法的内在连续性、目标与手段的内在连续性。因此，课程与教学也是内在连续的：课程即经验，这既产生于当下的教学过程之中，又始终引导着教学过程的进行，教学指向经验的产生，又是经验得以产生的情境，它内在孕育着经验的生长。这种课程与教学的统一又是通过"主动作业"而具体实现的。

高度整合的"课程教学"理念中，美国学者韦迪用一个新的术语来对课程与教学进行整合，认为课程与教学是一件事情，可用一个新的术语"课程教学"来概括。这种理念包括3个方面的内涵：课程与教学的本质是变革，教学作为课程开发过程，课程作为教学开发事件。在这里，"课程作为教学事件"与"教学作为课程开发过程"是一个问题的两个方面，"课程作为教学事件"是课程与教学整合"课程教学"的另一视角。

2. 课程与教学分离的原因分析

通过对课程与教学关系的历史考察，归纳起来实际上是两种情形：一种是把课程与教学视为密切相关的、互为前提的但又有区别的两个系统；另一种则是指导思想上"课程与教学"高度有机统一的"课程教学"理想追求。现阶段相关研究中，课程与教学、课程理论与教学理论分离的原因，主要表现在几个方面。

（1）客观事物本身发展的规律

客观事物的发展是由低级到高级的，是不断"分化-综合-再分化-再综合"地发展着，而每一次的分化与综合都达到了更高级的层次。课程与教学的关系发展亦是如此。

（2）教育体制的形成及教育实践的客观要求

课程与教学、课程理论与教学理论的剥离，除了教育活动本身发展规律的作用外，教育体制及其体制下的教育实践也在客观上加速了两者的分化。在教育体制采取中央集权制的国家，通常的情况是有关教学的理论较为繁荣。这是由于在这种体制下，课程基本上是由国家制定，由少数人编制操作的。地方、学校和广大教师的角色是课程的执行者，任务是如何将既定的课程付诸实施并且尽可能地取得最好效果。完成这样的任务，不需要了解如何制定课程，如何设计课程的结构，甚至不需要考虑课程本身的合理性。显然，教学理论最能够满足这样的需求。在教育体制采取地方分权制的国家，通常是有关课程的理论更为发达。这是因为在这种体制下，没有现成的课程方案，来自实践的基本要求首先表现为地方、学校、教师如何设计科学合理的课程方案，实施问题还在其次。在这样一些国家，课程理论的研究就受到重视，甚至出现"大课程理论"包容"教学理论"的局面。

（3）学术研究的传统习惯

教育体制的形成及学校教育实践的要求，必然形成与之互相适应的学术研究习惯，而这种研究习惯在其发展方向和趋势上又表现为强大的惯性。教育体制下必然有相关政策的制定者和研究者，研究者的侧重与方向性再进一步分化。由此，在课程与教学、课程理论与教学理论的旗帜下，便会累积自成体系的系列研究人员，其研究习惯也把自己及其专业方向放在了较为重要的位置。深入专业内部，往往由于定势习惯而忽视其他相关事物的存在，这也必然导致研究结果应用于实践中的重心偏移，原本同一事物的辩证统一的两个方面被人为地片面分割。这样，课程、教学、课程理论、教学理论甚至大课程理论、大教学理论就出现在不同教育制度下不同的教育理论与实践层面上。

（4）认识论上的二元论分离是根本原因

以上的原因分析，实质上均是认识论的二元论分离表现。对哲学认识论或思维方式进行深层探讨时可以发现，所有的课程与教学分离的观点都受到某些二元论的影响。内容与过程的二元论认为，课程是学习内容或教材，教学则是内容的传递过程与方法。内容与过程、教材与方法是分离的、独立的。这种观点尽管比较传统，但在当今的课程领域依然很有市场；而目标与手段的二元论则认为，课程是有计划的学习目标或结果，教学则是实现目标或达到结果的手段。目标与手段是分离的、独立的。

3. 对课程与教学关系的理解

在现阶段，虽然专家一片"整合"声不绝于耳，但"课程"与"教学"、"课程理论"与"教学理论"、"教（教学）的理论"与"学（学习）的理论"都已形成相应的独立学科，而且独立学科内部也正日益分化形成相应的学科群。"课程与教学"已现实地存在某种意义上的"剥离"，由于"课程"与"教学"已被人们相对独立地使用着，因此，有必要根据现实存在的理解给予梳理，以使人们形成课程与教学理念上的统一认识。可以从两个方面理解课程与教学。

（1）"课程与教学"是内连性整体事件

基于"实践理性"的杜威"课程与教学"观认为，课程与教学是不可分的，因为它在本质上是由经验决定的，经验是对所尝试的事情与所承受的结果之间联系的感觉。根据杜威的观点，"课程"与"教学"不必谈什么"关系"，因为从字面上看，"课程"与"教学"虽被作为两个单词而常常独立存在，但实际所指的"课程与教学"都表达着一个完整的意思。

韦迪的新术语"课程教学"更是说明"课程"与"教学"不可分，教学作为课程开发过程、课程作为教学事件是一个问题的两个方面。根据韦迪的观点，不需要谈论"课程"与"教学"的关系。韦迪用一个概念去解释另一个概念，即用"课程"解释"教学"，用"教学"解释"课程"有其不妥之处。

（2）"课程与教学"的存在态势表现

"课程与教学"是指同一事物，但却有不同的态势表现，即表现为"静态"与"动态"两个方面。当"课程与教学"表现为动态时，可以从杜威和韦迪的观点中找到"课程"与"教学"不可分的答案，因为一直被教师和学生所开发、所体验。而当表现为"静态"时，亦即被以代表社会的教育部门规定时，处于制度层面的"课程与教学"就被人为地分割为"课程"与"教学"两个方面或者说两个"领域"。但两个"领域"所指向的仍然是为"动态"的"课程与教学"服务的。所以，这种人为分割的"课程"与"教学"在研究问题、制订目标计划和要求时，必须指向与研究"动态"的"课程与教学"所可能发生的和未发生的一切，而关注"动态"的"课程与教学"本身，就已经把"课程"与"教学"统一起来了。如果要说"课程"与"教学"的关系，只有一句话：密不可分。因此，近年来我国有研究者已经把课程与教学看作一个统一的

"系统"，并对其相关构成要素等进行研究。

（二）课程理论与教学理论的关系

课程与教学存在于活动实施与理论研究两个既密切联系又相对独立的领域之中，虽然理论与实践相结合，但研究的特点是把它们分割，这种结果与"课程与教学"又有区别。因此，对"课程理论"与"教学理论"的认识应该从 3 个方面着手。

1. 课程理论与教学理论统一于课程与教学实践

"课程"与"教学"在动态的实践中存在着内在的联系，本源上不是两件事，而是一件事情的两方面表现。这样，就不必有"课程理论"与"教学理论"两门学科，即课程与教学的所有问题并不是必然地要依靠两门独立的学科来解决，只有一门"课程教学论"就可以研究"课程教学"问题。

课程理论与教学理论统一的基础是课程与教学在实践中的内在联系。虽然有统一的基础，但两门学科的统一与整合却在短时期内很难形成并达成共识。两门学科虽然有统一与整合的基础，但其统一与整合还需要很长的时间。而对这种统一的基础的经常反思是有意义的：有助于考虑两个学科的相关；有助于理解两个学科的独立不是绝对的；更有助于认识到学科发展的生命力所在，不在于是否有教学论或是否有课程论，而在于是否对两者共同的研究对象把握了规律，反映了本质。

2. 课程理论与教学理论是并行于教育学体系内的两门学科

现行的教育理论研究中，课程理论与教学理论产生于教育学体系之中，并形成两门独立的学科体系，而且随着人们认识水平的提高，教学理论将要更明显地分化为"教的理论（教学理论）"和"学的理论（学习理论）"两门学科。课程理论与教学理论的形成和发展符合学科演进与形成的轨道，都有其代表人物、思想论述与代表著作及形成标志，且已被人们所公认。这两门学科也具有教育学分支的所有学科的特征或某门学科的"创生指标"，拥有其他学科无法取代的研究对象和学科定义，适应时代需要并在研究者中形成一定的共识，有为大多数研究者所承认的学科创始人、代表作和精心营建的理论体系。而且课程理论与教学理论的"分化"，是教育学发展的必然。课程与教学是两个独立的领域，这种观点在当代的课程理论家中获得广泛的认可，并在以下几点达成了共识。

第一，课程与教学虽然有关联，但又是各不相同的两个研究领域，课程强调每一个学生及其学习的范围（知识或活动或经验），教学强调教师的行为（教授或对话或导游）。

第二，课程与教学肯定存在着相互依存的交叉关系，而且这种交叉不仅仅是平面的、单向的。

第三，课程与教学虽是可以进行分开研究与分析的领域，但是不可能在相互独立的情况下各自运作。

第四，鉴于课程与教学有着密切的关系，"课程-教学"一词也已经被人们接受，且被广泛采用。

由此看来，课程理论与教学理论是教育学体系中两门并列的学科，都有各自的研究领域，从构成课程与教学的3个基本要素，即教师的教、学生的学以及作为教师的教与学生的学的中介的"课程与教学"，也充分说明它们之间的不同：教育目的和培养目标是通过所设置的课程而进入教学过程的，教育目的或目标本身并不是教学过程的一个要素。课程是教育目的和培养目标的基本体现，教学则是以课程为依据而展开的。作为教与学的内容，课程是教与学活动的中介，并制约着教与学的方法，正是通过这三者的相互作用，构成了一个完整的教学过程。

3. 课程理论与教学理论互为存在与研究的理论基础

目前课程理论与教学理论是分立的两个学科，各自有自己独立的概念和范畴体系，并且被人们普遍使用。由于"课程与教学"本身是一件事情、一个活动，或者说是一个事情、一个活动的两个方面，因此，对这一个活动两个方面的研究也必须注意两者之间的联系，自觉地将对方作为自己的理论基础。教学理论应是课程理论重要的直接的理论基础之一，在课程理论与教学理论分立的情况下，像教学活动中学生与教师的关系，不同教学组织形式和方法的特征，教学活动的特点和模式等问题的研究，主要是由教学理论承担的，而这样一些问题全部关系到课程问题，不仅是课程在实施过程中要面对的，而且是课程在设计时就必须加以考虑的。课程结构的确定、课程类型的选择、课程内容的安排、课程评价的构想，总是建立在对教学活动的某种假设之上，或者说以某种教学理论的观点作为依据的。离开教学理论的基本观点，课程就失去了存在的最根本基础。

课程理论也理应是教学理论的重要、直接的理论基础之一。教学理论要获得自身的发展，必须了解课程的一般规律和特点，否则，无论是关于教学活动整体的研究还是关于原则、方法、形式的研究都将是空泛的、无意义的。在课程理论和教学理论作为两门分别独立学科的条件下，这种互为理论基础的状况不会改变，如果忽略了这种状况，任何一个学科的健康发展都将是不可能的。

由此看来，课程理论与教学理论的整合并不重要，重要的是树立"课程与教学"是同一件事的观念并运用于具体的"课程与教学"的教育理论研究并指导"课程与教学"的实践活动，指导"课程理论"与"教学理论"的理论与实践研究。当然，能够"上浮"整合出一门"课程教学论"也并非不合理、不科学，这对理论与实践研究者从事两门学科的相对独立研究也有重要的指导和借鉴意义。

第二节 课程与教学的目标

课程与教学的目标和内容是课程与教学的核心和关键，它是课程与教学实施的方向、标准和依据。课程与教学的目标和内容对后面将要详细论述的有关课程与教学的开发、组织与实施、评价问题等都有基础和前提意义。

目标是课程与教学的最基本的问题之一。课程与教学的目标的涵义、制定标准与依据、制定程序等是课程与教学目标所涉及的基本问题。

一、课程与教学目标概述

（一）课程与教学目标的涵义

课程与教学目标是指在课程与教学的设计、实施和开发过程中所体现的教育价值的基本要求。课程与教学目标是教育目的和培养目标的具体化。在当前的课程与教学论研究中，人们一般从课程目标与教学目标两个方面对其进行研究。实际上，所有教育目的都要通过课程与教学才能实现，教育目的的性质与要求必须内化到课程与教学目标中去，使课程与教学目标本身成为使学生达到教育目的的手段。因此，如何把教育目的转化为课程与教学目标，进而用来指导课程与教学的设计、实施与开发，是课程与教学论工作者所要研究的基本问题。

1. 课程目标

课程目标是指在课程设计与开发过程中，课程本身要实现的具体要求，期望一定阶段的学生在发展品德、智力、体质、素养等方面所应达到的程度。课程目标与课程的关系往往是泛化的、导向性的，渗透在课程编制的各个方面。课程目标是教育目的和培养目标在课程中的具体体现，课程目标的进一步分化就是教学目标。课程目标主要包括认知、技能、情感和应用4个方面。认知方面包括基本概念、原理和规律，理解和思维能力；技能方面包括行为、习惯、运动及交际能力；情感方面包括思想、观点和信念，如价值观和审美观等；应用方面包括应用前3个方面来解决社会和个人生活问题的各种能力。

课程目标具有整体性、连续性、层次性和积累性等特点。整体性是指各类目标彼此之间相互关联，并非彼此孤立；连续性是指较高年级的课程目标是较低年级课程目标的继续发展和深化；层次性是指技能和情感的目标需要在知识基础上培养和形成；积累性是指没有低年级课程目标的积累就难以达到高年级的课程目标。

在课程目标的表述方式上，不同价值取向的课程目标有不同的表征方式。泰勒等人主张"行为目标"的表述方式，认为课程目标是学习者预定发生的行为变化。

斯坦豪斯则主张用"过程目标"或"内容目标"，即将课程目标表述为预先规定的学习内容、活动情境和过程。由于对课程目标的价值取向不同，所以，在制定课程目标时，其具体要求也不一样。因此，当代各级各类课程目标的价值取向呈现多元化的趋势。

2. 教学目标

教学目标是教学过程中师生预期达到的学习结果和标准，是课程目标的进一步细化，在方向上对教学活动设计起指导作用，为教学评价提供标准和依据。在西方，一般把教学目标区分为终极目标和直接目标。终极目标是为受教育者将来从事各种社会性活动所要实现的目标；直接目标是为使学生掌握从事各种社会活动时所需的活动工具、行为方法方面所要实现的目标。教学目标按不同的标准仍有不同的分法与表达，美国学者布卢姆按认知、情感和动作技能分类；加涅则把学生应达到的学习成果分为语言信息、智力技能、认知策略、态度和运动技能 5 个方面。有的学者还将教学目标分为明显目标和隐蔽目标。明显目标是通过教学产生的显而易见的行为，而隐蔽目标则是不易或不能直接看出的，如态度、思想等方面意识领域的东西。按照教学活动的需要，教学目标可以分为学科目标、单元目标和课时目标。学科目标是指某门学科在教学上总体所要达到的结果；单元目标是指对一门学科结构中各个组成部分的具体要求；课时目标是指每课时所提出的具体要求。

一个表述恰当的教学目标，应该具有两个基本特征：一是包含要求达成的具体内容的明细规格；二是能用规范的术语描写所要达到的教学结果的明细规格。布卢姆[①]在《教育评价》中提出，教学目标的编制有两种模型：一种是任务模型，其编制程序是先描述教学单元结束时在行为结果上要达到的总体要求，然后把它们分解为结构的各个组成部分，从序列上加以组合，构成一个目标系统；另一种为探索模型，其编制程序是先制定出某些预期要实现的目标，另一些目标则在相互作用的教学情境出现后再加以考虑，经过教学循环使教学目标逐步完善。

3. 课程目标与教学目标的关系

课程目标与教学目标是关系非常密切的两个概念，它们之间既有区别，又有联系。它们都是教育目的和培养目标的具体化，都是以教育目的为总目标，以培养目标为具体指导，在各自范围内提出的适应社会、适应学科、适应学生

---

① 布鲁姆，等，1987. 教育评价，邱渊，译，上海：华东师范大学出版社：66.

的教育教学要求，它们都具有"内容"和"行为"两个方面的表征，为课程与教学的开展提供了方向、标准与评价依据。课程目标要通过教学目标而实现，教学目标的制定要以课程目标为依据。但两者也有区别，它们的制定者往往不同，特别是在集权制国家，课程目标偏重国家与社会，是由国家及课程专家等制定，这时的课程目标往往指静态地偏重制度层面的课程要求；而教学目标则是实践层面的，是制度课程目标的进一步深化与具体，主要由教学工作者特别是由教师来完成，它不仅是课程目标的具体化，而且是在对社会、学科和学生等方面进行深入研究之后而制定的，它不仅要考虑国家和社会的要求，更要考虑学生的个性特点等方面的要求等。

总之，课程目标与教学目标是互相联系、密不可分的，有时也指同一事物。特别是当前"研究性学习"的提出，课程与教学整合的趋势越来越受到重视，课程目标与教学目标也将趋于一体化。所以，现在，也有人只提"课程与教学目标"而不再分述"课程目标"与"教学目标"。

（二）课程与教学目标的功能

课程与教学目标的功能，是指通过明确课程与教学活动预期结果，提示旨在达到目标的优化的内容与方法，并且成为评价课程与教学活动结果的一种标准。具体说来，课程与教学目标的功能作用主要表现在以下几个方面。

1. 定向功能

定向功能是指目标所要达到的最终结果的方向性，它可以把握整个课程与教学的总体进程以及最后达到的目标结果，这与教育目的的总方向是一致的，是课程与教学的总方向。

2. 选择功能

选择功能是指在课程与教学中，为所要达成的行为与内容起选择标准的作用。由于课程与教学活动不仅仅是教育者所能完成的某种活动，而主要是使学生的认知与行为发生变化。在教学过程中，学生认知与行为变化获得的成就可以用行为与内容两个侧面来表征，通过课程与教学目标对行为与内容的表征，就可以把目标的整体结构框架勾勒出来，以指导具体的课程与教学过程中的计划操作与实施。

3. 计划与操作功能

计划与操作功能是指在具体的课程与教学开发过程中的课程编排、活动计划及实施问题的计划与具体安排。具体表现在可以为课程内容和教学方法的计划与选择提供依据与指导，可以为课程与教学的具体组织实施提供计划、依据、规定及要求；可以为具体的行为与内容提供要点、要求等，使教育主体具有课程与教学的可操作性范围、程序与要点，易于把握课程与教学活动的开发进程及标准。

4. 评价功能

课程与教学目标是课程与教学活动的出发点和归宿，也是该活动是否达到预期结果及要求的重要评价标准。课程与教学目标是学生应当达成的水平及程度的标准，而学科标准是在教学活动中师生逐渐向前努力而达成的。因此，这种目标就具有了可以客观地评价成就程度的具体标准的性质。通过课程与教学目标在行为与内容方面的具体要求，以此为标准对学生的认知与行为变化结果做比较，并反馈到教学活动中去，调整教育教学进程并验证教学活动的效果和效率。

二、课程与教学目标的价值取向

课程与教学目标是一定社会教育价值观指导下的教育目的与追求在课程与教学领域的具体化。由于人们对学生身心发展的规律、社会需求的重点以及知识的性质和价值的看法存在着差异，对这三者之间关系的理解也不同，因而对课程与教学目标的取向会有所不同。这里的"取向"是指课程与教学目标所采用的形式问题。在课程与教学目标的取向上，主要有"普遍性目标""行为性目标""生成性目标"和"表现性目标"4 种基本形式。

（一）普遍性目标

"普遍性目标"是基于经验、哲学观或伦理观、意识形态需要而引出的一般教育宗旨或原则，这些宗旨或原则直接运用于课程与教学领域，成为课程与教学领域一般性、规范性的指导方针。这种目标的特点是把一般教育宗旨或原则与课程目标等同起来，因而具有普遍性、模糊性、规范性，可运用于所有的教育实践。

"普遍性目标"是一种古老的课程与教学目标取向，可追溯到中国的先秦、西方的古希腊、古罗马时代。中国古代的经典文献《大学》规定的教育宗旨是"大学之道，在明明德，在亲民，在止于至善"。古希腊的柏拉图把"有德性的生活"视为教育的终极目的，亚里士多德认为教育的终极目的是"幸福"，他们为教育实践所设置的科目就直接指向"有德性的生活"和"幸福"。实际上这种"普遍性目标"所体现的是"普遍主义"的价值观，认为任何课程与教学目标都能够并应当运用于所有的教育情境，所以它所提供的不是具体的要求与标准，而是宏观的一般性的宗旨或原则。教育工作者可以根据具体的教育实践情境而对其做解释，以适应各种需要。

但是，这种目标的宏观性与不确定性也必然给实际课程与教学的实施带来困难，这种目标的不彻底性、不完整性和随意性容易使人模糊或模棱两可而产生歧义，具有不可操作性。

（二）行为性目标

"行为性目标"是以具体的、可操作的形式陈述的课程与教学目标，它指明课程与教学过程结束时学生所发生的行为变化。这种目标的基本特点是目标的精确性、具体性和可操作性。

行为性目标是博比特在《课程论》中首先提出的一种课程编制目标，并在其后的《怎样编制课程》一书中列举了 10 个领域中的 800 多个目标。后来，泰勒在《课程与教学的基本原理》中，把课程与教学目标概括为"行为"和"内容"两个方面，即陈述目标的有效形式是"既指出要使学生养成的那种行为，又言明这种行为能在其中运用的生活领域或内容"；并指出了在陈述目标时应避免的错误倾向：把目标作为教师要做的事情来陈述，但却没有陈述期望学生发生什么变化；列举课程所涉及的各种要素，但却没有具体说明希望学生如何处理这些要素；采用过于概括化的方式来陈述目标，但却没有指出这种行为所采用的领域。由于泰勒对课程与教学目标的贡献主要是强调以行为方式来陈述目标，人们因此把泰勒称为"行为目标之父"。20 世纪 50—60 年代，美国著名教育学家、心理学家布卢姆等人继承并发展了泰勒的"行为目标思想"，在教育领域确立起"教育目标分类学"，从而把"行为目标"取向发展到新的阶段。

行为性目标的优点是具体性和可操作性，它体现了"唯科学主义"的教育价值观，以行为的有效控制为核心，认为整体等于部分之和，为了对人的行为进行有效控制，可以对目标进行分解，使之尽可能具体、精确，从而具有最大限度的可操作性。行为目标的这种具体性与精确性，克服了以往"普遍性目标"的模糊性和不确定性，是课程与教学目标科学化的一个重要里程碑。但是，由于其具体而明确地表述了明确识别的要素，因而，那些很难测评、很难被转化为行为、不易直接观测与衡量的内容就会从课程与教学中消失。由于行为目标把学习分解成各个独立的部分，把人的学习与学习的结果肢解了，这样就不容易通过各种教学科目来陶冶学生的个性。更为重要的是课程与教学是一个动态发展的过程，在课程与教学还未被开发实施前就预定好了以控制为本的行为目标，这不可避免地限制了学生在课程与教学开发过程中的积极性与创造性，也限制了课程与教学开发的无限性和人的发展的主动性。另外，隐性课程往往也是无法预测和预先具体化的。

（三）生成性目标

"生成性目标"是在教育情境中随着教育过程的展开而自然生成的课程与教学目标。这种目标所关注的不是外部事先规定的目标，而是师生根据课程教学的实际进展情况而提出的相应的目标。如果说"行为性目标"关注的是预期的结果，是在教育过程之前或教育情境之外预先制定的作为课程指令、课程文件、课程指南而存在的话，那么"生成性目标"注重的则是过程，是教育情境的产物和问题解决的结果。这种目标的教育哲学观是基于教育是一个演进的过程，在此任何阶段上的目的都不是终极目的，因为目的是演进着的，而且不是预先存在的。

"生成性目标"的思想渊源可以追溯到杜威的教育目的论中。杜威认为教育目的不应该是预先规定的，而应该是教育经验的结果。目的是在教育过程中内在来决定的，而不是外在于过程的，也就是人们以往所说的"无目的论"，实指不能有预先规定的教育目的，如果有目的，那就是促进学生的生长，即"教育即生长"的命题。

美国著名课程论专家斯坦豪斯则从另一角度解释"生成性目标"，认为学校教育由技能的掌握、知识的获得、社会价值和规范的确立、思想体系的形成4个不同的过程构成，如果说前两个过程还可以用行为陈述目标的话，那么后两项肯定行不通。因此，课程必须建立在对教学研究的基础上；教师应该是研究者，而不是顺从者。在课程与教学这一过程中，不应该以事先规定的目标（或结果）为中心，而要以过程为中心，要根据学生在教学中的表现而展开。这样，在课程与教学开发过程中，教师并不是把一些规定的东西作为教育的目的或结果来评价学生，而是在处理这些事情的过程中，对学生的发展持一种审视、研究和批判的态度，从而使教师和学生都成为创造的主体，教师也成了研究者，而不被行为目标所束缚。

这种"生成性目标"在人本主义课程理论中得到发展并走向极端。罗杰斯认为：凡是可教给别人的东西，相对来说都是无用的，即对人的行为基本上没有什么影响。能够影响一个人行为的知识，只能是他自己发现并加以同化的知识。因此，课程的功能是要为每一个学生提供有助于个人自由发展的、有内在奖励的学习经验，至于课程的界定与测量则不重要。美国的另一位课程论专家博比特也持同样的观点，他认为，人类生活无论怎样的不同，均包含着特定活动的表现。为生活做准备的教育，就是明确且适当地为这些特定活动做准备的。这些活动无论因社会阶层的不同，量有多大、差异有多大，都可以发掘出来。这只需要自己置身于事务的世界，并发掘出这些事务所包含的特别成分，它就将显示出人们需要的能力、态度、习惯、鉴赏和知识的形式。这些就是课程的目标。来自德国并致力于中国农村教育改革和研究的传奇人物卢安克（Eckart Loewe），身体力行，用实践来验证课程与教学生成性目标的实现。

"生成性目标"的优点是强调在教育过程中学生与教育情境的交互作用中所产生的属于自己的目标，并不是教育者代表社会强加给学生的。学生有权利自己去选择要学的东西，同时，教师也被从目标中解放出来而成为研究者，师生的主动性都得到调动与发挥，学生的主体地位也得到实现。但这一目标也存在明显的缺陷：首先是教师没有经过这种课程与教学开发的严格训练，很难在课程与教学活动中发挥出同学生对话、交流与引导的能力和水平，而且学生的主体地位的认识也往往是初级的。其次，教师即使受过这样的专业训练，但在采用时也是非常困难的，教学方法的选择，教学时间的控制，额外时间的投入，社会、家长对学生学习的各种要求等必然阻碍教育教学过程中目标的生成与发展。再次，由于学生各有特点与要求，一个教师也很难在一节课内与所有的学生对话并生成课程与教学的目标，偶尔的训练还可以，若真正实施起来，却存在很多困难。最后，在漫无目标的教育过程中，学生的知识水平与能力结构并不一定能把握住什么知识对自己最有价值，什么知识没有价值，况且生成的目标又是随机的，因而这种"生成性目标"也是有其局限性的。

（四）表现性目标

"表现性目标"是指每一个学生在具体教育情境的各种相互作用中所产生的个性化表现。当学生的主体性充分发挥、个性充分发展的时候，他在具体教育情境中的具体行为表现及所学到的东西是无法准确预知的。因此，"表现性目标"所追求的不是学生反映的同质性，而是反映的多元性。它关注的是学生在活动中表现出某种程度上首创性的反应的形式，是从事某种活动后所得的结果，而不是在活动之初预先规定的目标。

"表现性目标"也是对课程与教学的行为目标的一种批判，它源于美国学者艾斯纳（E. W. Eisner）。艾斯纳认为，行为目标可能适合于某些教育目的，但不适合用来概括大多数教育期望。因而，他主张在设计和评价课程时，除了有行为目标外，还应该有解决问题的目标和表现性目标。解决问题的目标的重点是放在认知灵活性、理智探索和高级心理活动过程上。实际上，表现性目标虽然强调个性的发展与主体意识的提升，但在表述上是模糊的，不能起到课程与教学的指南作用，特别是在班级授课的情况下，很难让每个学生得到充分的发展并保证使所有的学生都达到课程与教学计划的基本要求。

通过分析可以看出，上述几种课程与教学目标各有特点，正如课程理论一样，每种课程理论的支撑理论是不一样的，追求也不一样，而教育活动又是多元的，任何一种单一的方式方法都不能全方位地解决所有多元性问题。所以，从课程与教学目标取向的实质看，普遍性目标与行为性目标都是以"社会为本"的，都属控制本位，只不过行为目标是借助了科学手段，而"普遍性目标"是处于前科学的经验描述水平。"生成性目标"与"表现性目标"则是向着人的自身发展方向的"以人为本"理念的表现，强调学习者与情境的交互作用，强调目标与手段的连续性、过程与结果的连续性，应是目标对实际过程和手段的控制，强调教师和学生在课程与教学中的主动性和创造性表现，以人的个性解放为最高追求。所以，以上几种取向的课程与教学目标各有其存在的价值及其合理性，但又不可避免地存在一些弊端。因此，需要注意的是，每一种目标形式在解决某类问题较为有效的同时，也必然产生一些副作用，需要综合使用，互为补充，扬长避短，使其各自发挥特长并综合起作用。

三、课程与教学目标的制定

（一）课程与教学目标制定的基本依据

课程与教学目标的制定过程实际上是教育目的和培养目标在课程与教学活动中的转化，因此，课程与教学目标制定的依据也必然是教育目的和培养目标制定的依据。制定教育目的和培养目标的基本依据是社会对人和教育的要求、人的自身发展的规律与最终追求，这两个要求是相辅相成的，具有发展与要求的内在一致性，它也是课程与教学目标制定的基本依据。又由于课程与教学作为联系教师与学生的中介的表现形式是课程和教学活动的具体实施，而课程教学内容又是由知识所构成的学科，所以，关于课程与教学目标制定的基本依据，必然与其直接联系的学科知识有关。因此，制定课程与教学目标，必须对学生、社会及学科进行研究，并处理好这三者之间的关系。

1. 对学生的研究

课程与教学的主体是教师与学生，施加影响的根本对象是学生。所以，课程是学习者的课程。课程的基本职能就是促进学生的身心发展。因此，在课程的编制与开发过程中要时时关注有关学生的各种研究，尤其是有关学生的兴趣与需要、认知发展与情感形成、社会化过程与个性养成方面的研究，以及关于学生的认知与发展等方面的研究。

课程是要把人类认识和改造世界的结晶有效地传递给年轻一代，使年轻一代在较短的时间之内接受知识的训练，以达到现代人的思维发展水平，这就必须注意研究学生获取知识信息的方式，使学生在单位时间内获得较高的学习效率。因此，在课程与教学目标的制定过程中，必须首先对学生以及学习的特点与风格进行研究，以学生身心发展特点作为课程与教学目标制定的直接的、重要的理论基础。要研究作为课程与教学对象的特定学生的特定情况，把握学生目前状况与理想状况之间的差异，发现学生的共性与特殊性，从而以一种对个人和社会都有意义的方式帮助学生满足各种需求；并沿着社会要求与学生身心发展需求较为一致的方向使学生得到全面发展。

2. 对社会的研究

人的发展与社会的发展在本质上是一致的，学生个体的发展总是与社会的发展交织在一起的，学生发展的过程也就是个体社会化的过程。社会对学生的要求在任何时候都有一个共同的表现：把社会文化遗产传递给青少年一代。在传递社会文化遗产的过程中，学校教育的文化功能、政治功能、经济功能得到实现，而实现这三大功能的主要途径是课程与教学，即通过课程与教学的实施而实现。

对社会的研究涉及的内容极为广泛，在课程与教学领域里通常采用的方法是把社会生活划分为若干有意义的方面，再分别对各个方面进行研究。不同的分类标准可以划分不同的领域。一般把社会生活划分为两个维度，即时间维度和空间维度，在此两个维度上有社会生活的内容分类。从空间维度上看，社会生活的需求是指从儿童所在的社区到一个民族、一个国家乃至整个人类的发展需求，从时间维度上看，社会生活不仅包括当前现实需要，还包括社会生活的变化趋势和未来需求。

当把社会生活需求确定为课程与教学的目标时，就应该参照社会生活的内容类别加以抽象概括，使之作为课程与教学目标的基础与材料，采取适当的表现方式和形式与目标结合起来。泰勒在制定课程与教学目标时，曾经把社会生活分为"健康""家庭""娱乐""职业""宗教""消费""公民"7个方面，这样可以有利于把整个社会生活分析成一些便于控制的方面，保证不遗漏任何重要的东西。这种做法虽然重视了社会的要求，但同时也容易忽视学校课程与教学的特殊性与相对独立性，强调社会生活必然忽视学生个体的情境与需求，很容易导致课程与教学目标设计中的"社会中心课程"或"社会本位课程"。

因此，在研究社会生活的需求而制定课程与教学目标时，要坚持贯彻统一性原则、民主性原则和超前性原则。统一性原则主要是指课程与教学目标首先要使个人需求、社会需求和整个自然生态系统的需求统一起来。人是自然生态系统的一员，既有个体的需要，也有社会的需要，而且这种需要是建立在人、社会与生态环境协调平衡基础上的。当然，这种统一性中已包含了本地区、本民族、本国家的需求与整个人类的需求的辩证统一。所谓民主性原则是指体现社会民主与社会公平，社会需求不是某个阶层或某个个体的要求，而是代表了前进方向的先进生产力和生产关系的要求，代表了大多数人利益的要求。超前性原则表现出教育的先行性，教育虽然受社会政治、经济、生产力等因素的决定和影响，但它又是相对独立的，具有超前性。教育的内容应超前于当前的社会现实，走在社会发展的前面，预示未来社会的状态和需求。否则，课程与教学目标就落后于时代，学生的发展也会受到影响。

3. 对学科的研究

人是社会的产物，是在社会生产劳动与生产斗争中实现个体社会化的，而个体社会化的内容正是社会文化的表现。文化对人的作用不是零散的、漫无目的的。为了使人向着有序的、高级的方向发展，代表国家的社会控制机构必然要对与人类生活水乳交融的文化知识进行选择与控制，选择与控制的基本表征形式是学科知识体系。因为学科课程所要传递的是通过其他社会经验难以获得的知识，学科是知识的最主要支柱，而且它在课程与教学目标的实现上具有重要的教育功能。因此，在制定课程与教学目标时必须研究学科知识、类型及价值。

学科知识的基本概念、逻辑结构、探究方式、发展趋势以及该学科的一般功能及其与相关学科的联系即为学科知识。学科知识的类型包括：数学、自然科学、技术学、社会科学、人文科学等。当把这些学科及其发展作为确定课程与教学目标时，必须正确认识并把握知识的价值，既要认识到学科知识本身创造、发现与运用的价值，还要考虑知识所负载的价值。因此，在研究学科知识时，要考虑到知识的价值是什么？即知识的存在是为了理解世界还是为了控制世界？什么知识最有价值？必须坚持科学精神与人文精神整合的观点，只有整合人类科学精神与人文精神的知识才能使人类获得自由解放，才能使社会不断臻于民主公正。同时，还要看到知识的负载价值，即知识除自身的价值之外，还负载着社会意识形态，负载并衍生着文化、种族、民族、阶级的差异和不平等；即使是自然科学知识，也执行着意识形态的功能。因此，在将学科知识确定为课程与教学目标的时候，应当考虑知识所负载的价值观究竟是推进社会民主和公平，还是维持社会的不平等。

总之，在确定课程与教学目标时，要认真分析研究学生、社会、学科 3 个基本的依据，正确处理好 3 个要素之间的关系。这三者是共同构成课程与教学目标的依据，任何单一因素的研究结果及偏重，都不足以构成科学合理的课程与教学目标来源。过于强调某一因素而导致的"学生中心课程""社会中心课程""学科中心课程"基本上都以失败而告终。另外，在确定课程与教学目标时，还要注意克服主观性。仅凭个人经历与经验去认定课程与教学目标应该是什么，凭主观猜测而确定课程与教学目标是什么，都是主观主义的表现。一定要研究课程与教学目标的过去、现在和将来，研究前人的经验、规律和未来发展的特点，在理想与现实之间做出科学的分析、研究。要全面分析学生、社会与学科研究成果，对课程与教学目标做出明智的、科学合理的选择。

（二）课程与教学目标制定的基本环节

课程与教学目标的制定是一个非常复杂精细的过程，它不仅仅是为了表述一种理想和愿望，更重要的是要明确课程与教学的参照标准。为确立科学合理的标准，必须明确课程与教学目标所面对的受教育者的培养目标，然后分析研究目标依据的来源——学生、社会、学科知识的发展需要，得出较为客观的标准。确定课程与教学开发的基点，确定课程与教学目标的表示形式，最后表述目标体系。确定课程与教学目标主要采取以下基本环节：确定培养目标，进行需求评估，确定目标基点及价值取向，形成目标体系。

1. 明确教育目的，落实培养目标

教育目的是课程与教学的出发点和归宿，是一切活动的准则、标准和依据。教育目的的宏观要求是一样的，但在各级各类学校的培养目标上有不同的要求，课程与教学的目标是为培养目标而服务的。因此，明确的培养目标是课程与教学目标制定前必须首先回答的问题，即首先要明确是哪个类型与层次的受教育者，其社会对受教育者的质量、规格的要求如何。这是课程与教学目标确立的前提。

2. 评估需要，确立基点

课程与教学目标的基本来源或依据是学生、社会、学科。确定目标必须分析目标来源。对目标来源的分析、研究过程，也就是"需要"的评估过程。需要的评估实际上是对个体、群体、机构、社区或社会的种种需求加以收集、分析、研究，确定教育需要及需要的先后顺序。这种需要的评估和顺序确定的目的是找出课程与教学目标的基点，课程与教学目标的基点是制定目标的关键。只有确立了课程与教学目标的基点，才能确定课程是注重学生需要还是注重社会需要，是强调学科知识体系还是强调社会控制。

3. 确定价值取向，明确目标表征形式

课程与教学目标的价值取向，是指其表现形式。课程与教学目标的表现形式主要有"普遍性目标""行为目标""生成性目标"和"表现性目标"。课程与教学目标价值取向的确立，为以后课程与教学目标内容的编排、选择以及目标的陈述等奠定了基础。

4. 确定课程与教学目标，形成目标体系

在前 3 个环节的基础上，最后确定课程与教学的具体目标，形成目标体系。学生、社会、学科的需求是多种多样的，需要的层次不同，目标的等级表现也就不一样，学生的现状决定了目标达成的层次、程度的不同。这种情况下，目标有轻重缓急、先后次序等，必将构成一个丰富多彩的课程与教学目标体系。课程与教学目标确定后，便于以此为基础而编制新的课程，并安排实施新课程的相应的教学方法、手段及教学策略。

课程与教学目标的形成是以上述 3 个环节为基础的最终表现，是极为关键和重要的。因此，在陈述课程与教学目标时，必须要注意分层次陈述、陈述的方式、基本要素及陈述的主体等。在分层次陈述时，陈述的基本方式可以分为两类：一是采用结果性目标的方式，即明确告诉人们学生的学习结果是什么，所采用的行为动词要明确、可测量、可评价。这种方式指向可以结果化的课程目标，主要应用于"知识与技能领域"，如"能在地图上识别不同的地形""说出自己喜欢或不喜欢的音乐作品"等。二是采用体验性或表现性目标的方式，即描述学生自己的心理感受、体验或明确安排学生表现的机会，所采用的行为动词往往是体验性的、过程性的，这种方式指向无须结果化的或难以结果化的课程目标，主要应用于"过程与方法""情感态度与价值观"等领域，如"用不同的物体和方法制造声音，描述自己对这些声音的感受""阅读自己喜欢的作品，收藏自己喜欢的书籍资料"等。另外，在陈述目标时，要明确行为主体是学生而不是教师，行为动词应尽可能是可以理解的、可评估的，必要时，要附上产生目标指向的结果行为的条件以及目标的具体表现程度等。

第三节　课程与教学的内容

一、课程与教学内容的涵义与取向

（一）课程与教学内容的涵义

课程与教学内容是指各门学科中特定的事实、观点、原理、问题，以及处理的方式，是在一定的教育价值观及相应的课程与教学目标指导下，在学科知识、社会生活经验或学习者的经验中对有关知识的概念、原理、技能、方法、价值观等的选择和组织而构成的体系。

课程与教学的内容是课程与教学问题中的集结点，是课程与教学开发的基本环节之一。自斯宾塞提出"什么知识最有价值"的著名命题，到泰勒在《课程与教学的基本原理》中所提出的"怎样选择有助于达到教育目标的学习经验"，课程与教学内容的选择与安排问题，就成为课程与教学研究的基本问题。课程与教学内容一旦确立，课程与教学的其他一切活动便可以为之展开：课程与教学的设计是关于课程与教学内容的组织与安排；课程与教学的目的是选择和决定内容的依据；课程与教学评价是关于课程与教学内容产生结果的判断；课程与教学的开发与实施是课程与教学内容的逐步实现与进一步发挥。所以，课程与教学内容的组织与选择是课程与教学的开发与设计过程中的一项基本工作，是课程与教学开发的基本环节之一。

（二）课程与教学内容的取向

课程与教学内容的基本来源是"学习者的需要""当代社会生活的需求""学科的发展"，相应地，课程与教学内容的基本取向即"学习者的经验""社会生活经验"和"学科知识"。

1. 课程与教学内容即学科知识

当课程与教学目标的基本来源主要是学科的发展时，学科知识就成为课程与教学的主要内容。课程与教学内容在传统上历来被作为要学生习得的知识来对待，这些知识采取事实、原理、体系等形式构成一定的科目，不管用什么样的术语表述，重点都放在向学生传授知识这一基点上，而知识的传授是以教材为依据的。教学的任务就是把经过选择并系统化的知识传递给学生，实质是从知识本身出发，强调学校教育中向学生传授学科的知识体系，突出体现在学生手中"教材"的规定内容。这样把重点放在学科教材上，有利于考虑到各门学科知识的系统性，使师生明确教与学的内容，从而使课堂教学工作有据可依，然而只关注教学科目，对学生心智发展、情感陶冶、创造思维、个性发展有重要影响的其他课程资源，尤其是现在逐渐被人们关注的潜课程容易被忽视。同时，也忽视了师生对课程与教学内容的开发的积极性与主动性。这是由于教师很容易把课程与教学内容当成事先规定好的东西而被动地传授，并把它当成一项"任务"去完成而不再赋予其他新的意义与内容，对于学生，学习内容是外部力量规定或强加的东西，而不是自己感兴趣的东西。由于教材不能引起学生的兴趣，于是教师就想方设法采取各种技巧来引起学生的兴趣，结果学生往往不把教材看作自己学习的必需，而是对教师和家长的一种应付。"读书-记忆-考试-忘却"往往是学生学习教材所经历的一般过程。

2. 课程与教学内容即社会生活经验

当课程与教学目标的基本来源主要是当代社会生活的需求时，当代社会生活经验就成为课程与教学的主要内容。20 世纪以后，一些课程与教学专家看到了科学技术的进步对社会发展的影响，并试图做出相应的反应。博比特曾明确指出课程与教学应当对社会的需要做出反应，并通过研究成人的活动，识别各种社会需要，把它们转化成课程目标，再进一步把这些目标转化成学生的学习活动。后来，查特斯和塔巴（H. Taba）等人基本上都是采用这种方式，构成了著名的"活动分析法"课程编制技术。20 世纪 40 年代，我国教育家陈鹤琴提出了活教育的三大目标，其中"做中学、做中教、做中求进步""大自然、大社会都是活教材"也反映了这种取向。

实际上，选择社会经验的根本问题是如何认识学校课程与社会生活的关系问题。在课程与教学理论发展史上，关于学校课程与社会生活的关系问题存在3 种典型的观点，即被动适应论、主动适应论、超越论。所谓被动适应论是指教育只是社会生活的准备，学校课程是使学习者适应当代社会生活的工具。这种观点的典型代表是博比特和查特斯，他们主张将当代社会生活经验作为课程与教学的主要内容；他们认为学校课程应当以适应当代社会的需要为根本宗旨，教育在本质上是为有效的人们的生活做准备。

主动适应论认为：个人与社会是互动的、有机统一的；教育与社会也是互动的、有机统一的，学校课程不仅适应社会生活，还不断改造着社会生活。20世纪的课程理论中，典型的主动适应论包括杜威的经验自然主义课程理论和社会改造主义课程理论。杜威认为个人与社会是有机统一的，教育是一个社会的过程，教育即生活本身，而不是成人生活的被动准备。教育问题在本质上是一个使人的特性与社会目的和价值协调起来的问题。为了实现这种协调，学校教育应按照民主社会的要求加以组织，并且应对学生进行社会指导，这种指导的途径是"主动作业"，即把社会生活中的典型职业（如烹调、缝纫、木工、金工、纺织等）加以提炼概括，使之成为学生在学校中从事的活动。学生在从事"主动作业"的过程中，在与教师和其他学生互动合作的过程中，会不断生成社会情感、社会态度和社会价值观。杜威的这种"学校课程积极适应社会生活"的理念是现代课程理论发展的重要里程碑，并直接启发了社会改造主义课程理论的发展。社会改造主义课程理论主张把重视个人经验的课程改造为重视集体经验、社会经验的课程，把重视个人智能发展的课程改造为重视集体意志统一的课程，把指向当前社会经验的课程改造为指向未来社会经验的课程。这种理论虽然更强调课程通过对当前社会生活经验的改造而指向社会的未来发展，但其本质上仍是课程主动适应社会生活的一种策略。

超越论认为：学校课程与其他社会生活经验的关系是一种对话、交往、超越的关系。学校课程应主动选择社会生活经验，并不断批判与超越社会生活经验，而且还应不断地构建新的社会生活经验。这较以往两种理论有更大的进步。被动适应论和主动适应论都没从根本上改变教育及课程的工具地位，只有当超越论课程与教学内容观的提出时，才使学校课程与教学的主体地位确立起来。这种超越论受非理性的人本主义哲学思潮的影响，在教育上认为，教育是教育者与受教育者两类主体通过交往而形成的共同体。教育是社会的一种群体主体，它和社会的其他群体主体（如政治、经济、文化等）之间的关系是主体与主体之间的关系即"交互主体的关系"，而不是客体与主体之间的关系即工具与工具的使用者之间的关系。教育当然要承担对社会的责任与义务，但这是主体的责任与义务，是与主体的权利整合为一体的责任与义务，而不是被动地适应社会。既然教育是社会的一种主体，那么，学校课程与教学内容就不是对社会生活经验的被动选择，就不是被动传递某些社会生活经验的工具，而应该是社会生活经验。

以学生的学习活动为取向的课程与教学内容来源于当代社会生活经验，这是对"课程与教学内容即教材"的挑战。学习活动的取向重点是放在学生做什么上而不是放在教材体现的学科体系上。以活动为取向的课程与教学内容，特别注意与社会生活的联系，强调学生在学习中的主动性和学习兴趣，它关注的不是向学生呈现些什么，而是让学生积极从事各种活动。例如，不是告诉学生科学发现的基本步骤和需要注意的事项，而是要让学生通过参与科学发现活动的过程来了解其内部规律，并主动地生成问题、解决问题。但是，在具体的实践操作中，不仅要关注学生外显的活动及表面上的热烈，更要关注学生深层次的学习结构及全面发展。

3. 课程与教学内容即学习者的经验

当课程与教学目标的基本来源主要是学习者需要的时候，学习者的经验就成为课程的主要内容。历史上，凡倡导经验课程的课程理论流派大多把学习者的经验置于课程与教学内容的核心或重要地位。如 18 世纪法国卢梭倡导的"自然教育论"及相应的浪漫自然主义经验课程理论；20 世纪上半叶杜威倡导的"进步教育论"及相应的自然主义经验课程理论；20 世纪 70 年代以来流行的当代人本主义经验课程理论等。

学习者的经验实际上既不同于一门课程所涉及的内容，也不等同于教师所从事的活动，而是指学生与外部环境的相互作用。因为学习是通过学生的主动行为而发生的，学生的学习取决于他自己做了什么，而不是教师呈现了什么或要求做什么，所以，坐在同一课堂上的两个学生，可能会有两种不同的学习经验，即每个学生对课程的体验是不一样的，他们都会对其所接触到的课程与教学内容进行解读、内化，并在外化的过程中用自己已有的认知结构和经验去解读、表征。所以，每个学生对课程与教学内容建构赋予的意义是不一样的。

课程与教学内容取向于学习经验时所强调的是：决定学习的质和量的是学生而不是教材，学生是一个主动的参与者。学生之所以参与，是因为教育环境中某些特征吸引他，学生是对这些特征做出反应。所以，教师的职责是要建构适合于学生能力与兴趣的各种教育情境，以便为每个学生提供有意义的经验。把课程与教学内容视为学生的学习经验，必然会突破外部施加给学生的东西，因为学生的是否真正理解课程与教学的内容，取决于学生的心理建构。从某种意义上说，学生已有的认知结构和情感特征对课程与教学内容起着支配作用，它们是受学生控制的，而不是受学科专家和教师支配的，知识只能是"学"会的，而不是"教"会的。当然，把课程与教学内容取向于学习经验，这必然增加课程与教学的编制与开发的难度。因为学习的经验是学生的心理体验，只有学生本身才能体验这种经验并了解自己感受与体验的程度即真正的体验结果。而作为教师则无法全面清楚地了解每一个学生的真实体验，也无法全面清楚地把握学生的心理特点、感受及影响心理的特定的环境及其他因素。这往往导致课程与教学内容受学生的支配而削弱教师对课程与教学内容的控制、引导与评价。

目前课程与教学内容研究中，很多人注重主体的、自我意识的提升与自身解放方面的追求，强调师生在课程与教学开发中的主体地位与创造精神的培养，国家基础教育课程的新一轮改革也开始注重学生的反思性学习与研究性学习，这在改变从传统的知识传授过程的"控制"到知识学习中的"体验"，是一个巨大的历史性变革。在选择学习者的经验作为课程与教学内容时，需要确立以下基本观念：首先，学习者是课程与教学开发的主体，学习者经验的选择过程是尊重并提升学习者个性差异的过程。每个学习者都是平等的，都有其独立的人格与尊严。因此，课程与教学内容的选择应具有个性化、人性化的价值，教育者的使命是为学习者的学习经验的选择创设情境、创设条件、提供机会，并给予适当的和必要的指导。其次，师生是课程与教学的开发与实施者。当学生的主体地位被确立后，他自身就不是被动地接受控制层面的课程与教学内容，而是与其他同学和教师一起去实施、开发体验课程与教学内容，在某种意义上也是开发自己的课程，是"个体课程与教学内容"的开发者、实施者和体验者。这种理念在一些非理性的人本主义哲学思潮指导下的课程与教学理念中都有各种不同层次与程度的表现。另外，还要树立学习者是知识文化的创造者的观念和学习者创造着社会生活经验的观念。学习者在选择与学习文化时，不是被动地接受，而是主动地以学习者个人的知识、经验为核心去整合文化，这个整合的过程既是学习接受的过程，也是开发与创造的过程。同样，学习者在接受社会生活经验的同时，也在创造着社会生活经验。

综合以上 3 种取向的课程与教学内容，都有其合理性与局限性，它们都是在不同时代、针对不同的社会要求和对受教育者认识而提出并实施的，打上了社会的烙印，是不同的哲学观、教育观、儿童观和课程观在具体实施中的体现。往往都是强调一方的重要性而忽视或轻视另一方的重要性及作用，把它们相互对立起来，或用形而上学的方法孤立地、片面地、静止地去看待某种因素或价值，这都是不足取的。不论是"学科知识""当代生活经验"还是"学习者的经验"，它们在对人的身心发展中都有实用价值，人类最终的奋斗目标是实现人类自身的解放。而人类自身的解放是一个过程而不是孤立的一个层面或支点，在实现自身解放的过程中，既要接受社会的规范，又要主动地适应与改造社会。因此，课程与教学内容选取的依据缺一不可，只是在某些具体科目的取向上有所差异，各门学科、各种取向的课程与教学内容又在每一个时期和阶段共同作用在学习者身上，这才能使学习者得到全面发展。

二、课程与教学内容的选择与编排

（一）课程与教学内容选择的基本依据

课程与教学内容的选择必须具备基本的条件及依据，即要明确社会的要求、分析教育对象的发展特征、明确教育学的要求。

1. 明确社会的要求

明确社会的要求，就需要把家庭、社区、职业与文化团体、国家、国际社会的现状及其对教育提出的要求加以明确。历史上不少社会科学家和社会思想家直接或间接地论及教育，他们的思想为课程与教学内容的选择提供了理论基础与指导。斯宾塞的基于教育为完满生活做准备的学说和知识价值论，为学科课程做出了新的论证。社会学的一些研究方法也为课程编制所采用，博比特的"活动分析法"、卡斯维尔的"社会功能法"以及"青少年需求法"等都为课程与教学内容的编制提供了具体方法。同时，科学技术革命也丰富了课程与教学内容。现代科学技术的革命促进了教育的大革新：产业结构的变化、急剧的人口变动和巨大的都市圈的形成、通信媒体的普及、科技革命及结构的变化所带来的职业训练模式已发生变革，要求培养体力劳动者与脑力劳动者的差别越来越小，要求职业的流动性与灵活性更强，在教育制度上表现为教育年限的延长、教育功能的改变和教育形态的变化，最直接的表现是在课程与教学内容的设置上强调学问中心，强调自然科学课程与社会科学课程之间的平衡。由此，在课程与教学目标和内容的设计与开发中，不得不考虑对学生科学精神与人文精神的培养、知识与能力的培养、主动性与创造性的发挥、联系社会现实与教育情境的构建、主体意识的提升与情境因素的培养等。

由此看来，课程与教学内容的选择与编排，必须以社会的发展和要求作为重要的理论基础及条件之一。

2. 分析教育对象的发展特征

教育对象的发展特征是课程与教学内容选择的又一个理论依据与基本条件。虽然一些基本的事实被人们承认，但解释这些事实背后的理论支撑和表述都是不同的，即不同的教育家有不同的表述方式与理论，由于对这些问题的看法不同，影响因素作用的认识不同，因而也就形成了不同发展观下的不同教育观和教学观。关于教学与发展的相互作用，主要有以下一些观点。

教学依存于发展。这是把发展视为自然的、自律的自我运动，发展有它自身的规律性。智力的发展过程是按照自身固有的内部法则推进的，作为自我运动的发展源泉、原动力，在运动主体的内部，教学及教育条件下的学习终究是依存于发展的。这种主张的最早解释是格塞尔，他把发展单纯理解为生物学上的成熟，教学应视其成熟程度而施之。

教学先于发展、创造发展。其主要代表是苏联心理学家维果茨基学派。该学派认为，学生的智力发展与教学之间存在着复杂的相互关系，但主导的作用在于教学。教学不仅发展学生的智力，而且加速智力的发展，教学可以成为促进新的智力发展的一个源泉，在智力的发展中起主导制约作用。维果茨基以发展的文化历史学说为基础，提出了"最近发展区"的观点，指出，教学就是给学生提供一定的帮助，在学生面前开拓这个"最近发展区"。而发展就是学生自己在活动中"今日接受成人的帮助能够做到的，明日将会独立地办到"的过程。

外因（或外部条件）通过内因（或内部条件）起作用，这是鲁宾斯坦提出的"意识与活动统一"的原理和"外因通过内因而起作用"的原理在心理学中的运用。

由于发展观的不同而有不同的教学观,不同的发展观也对应着不同阶段的课程与教学内容设置观。因而,课程与教学内容的设置与选择的重要理论依据是对学生发展观的研究并形成相应的教学观。

3. 明确教育学的要求

教育哲学基础是隐含于课程背后的、具有巨大影响力的理论基础。在当代课程与教学内容的选择上,主要受到传统的文科教育、进步主义教育、学科结构论、新行为主义、人本主义等教育思潮的影响,而这种影响作用的表现又具有多样性与统一性,这种多样性表现在每一个教育哲学流派对教育中某些问题的看法是不一致的,有些甚至是对立的,但在现代的具体运用中,人们往往又是吸收各家之优点而避其局限性,把各家各派的合理成分继承下来并加以整合运用,统一于课程与教学内容的选择与开发和设计中,表现出多样性的统一、多样性的综合。

20世纪是各种教育思潮纷呈且均发挥过重要影响的时期,他们观点的对立被日本教育学者森昭从5个侧面做了分析:在教育目的上,有个人目标与国家目标的对立;在教育内容上,有注重实用学科的唯实主义与推崇古典学科的人文主义的对立,或者说主张教授适应学生发展内容的心理主义与主张教授注重文化遗产体系的逻辑主义或科学主义的对立;在教学方法上,有侧重学生的主动性与侧重教师的文化传授的对立。从学校论上,有视学校为传授知识的场所与视学校为学生生活与作业的场所的对立,或者说有拥护双轨型学制与要求单轨型学制的对立。虽然以上的对立存在于不同教育哲学流派的主张中,但现在看来,在强调教育的"人本化""系统化""开放化""终身化"等方面,却深刻地影响着现代学校课程与教学内容的变革。

教育哲学流派对学校的看法,必然影响学校课程与教学内容的选择与开发。现在,各国学校改革的着眼点往往基于"以人为本的""个人的自我实现",而倡导"学校人本化"可以看到教育向着人的主体意识的提升而重视人自身解放的方向发展。学校"人本化"的主要观点有"非学校论""开放学校论""自由学校论"。这些观点指导下的课程与教学开发,都以不同的方式和要求强调着课程与教学开发过程中主体的主动性、积极性,内容的人性化、学习研究方法的主动操作与体验、内容的主体建构与反思等。

现阶段,我国高等教育课程改革实际上也是综合当今世界教育思潮的特点,参照世界各国教育改革的方向与趋势,结合我国课程与教学的实践发展而提出来的,其中课程与教学的目标、内容、方法、评价等设计与开发,也是基于吸收众多教育哲学流派的合理思想而具体实施的。特别是当代人本主义教育思潮的课程理论如施瓦布的实践的课程、斯坦豪斯的过程模式以及批判的课程模式都能在研究性课程上找到结合点，具体开发过程中经过整合的建构主义知识观、学习观、课程观、教学观、评价观也融进了新一轮课程与教学改革的指导思想中。

综上所述，社会的要求、教育对象的发展特征、教育学的要求分别构成了课程与教学内容选择的社会基础、心理基础和教育哲学基础。

（二）课程与教学内容的选择标准

课程与教学内容的选择标准即原则，也是选择的基本要求。人类社会积累的知识和经验浩如烟海，仅现有的学科门类就有数千门之多，而学生所能掌握的学科门类以及各门学科的内容都是极其有限的，所以课程与教学内容必须经过严格的、精心的选择。史密斯（B. O. Smith）认为，从历史上看，课程与教学内容的选择有五大准则。

1. 系统知识准则

系统知识准则强调课程与教学内容必须具有重要性、基础性，由浅入深，由简而繁，由古而今。前一学习内容应是后一学习内容的基础。注重学科本身的系统性，注重文化的累积与传递，注重逻辑系统的安排，注重学术研究，而忽视学生的兴趣、需要、本性与发展的要求，忽视社会需要与方向。因此，这个原则对于逻辑系统非常严密的学科最为适用。

2. 历久尚存准则

历久尚存准则认为人类心理多尚存保守，多年一直沿用的知识内容是好的内容，自然也就应该是被采用的内容。因为这里面既有理智的因素——经过多年考验而未遭弃置的课程与教学内容自有其存在的理由与价值，也有情感的因素——人类有怀旧的倾向，无论道德、学术，总喜引昔证今，追踪古人。而伦理、音乐、美术、文学等学科最易有此倾向。这个原则极重视人类文化的保存与传递，但忽视学习者的本性、兴趣与需要，也忽视了社会的需要与方向，其最大的流弊是世代相传，缺乏新知，阻滞进步。

3. 生活效用准则

生活效用准则或称社会效率原则。它以个人的社会生活为着眼点，认为对人生有用的内容为好内容。斯宾塞、博比特等人持此观点。在他们看来，凡是能促进人生各类活动的课程与教学内容，即为具备社会效率的内容，即为有用的课程教学内容。该原则的特点是重视个人的生活需要，而忽视学习者的本性、兴趣与当前需要，而且也忽视了社会发展需要及社会应有的方向。

4. 兴趣需要准则

兴趣需要准则以学习者当前的兴趣与需要为着眼点，认为凡符合学习者兴趣与需要的内容均为好内容。广而言之，即凡是能帮助学习者个人实现其目的及解决其问题的课程与教学内容均为可选内容。这个原则特别重视学习者在各年龄阶段所表现的兴趣与需要，即重视学习者的本性，其缺点是不易获得系统知识，更易遗漏成人认为重要的课程与教学内容。

5. 社会发展准则

社会发展准则强调课程与教学内容应该帮助学习者了解民主社会的真义，民主社会个人的权利，民主社会个人的责任，民主的阻力，获得民主的方法，并能养成在民主社会中履行个人责任的能力。同时注重民主社会的促进以及社会发展的方向，自然也注重社会现状的了解与社会问题的研究。其缺点是忽视文化的积累与传递，以及学习者个人的需要与兴趣。

以上五大原则是课程与教学内容选择的基本标准。由于教育哲学观点、学生观及知识观的不同，在选择课程与教学内容时，所遵循的准则是不一样的。同时，由于各门学科的性质不同，课程与教学内容发挥的作用也存在差异，因而其选择所依据的准则也是不同的。因此，在选择课程与教学内容时，既要考虑学生和教学方面的因素，也要考虑学科知识价值的问题和知识能力的关系问题；既要注意学科知识的基础性、科学性，又要照顾学生的需要兴趣与学校教育规律，还要注意社会生活经验及社会发展的需要，即在选择课程与教学内容时所坚持的基本准则是：课程与教学内容的基础性、社会性和与学生及学校教育特点的适应性。

（三）课程与教学内容的编排原则

为使学生的各种学习有效地联系在一起，使学习产生累积的效应，还需要对选择出来的课程与教学内容加以有效的组织编排，使其起到相互强化的作用。概括来讲，课程与教学内容的编排原则主要有几点。

1. 纵向组织与横向组织

所谓纵向组织，或称序列组织，就是按照某些准则以先后顺序排列课程与教学内容，即强调按系列组织课程与教学内容。夸美纽斯也提出按由简至繁的序列安排内容，都是强调学习内容应从已知到未知，从具体到抽象。近年来，一些教育心理学家从心理学的角度提出了新的序列组织原则。例如，加涅认为，人类学习的复杂性程度是不一样的，是由简单到复杂依次推进的；他把人类学习归为 8 类，按复杂程度，提出了累积学习的模式，一般称为层次结构理论；他的基本论点是：学习任何一种新的知识技能，都是以已经习得的、从属于它们的知识技能为基础的。布卢姆[①]等人的《教育目标分类学》也是强调学习内容由简单到复杂按顺序排列的典型。

所谓横向组织原则，是指打破学科的界限和传统的知识体系，用一些"大

---

① 布卢姆，1986. 教育目标分类学. 第一分册，知识领域［M］. 上海：华东师范大学出版社：34－36.

观念""广义概念"和"探究方法"作为课程内容组织的要素，使课程与教学内容和学生校外经验有效地联系起来。这种编排原则强调的是知识的广度而不是深度，关心的是知识的应用而不是知识的形式。当然，这种横向组织所面对的困难是教师要精通或熟悉各门学科的内容、学校课程表的安排以及考试方式等。

2. 逻辑顺序与心理顺序

逻辑顺序是指根据学科本身的系统和内在的联系来组织课程与教学的内容。心理顺序是指按照学生心理发展的特点来组织课程与教学内容。在课程史上，"传统教育"主张按逻辑顺序来组织课程与教学内容，把课程与教学内容的重点放在逻辑的分段顺序上，强调学科固有的逻辑顺序的排列，至于这种逻辑顺序对学生有什么意义则不考虑。"新教育"则强调根据心理顺序，即学生身心发展的特征以及他们的兴趣、爱好、需要、经验背景等来组织课程与教学内容。学生是课程的中心，是目的。对于学生的生长和发展来说，一切学科的逻辑都处于从属地位。

现在，人们倾向于把学科的逻辑顺序和学生的心理顺序统一起来。这是因为，一方面，课程与教学内容应该考虑学科本身的体系，学科体系是客观事物的发展和内在联系的反映。通过学习科学的学科体系，可以使学生了解自然界和人类社会的发展过程；况且每门学科各部分内容之间都有其内在的逻辑关系，某一部分内容是既以另一部分内容为基础，同时又作为其他部分内容之基础。另一方面，课程与教学内容是为学生安排的，如果不符合学生认识的特点，学生就难以接受，那么再科学的内容也是无效的。

3. 直线式与螺旋式

直线式是指把一门课程与教学的内容组织成一条在逻辑上前后联系的直线，前后内容基本上不重复。螺旋式（或称圆周式）则要在不同阶段使课程内容重复出现，但要逐渐扩大范围和加深程度。直线式和螺旋式这两种原则在现代课程与教学内容的编排中仍以不同的方式出现。赞科夫主张教师所讲的内容，只要学生懂了就可以往下讲，不要原地踏步。因为过多地重复同一内容会使学生感到厌倦。不断地呈现新的知识能使学生保持新鲜感和学习的兴趣。布鲁纳则主张采取螺旋式课程与教学内容。他认为课程与教学内容的核心是学科的基本结构，应该从小就开始教各门学科最基本的原理，以后随着学年的递升而螺旋式地反复并逐渐提高。即课程与教学内容是要向学生呈现学科的基本概念和基本原理，以后不断在更高层次上重复它们，直到学生全面掌握该门学科为止。这两种编排原则各有利弊，直线式可以避免不必要的重复，螺旋式则容易照顾到学生的认识特点而加深对学科的理解。两者的长处也正是对方的短处，它们在思维方式上对学生的训练也有不同的要求，直线式要求逻辑思维，而螺旋式则要求直觉思维。在课程与教学内容的编排中，要照顾两个方面的结合运用。

除此之外，在课程与教学内容的编排中，还要注意直接经验与间接经验、重点与一般和知识与能力等问题。

（四）课程与教学内容选择的基本环节

在对课程与教学内容选择与编排的理论基础、标准、原则等问题分析的基础上，可以概括地得出课程与教学内容选择的基本环节（或模式）。

1. 确定课程与教学内容的价值观

确定课程与教学内容的价值观，其核心问题是回答"什么是受过教育的人""培养目标是什么"。

2. 确定课程与教学的目标

课程与教学目标是教育目的和培养目标的具体化，也是课程与教学价值观的具体化，这是课程与教学内容选择的关键。

3. 确定课程与教学内容的基本取向

课程与教学内容的基本取向主要包括学科的知识、当代社会生活的经验、学习者的经验 3 个方面，是注重一方还是三者并重？要处理好这三者之间的关系。这三者关系的认识与处理取决于特定的课程与教学价值观和学生观等。

4. 确定课程与教学的编排原则

以什么方式编排课程与教学内容，如何排列才能符合学生的需要及符合教学规律，这是选择课程与教学内容的一个准则与要求。

5. 确定具体的课程与教学内容

确定课程与教学内容，即确定与特定课程价值观和课程目标相适应的课程与教学内容要素，形成课程与教学内容的主要表征形式——教材。

现在课程与教学内容的发展趋势主要表现为尊重学习者的主体意识，强调学习者的探究与主动学习，学习者个性的发展和主体意识的提升。因此，现代课程与教学内容的选择的趋势主要以学习者的经验为主导取向。以学习者的经验为核心而整合学科知识、社会生活实践的课程与教学内容是当前的选择取向。

第三章

课程与教学改革的基本问题探究

人类已经迈入新的纪元，新的时代是一个追求变革与超越的时代，是以知识的创新和应用为重要特征的知识经济时代，科学技术迅猛发展，国际竞争日趋激烈，人力资源的重要性高于以往任何时代，国家的综合国力和国际竞争能力越来越取决于劳动者的素质，这对教育提出了严峻的挑战。为适应这一挑战，教育必须培养出高质量的创新人才以适应国际的竞争及教育自身的发展。课程与教学的改革是教育改革的核心，任何国家的教育改革都无法回避课程、教学领域的革新。因此，加快课程改革，优化教学过程，确立适应时代要求的课程与教学体系，是各国面临的共同教育课题。本章围绕课程与教学改革的理论和实践层面，重点探讨什么是课程、教学的改革，为什么要进行改革，怎样改革，以及当前的改革动向等方面的问题。

第一节　课程改革及其基本问题

世界总是处于运动之中，万物处于变化之中，静止不变的事物是不存在的。课程也是一种动态的社会现象，经常处于改革、发展之中，万古不变的课程是没有的，它总要随着时代、社会的发展而不断得到更新和改进。任何一种课程都是那个时代所追求的"国民素养"的最集中、最具体的反映。

对课程改革的探讨，是课程研究领域的一个重要课题，如果不对课程改革中一些带规律性的东西进行研究，既无助于改革的成功，也无助于课程质量的改善。对课程改革的研究主要集中在 4 个方面：课程改革的涵义、课程改革的动因、课程改革的模式和课程改革的类型。

一、课程改革的涵义

改革意即改去、革除，常指改变旧制度、旧事物，制定同旧目标无关的新目标、新政策，其实质是对未来的反映。课程改革是以一定理论为基础，按照某种观点对课程进行的集中一段时间的有目的、有计划地改造，往往涉及学校体制的变化和课程的全面修正等，其核心是价值观念的重大变化或方向调整，而且常常先在制度层面展开。

课程变革、课程革新是与课程改革相关的两个概念，为更全面地理解课程改革的内涵，对这两个概念也做一下分析：变革是较长一段时间中事物渐进地改进自身性质的过程。课程变革是指有关课程长期变化或演变，包括课程哲学、价值观念、课程目标、组织结构、课程材料、学生实践、学习结果、评价等各个方面。课程变革包括课程的改革、革新，是一个较为宽泛的概念。与课程变革相比，课程改革是形容具体变革的一个概念，是指综合性更强、深度更深的变革，是人们有意识地为改进某一方面而进行的变革。应该说，课程改革是课程变革的一个方面，是短期的、深层的、激进的课程变革。"革新"通常指学者所建构的一项物件或新观念或新措施等另类变通选择的教育理想，或这些新物件、新观念、新措施等另类选择的教育理想被某一团体或个人采纳使用的历程，"革新"往往是一种企图达成"变革"的过程与结果。课程革新是指一项新的课程计划、思想或实践，或是指它们被个别团体、组织选用的过程，也是课程变革的一种形式，通常具有相对明确的范围和特定的目标。课程革新与课程变革相比，范围要小一些，与课程改革相比，强度要弱一些。

课程方面发生的变动究竟属于什么性质，一般可以从课程变革、课程改革、课程革新中选取一个加以说明。它们在范围、特性、激进程度等方面各有侧重。不过三者在本质上是相同的，是一种思想活动，是深思熟虑的、有目的、有方法的行动，旨在解决特定的课程问题并改善课程实践。虽然对其间的细微差别做了上述分析，但在课程研究过程中或在实际工作中，这些概念的使用并不总是很严格的，也常常会有不一致或相互取代、混用的情况。

再回到"课程改革"这个概念。课程改革在本质上是对课程系统中理论与实践进行的有计划的复杂的改革，使其达到预期目标的过程，它涉及社会系统的各个层面，可以直接与间接地建构与改造社会。概言之，课程改革是一项系统工程，不是虎头蛇尾的零打碎敲。它包括界定目标、制订计划、设计条件、组织评价等各个方面；课程改革是有计划、有目的的，不是盲目、随意的，它需要遵循教育科学的规律，进行科学的规划、实验等研究工作；课程改革不是简单的课程内容的增删，而是产生质的飞跃，形成具有新理念的新课程。当然，"新的课程"是否就一定是进步的、有积极意义的，则另当别论。"新"只是相对被改革的"旧的课程"而言的。

课程改革具有适应和自我更新两种功能。适应指改革、调整课程系统以适应产生于其他社会系统的变化而带来的新的和紧迫的要求；自我更新意味着重新认识课程目标、课程内容、教育对象等方面，创造性地完成满足社会发展需要的任务。两大功能反映的正是课程改革应遵循的 4 条规律：第一，课程改革受社会发展的制约，课程改革是社会改革在教育领域的折射，社会改革是课程改革的动力源，课程改革离不开特定的社会背景；第二，课程改革与科技的革新与进步密切关联，科学技术的迅猛发展，对学校课程有着直接的影响，它促进了知识的增长、学科的演化，并进一步推动课程的改革；第三，课程改革受学生身心发展特点的制约，课程改革既要研究特定时代学生的整体特征、个性差异，又要促进学生全面、健康、和谐地发展；第四，课程改革与课程理论的发展有直接的相关，课程理论是课程改革的思想基础。

二、课程改革的动因

课程的改革不是自然衍生的，它的发动和进程往往受着许多因素的影响和推动。归总起来，其动因有外部与内部两大类。外部动因包括社会体制的变化、社会规范和文化知识的发展、科技革新；内部动因包括学生的发展和教育研究的新成果。对课程改革动因的揭示，有利于预测和控制改革，提高改革的主动性和有效性，同时也更能指导改革的实践。

（一）社会体制的变化

英国学者霍伊尔（E. Hoyle）指出，社会的发展变化是影响课程改革的重要动因。课程是一个开放系统，它不断地与社会的其他系统相互交换信息与能量，从而使自身得以发展和改善，社会政治体制、经济体制等的任何变化都会促成课程改革，使课程的目标、结构、功能、内容等发生新的变化。政治体制因素对课程改革的影响是多层面的、深刻的、更为直接的，任何国家的课程改革都不免受到社会政治体制变迁、社会政治气候和社会政治集团的影响和控制。当然，这方面的影响既可能是积极的、进步的，推动课程的进步和发展，也可能是消极的、倒退的，抑制课程改革的进程，影响课程的发展。在经济体制方面，经济体制的改革是课程改革的必要保证。从历史发展来看，课程的发展与经济体制的改革总体上是一致的。以我国为例，随着经济体制改革的深化，社会主义市场经济体制逐步建立，市场经济的发展对现有的学校课程产生了直接的冲击和影响，要按市场经济的发展要求改革学校课程，更新课程观念，调整课程结构，完善课程内容，重视学生的个性发展，培养学生的主体意识、创造能力，全面提高学生的综合素质。

（二）社会规范和文化知识的发展

社会规范是影响课程改革的潜在动力。课程改革既离不开社会的政治、经济背景，也需要具有凝聚、吸引作用的潜在力量，因为课程改革的过程从动态上看是复杂的，在一定程度上也是难以预见的。社会规范即课程改革过程中奇异的吸引物之一。

文化知识的增长是影响课程改革的一个主要因素。文化知识是课程的重要源泉，科学知识的不断涌现使课程也不断更新，推动课程重点的转移和课程结构的完善。20世纪中叶以后，随着知识的激增，知识量之大、信息之多，使得任何一个人都不可能用头脑把它们全部储藏起来。计算机的普及也使人们没有必要去记忆所有这些知识。信息储存上的这种革命性变革，使课程的重点和课程设计方式必然发生变化：课程所强调的再也不应是让学习者获得知识，而应强调如何查找和使用知识。课程设计不仅需要在精选内容和基本学科上下功夫，而且应该广泛采取选修课的形式，为广博、精深的知识进入课程领域创造条件。

（三）科技革新

课程是时代的产物，它总是最敏感地反映时代对教育的要求和社会前进的步伐，与科学技术的发展息息相关。随着人类社会的发展，科技的进步与革新对学校课程的影响日益加剧，尤其是当代新技术革命，对学校课程的改革起着直接的推动作用。一方面，当代新科技的发展，使社会生产力的构成要素通过科技的渗透而发生了质的变化，科学技术成为生产力的加速器；现代社会依靠的主要是人的智力和所掌握的科学技术，而不是人的体力；这一变化将有力地促进学校课程目标的改革，学校课程既要为培养各种技术专家和专业研究人员奠定基础，也要为培养大批熟练的普通劳动者普及科学技术、提高劳动效率服务。另一方面，当代科学技术革命的突出特点是既高度分化又高度综合，高度分化意味着大量分支学科的涌现，高度综合表现为学科的交叉、融合，出现了许多边缘性、综合性学科。这一趋势要求学校课程调整学科结构，改革原有单一的分科课程设计，加强课程的整体化和综合性。

（四）学生的发展

课程承担的主要任务之一是要促进学生个体的发展，课程改革必须兼顾学生的身心特征、发展状态和学习需求。课程改革若无视学生的存在，其效果是可想而知的。

学生身心发展的特性表现为整体性、连续性、阶段性和个别差异性。学生的心理活动与生理活动是密切联系、相互影响的，心理活动离不开生理活动，生理活动也受心理活动的制约。同时，在学生的心理活动方面，智力、情感、意志、性格的发展也是密切联系的。课程改革要体现学生品德、才智、审美、体质等发展的整体性，以使学生身心都得到充分发展；学生的身心发展又是一个持续不断的渐进的过程，呈现出连续性、阶段性，要求课程改革既有不同的重点，又不能超越学生身心发展的特定阶段；从心理活动的状况看，每个学生的心理活动各有特点，在兴趣、爱好、能力、气质、性格等方面都存在着差异，这就要求课程改革要考虑不同学生的个性差异，满足学生多方面的兴趣，加强课程结构的改善，重视开设选修课程和丰富多彩的活动课程。

（五）教育研究的新成果

理论对实践具有巨大的指导作用。课程改革受一定的教育思想或观点的指导，这一点并不难理解；对课程改革影响最直接、最关键的思想或观点就是教育研究的新成果——新的教育理论、课程理论。课程改革若没有科学的理论指导，就会成为盲目的改革，最终会迷失方向，改革也不会取得预期成效。

关于理论的重要指导作用，古今中外的课程改革实践都证明了这一点。例如，20世纪20年代，桑代克关于训练迁移的"共同要素说"，就曾推动人们对以官能心理学为基础的训练迁移理论进行批判，并促使人们探求课程与当代生活的关联。杜威的实用主义教育理论引发了几乎波及全球的进步主义课程改革运动。50年代末期，布鲁纳的课程论思想，更是直接影响了美国60年代的课程改革。

除了上述带有普遍性的外部和内部动因，不同的国家或同一国家的不同地区和学校，也可能由于一些偶然的事件、原因或对现有课程的强烈不满而引起各种规模的课程改革。

三、课程改革的模式

课程改革是一个复杂的过程。对于如何进行课程改革，可谓见仁见智。不同的学者有不同的观点，不同的国家有不同的做法。

（一）"研究、开发与传播"模式

"研究、开发与传播"模式是课程改革的基本模式，在美国、西德、英国等地得到广泛使用。美国的PSSC物理课程、BSCS生物课程是很好例证。

该模式产生于20世纪50年代的美国。它是从改革的发动者和新改革计划的开发者的角度来看待改革过程的，形成了一个决定回应确定者的使用要求。其理论基础是理性主义和权威主义。

"研究、开发与传播"模式有5点理论假设：第一，课程改革过程是一个理性活动的过程，这个过程从确定问题开始，通过形成和完善新的改革方案，最终指向预定目标的达成；第二，长时间的大规模的改革，其有效进行需要各方面的分工和合作，共同完成改革任务；第三，传播是将改革信息从中心传到外围的有效手段；第四，人是理性的动物，其行为受理性的支配，一个符合理性的改革方案总会受到多数人的欢迎，研究、开发与传播的过程就是一个理性的过程；第五，在研究、开发过程中，为预测改革投入更多的时间和精力，能更有效地推动改革。

以上述理论假设为基础，"研究、开发与传播"模式把课程改革视为一种技术化、理性化的过程，包括 4 个分离的、有顺序的阶段：一是研究阶段，主要是确立课程改革的基本价值取向和指导原则；二是开发阶段，将研究阶段获得的基本原理运用于新课程的开发，由此形成新课程；三是传播阶段，即把新课程传播给教师，供其在具体教育教学情境中使用；四是采用阶段，教师实际使用新课程。

"研究、开发与传播"模式把课程改革当作一项研究工作，其间既重视运用已有的研究成果，又重视在改革中进行研究，努力把课程改革建立在科学研究的基础上。对具体的改革步骤也做了明确的划分，使之形成清晰的工作阶段，具有可操作性。但"研究、开发与传播"模式借鉴了工业生产的流程，将课程改革视作类似于工业生产过程的技术化、线性发展的过程。它指向课程改革的技术本身，而不是学校中教学的性质，把教师视作被动的消费者，认为他们所持目标与课程专家、课程开发者等相同，能心甘情愿地、全力以赴地与他们合作。课程改革就是这样一种过程：通过研究和开发获得新的课程产品，然后推出，在具体的教育情境中由教师进行消费。在此过程中，"研究""开发"工作一般由政府选定的专家、学者负责，推广也主要由权力机构进行，依靠的是专家和权威。这种线性、机械的改革过程显然忽视了教育情境的复杂性，人际关系和情境因素的重要性，教师的主动性、积极性和所能发挥的重要作用，教师甚至被完全隔离到课程改革之外，沦落为只需忠实推行新课程的外围人员。

（二）"社会互动"模式

"社会互动"模式是社会学家用来研究农业改革中的推广问题的。后被教育学家借鉴，转用于研究课程改革过程。依据这一模式，教育体系被看作一个由各种社会关系组成的复杂网络，课程信息就是沿着这个网络传播的。在这个网络中，某些机构和个人居于中心或处于边缘。新的课程产生于该教育体系的不同部位，并通过这个网络传播到其他部位。在此过程中，由于传播课程信息的人对课程改革，以及对新的课程信息持有不同的观点或有不同的侧重和倾向，便会影响到课程信息的传播。所以，课程改革过程是一种民主化的、相互作用的过程，其发展既取决于每一个"卷入者"，也取决于他们的相对位置。

社会互动模式的理论基础是自卢梭以来的社会合作主义和现代人际理论，强调人与人之间的沟通与合作。它有 5 点理论假设：一是每一个接纳改革的个体都处于影响他（她）采取行动的社会关系网络之中；二是每一个接纳改革的个体在网络中所处的相对位置较好地表明了其对改革的接纳程度；三是在进行改革的过程中，非正式的接触发挥着重要的作用；四是群体关系和相互间的认同在改革的过程中也是至关重要的；五是课程改革的传播呈 S 形，先有一段缓慢的传播期，接着是快速的传播，再后来又慢下来。

社会互动模式将课程改革过程的重心下移，主张课程改革应由具体教育情境中新课程的使用者共同参与，也就是要有教师甚至学生和家长的参与。一个民主社会中的学校，也是那些卷入者——学生、教师和家长的学校。因而他们对课程改革的参与是十分必要的。正如鲁尔克尔所说："只有课程改革的重要代表人物成为他们活动的核心，只有当这些重要人物以改革者形象受到鼓励，并且以改革者面目参与学校的日常工作，课程改革才可能成功。"相反，如果只让教师机械、忠实地接受和使用规定的课程，必然导致其独立性的丧失。

根据社会互动模式，课程开发应在学校进行，或者应与学校有直接合作关系。课程改革应从教和学的具体问题入手，那么课程改革的重心在学校、在课堂，教师的作用才能得以发挥。在课程改革的任何维度和阶段都应采取合作的形式，要平等地看待改革中不同职能的承担者，在每个阶段突出其彼此互动的重要性。

（三）兰德模式

兰德模式是由美国兰德社团在对联邦政府资助的 20 世纪 70 年代 4 项主要课程计划的评价过程中形成的。研究人员详细考察了 4 项改革计划和多种多样的教育革新实践，并进行了长达 4 年的调查、研究。他们发现，在基层学校决定采用新的课程计划之后，课程改革的主要障碍存在于学校的组织动因之中。困难在于人们已经习惯于原来的一套做法。根据这一发现，兰德模式特别强调了对改革过程各阶段中组织变量的充分关注，无论它们是支持性的还是抵制性的，都要引起充分的重视，以减少改革实施的可能障碍。

兰德模式将课程改革过程划分为两个阶段：第一阶段是启动阶段，课程改革的发起者努力使人们支持课程改革计划，这就需要对课程改革计划做出解释，使课程使用者能够理解与接受；第二阶段是实施阶段，这个阶段是合作阶段，此时，新课程计划已成为现行课程制度的一部分。为使新课程能按既定方式继续下去，需要给予必要的实施支持，如人力、物力、培训，还需要校内外各方面的广泛合作。

兰德模式侧重的是改革的动因，认为成功的课程改革需要特别注意组织机构的动因。缺乏促进改革的动因，长期以来一直被认为是学校采取改革新措施不力的一个因素。不过，在课程改革中谁应成为改革的动因，人们的观点并不一致。一些人认为，学校校长应起这种作用，因为校长能在学校层次上起组织支持的作用，然而，要校长起培训者和政治辩护者等作用看来是困难的；另一些人主张让课程工作者负起这个责任，使教育机构对广泛的课程改革要求做出反应，因为课程工作者具有权威性，他们有做出影响行为抉择的法定权利，并有进行这些抉择的能力；还有的人提出应该由教师发挥这种作用，因为课程改革成效的真正发挥是建立在教师对课程改革的态度和实施课程改革能力的基础上的。形象地说，来自外部的改革可视为在布置舞台或向教师提出研究实施改革策略的挑战，演员或应战者主要还是要由教师来担当。

四、课程改革的基本理念

在世界各地，课程改革是教育界最迫切关心的问题，也是当前关于教育问题讨论的重要主题之一。如何进行课程改革，以什么样的理念指导课程，是其中首先应当认真考虑的问题。站在宏观的角度分析课程改革的基本理念，可以概括为几个方面。

（一）课程改革的本质是转化而不是强制

不可否认，从一定意义上说，强制是重要的，课程改革政策的制定者有义务确定政策、设立标准并监督其实施。但是能不能真正地达到课程改革的目标，不是强制所能做到的。因为对于有效地达到改革的复杂目标来说真正重要的是技巧、创造性思维和投入的行动。仅有强制是不够的，强制性的要求叙述得越详细，目标和手段就变得越狭窄，效果就可能越差，教师毕竟不是按图索骥的技术员。不管什么样的课程改革，落实到具体的教育实践情境中，几乎都要依靠教师及其合作者的技巧、能力、义务、动机、信息、见识和现场的审慎判断力。任何新的课程改革若想富有成效，都需要有对新的课程改革计划的深刻理解，具有完成改革计划的技术和能力，并认真地付诸实施。

以往的许多课程改革，由于依据不恰当的假定和前提，过于侧重强制性，因此遭受失败的命运。如许多课程改革都是理所当然地将新的课程改革方案视为客观存在的物化实体，与教育实践工作者的知觉和实际的建构以及改革方案接受者的个人意义毫不相干。认为只要把由课程专家研究、开发的新计划传达到学校、课堂，课程改革就能生根落实。这显然是一种过于理想化的境界。事实上，课程改革方案的落实是在各种不同的、独特的、复杂的情境中的教和学的过程中，所有的改革涉及者如课程改革的设计者、校长、教师、学生和家长将不同的生活经验、价值和意识形态带到这个情境中，彼此交互作用，共同转化改革的意义，创造新的课程。

总之，课程改革不是新课程模式的简单移植，不是由研究者到开发者而至教师的线性的、直接的、强制的过程，而是协商和转化的过程。学校、教师以适合他们的方式来落实改革方案。课程改革既不是产品也不是事件，而是涉及新课程的实质建构。转化性的课程改革强调的是建构，师生和相关人员通过情境性思维、批判性反思，探讨他们的决定、判断、行为及其中隐含的规范价值和信念，建构课程改革的意义。转化性的课程改革不在于控制，而在于如何有效地达到改革的目标，增强涉入者的能力，提高判断和自我管理的层次。

（二）每一个人都是课程改革的动力

加拿大著名教育家富兰曾指出：每一个人都是改革的动力，每一个人都有责任参与建立一个良好的组织环境，使个人和集体都能不断地探究和发展。只有每一个人都采取行动，改变自己的环境，才能导致真正的改革。因此，了解每一个人如何界定其角色，他（她）有哪些能力，他（她）对学校和课程改革方案如何知觉等，是探讨课程改革的起点。

校长是学校发展的关键，也是影响课程改革的动力之一。校长的价值观、献身精神和工作能力是课程改革的成功保证，民主型、转化型风格的校长，而非独权型、强制型风格的校长，无疑有助于课程改革的全面落实。这样的校长相信自己的价值和能力，勇于表明自己的立场，忠实于课程计划但不是做新课程改革计划的绊脚石，敢于面对各种崭新的课程尝试但又不是做亦步亦趋的过于忠实的随从。这样的校长能在学校的多元、复杂的教育情境中与学校中的教师、学生、工作人员等一起从事改革意义的建构；能及时提供支持课程改革的环境、条件，有效地规划丰富的、有效的课程改革探究活动；能以关怀的伦理和他人交互作用，以人化、民主的原则作为课程改革行动的指南，以解脱束缚、鼓励创新、倡导责任来培育具体落实课程改革的学校。

教师是推动课程改革的主要力量。教师的价值、信念和意识形态直接影响着课程的改革。新的课程改革方案，若不能改变教师的知识观，则改革成效堪忧，教师的潜在信念在一定程度上会阻碍改革理想的实现。只有教师积极主动地投入改革过程，认同改革理念，在改革中学习和成长，担负起重要的职责，做改革的行动者，架起自下而上的联系桥梁，才能达到改革的目标。

学生是影响课程改革的又一动力源。对于学生是什么、课程改革为了什么，人们似乎不难达成共识，学生是人，是成长、发展中的人，是以学习为主要任务的人。课程是用来培养学生、促进学生发展的一种手段，课程改革归根结底是要促进学生的发展，提高人才培养质量。但真正进行课程改革时，便常常"见物不见人"，对学生的态度、需要、能力往往视而不见。许多课程改革表现出明显的极权性，旨在训练学生以便日后就业，视他们为手段而非目的，甚至是"产业的诱饵"，仅为促进经济发展服务。所以，重记忆、服从和顺应，轻探究、自我管理或主动参与。这样的课程改革多半算错了经济账。如果课程改革的结果是使大部分学生学业水平下降，学习积极性消退，学习精神丧失，那损失的不仅是新的课程改革计划，而是一代人的质量和民主的力量。

（三）课程改革应植根于实施的组织和结构之中

明智的改革家无不认为，改革方案应能嵌进实施的组织和结构之中，周仁康在《走向智慧的校本课程开发》一书中提到"课程改革若不同时改革组织的制度特征，结果将流于表面或无疾而终"，"课程改革不仅是将一个课程元素代替另一个课程元素，而且这种新的元素还需要相符合的组织结构才能维持下去。不改变革新方案赖以生存的环境脉络，课程改革将是短命的"。

具体实施课程改革方案的场所是学校和课堂。学校不应成为权力型组织，而应成为学习社区或称学习型组织，是一个提供其成员继续学习和成长的组织。无论是校长，还是教师、学生，学习社区的每一个人都应该成为学习者，拥有继续成长和发展的机会。改革方案要求学生的也一样要求教师。教师需要与同事一起探讨教学工作、改革过程、价值观念。在学习社区中，每一个成员都应该不断地充实自己，自我实现，自我超越，同时发展批判思维和反省能力。学校还应该成为一个有活力的组织，每一个人都有参与的权利，能发表看法，能发出声音。每一个人都能与他人共同思考，共同参与情境，在相互尊重的关系下进行沟通和对话。通过这样的权力和控制的新分配，突出了每一个声音的重要性，再也没有一种声音能支配另一种声音。阶层结构也渐趋模糊，参与者皆拥有了发表的空间，都可自由地、积极地表达自己的见解。

课堂应成为知识建构的场所，形成新的教学规范。教师要相信学生有强烈的学习欲望，尊重学生的选择、意志和行动；要倾听学生的声音，了解并关怀他们；要重视学生了解和观察世界的方式，调整学生的脑和心、思想和行动、理论和实践；要激发学生的学习热情和好奇心，鼓励他们主动探究和大胆创新，引导他们建构、修正各科知识以及求知的方法。

(四) 课程改革呼唤"合作文化"

"合作"即联合起来行事。合作的目的在于迅速、有效地达成预期的目的，完成相关的任务。课程改革本质上是一项社会改革，涉及校内外各个方面，与个人的、专业的、政治的、社会的利益密切关联。课程改革的成败不仅取决于改革计划本身的科学性、合理性、实施组织的完善性、实施人员的认同性，还取决于个体之间、群体之间、组织之间等多层次的合作。

在许多人眼里，学校中的关系规范是个人的、竞争的互动模式，教书一直被称为"一种孤独的职业"，教师只有同辈，没有同事，更缺少同事情谊。教师职业的孤独限制了他们吸收新的思想和交流有益的经验，以获得较好的改进方法；限制了他们对成功的认定和赞美，导致形成保守性和对改革的抵触。合作文化的建立，需要重塑教师间的人际关系，应建立关怀的、信赖的和有共同目的的关系规范，要增加同事间的对话、讨论、交流和协商，同事间应合作起来，共同开发课程，研究教学，共享经验和理念，将合作精神和同事情谊体现于每天的教学生活中。

同样的，合作也应体现于教师与学生之间，有合作精神的教师懂得尊重学生的人格，维护学生的权益，关心学生的生活，让学生参与教学过程，视学生为知识的建构者。在平等合作的过程中善于倾听学生的见解，鼓励学生的独立探究和大胆质疑。教师与学生以课程为基础，共同合作设计教学方案，创设教学方法，并在此过程中，引起学生挑战和建构知识，引导他们了解外面的世界，推论原因、影响及其关联。使学生树立信心，重新定位自己的角色——学习者、研究者、合作者、行动者。

校长与教师不能对为什么进行课程改革和如何进行课程改革达成共识是影响改革成效的主要障碍之一。在学校组织中，这样的共识是非常重要的，因为它为改革提供了焦点和能量。今天，"共识"是许多校长常挂在嘴边的一个词，但当透过表面现象仔细看时会发现，此"共识"其实只是某个人（校长）或某个团体（校行政）的"见解"，是强加于教师和学校组织机构之上的。这种"共识"至多是一种依从，而非赞成。真实意义上的"共识"是一种许多人真正赞同的共识。共识的达成，需要校长和教师间建立真正的合作关系，改变学校中的权力关系，使教学现场的教师拥有相应的权力，能够做出课程决策。教师与校长之间平等对话、广泛沟通、共同发布，最终达成共识。当然共识的形成，是一个逐渐深化，不断增强清晰度、热情、交流和责任的过程。就像过来之人常告诫的，需要认真试验、探索、再试验，把这些结合起来，合作双方变得更熟练了，思路更清晰了，共同的责任感更强了，那么，课程改革就将成为大家共同的关注和旨趣。

第二节　教学改革及其基本理念

教学是学校教育最本质的职能。1457 年，在弗赖堡（Freiburg）建造大学时，特意在基石上刻着"在此建造教学之家"的字样。可见，没有教学的学校简直难以想象。迄今人们对这一点已明确无疑。但是如何改进教学以切实提高学校教育质量仍是一个最为复杂的、争论激烈的、尚在探讨中的问题，称教学改革是学校教育改革中的一场攻坚战，恐不为过。

一、教学改革的必要性

教学改革是旨在促进教育进步，提高教学质量而进行的教学内容、方法、制度等方面的改革，其成效直接关系到人才培养的水平。

推动教学改革的原因很多，但主要原因有 3 个方面。

1. 经济的发展和经济的变革

经济的发展有两个方面与教学改革密切相关。一是经济结构的调整和对劳动力需求的增加。经济发展后首先带来经济结构的调整。现代社会，分工更加精细，行业变动更加频繁，传统的行业逐渐衰弱，新兴的行业不断出现，对技术要求越来越高。这就对劳动力提出了新的要求。学校的教学也因此需要调整教学的观点、内容、方法和形式。在传统社会，经济发展水平低下，学校教育主要是培养未来的统治者，所谓"学而优则仕"，因此教育只限于少数人，其生活方式又属于某种特定的生活方式，教学也就可以特定的方式来进行，教学内容、方法、组织形式、手段等可以长期不变。现代社会的教育是培养劳动者，需要为社会各行各业输送合格的人才。教学的性质有了极大的改变，传统的一成不变的教学方式显然不能适应把学生培养成各行各业高质量劳动力的要求。只有以经济发展为指南，改革教学中不相适应的方面，才能有效服务于社会，服务于经济的增长。

二是经济的变革也会产生对改革教学的要求。如我国改革开放以后，加快了经济体制改革的步伐，对外开放，对内搞活，建立社会主义市场经济体系，经济发展跃上了一个新台阶。经济的变革使学校教育面临严峻的挑战，人才培养模式不转变就可能出现"社会拒绝使用学校的毕业生"，导致教育的失败，教育投资的浪费。所以，无论是教学思想、教学内容的改革，还是教学方法的改革，都迫在眉睫。陈旧的教学内容、呆板的教学方法、不重视实践环节、视学生为"容器"，不仅会极大地限制学校教育的发展，也将难以适应经济变革的新态势。

2. 科技的进步

科学技术是最先进的生产力，它对包括学校教学在内的全社会的影响，具有最不可抗拒的、最不以人的意志为转移的力量。现代科学技术呈现出加速发展的特征，它会无情地打破与之不相适应的种种保守观念和规章，逼迫你去改革，去适应它。随着现代科技的发展，电子技术、信息技术开始广泛地运用于社会，对学校教育、教学的意义将是难以估量的，不仅可以在更高的意义上实现个别教学，真正做到因材施教，还可以立体的、多维的形式传播信息、展现世界。如果教育工作者意识不到这一点，不能建构新的教学体系，还固守传统的教学模式，企图以不变应万变，其结果不容乐观。

3. 知识的加速发展

现代知识积累呈加速发展的趋势。研究表明，现代人类的科学知识每10年增加一倍，人类所有的知识每25年增加一倍。处于知识"爆炸"的现代，照本宣科、死记硬背的教学方式已不仅不合时宜，可能还会成为制约教学发展、影响教育质量的"瓶颈"。知识的加速发展需要学生学会学习、求知、主动探究和解决问题的方法，而不是学会储存、背诵和学会接受标准答案。

二、教学改革的基本理念

就本质而言，教学是通过教师、教材和学生三者的相互影响而求得彼此的不断变化。学生借助这种相互影响，获得新的知识、技能和人生观，完成自身的人格。当然，学生是千差万别的，要使他们自由地发展各自的人格，不是一桩易事。教师必须全力以赴地认准教学促进人格发展的方向，推敲展开的程序，下功夫研究学生，进行生动活泼的教学。教学倘是真正教化性的、诊断性的、探究性的、发问性的、求异性的、交往性的，那么，它就会达到艺术般的高度，给人以艺术般的魅力。并且唯有借助这种教学，学生也罢，教师也罢，才会满足，才会成长，才会获得自我变革。

（一）教学是教化

在学校教育中，教学是系统地传授知识和传播文化的主渠道。文化作为人类创造活动所积累的文明成果，不仅可以充当人作为主体进一步认识和改造客观世界的工具，而且能够为人自身的发展提供丰富的精神养料，即文化本身是具有双重价值的。更进一层说，文化本身是一个用历史的文明成果对人进行改造、提升的过程，即"以文教化"的过程，即"观乎人文，以化成天下"。如果不对人自身产生改造、提升的作用，它就只是文，而不是文化。改造、提升什么？改造、提升的正是人的人格。从这个意义上可以说，教学是一个从客观文化价值到个人的主观精神生活的转化过程，也是个人在接受文化、创造新文化的同时，内在地创造了掌握文化财富的新人。因此，创造文化是手段，而通过创造来促进个人的人格"生成"和灵魂"唤醒"才是目的。由此出发，教学的重心就不可日益偏向于智力和技术的训练而忽视人文教化，或强调文化的工具价值而忽视甚至挤压文化的精神价值。教学中需要教学科专业知识，但更需要教学生如何做人、如何思考，使学生具备文化底蕴。这种底蕴在人身上并不表现为某些具体的知识和技能，而是作为价值观念和思维方式渗透在人的信仰、情感、品格、学识和气质中。文化底蕴构成了个体人格的根基。

（二）教学是诊断

许多教师在自己的教学中，念念不忘的是自己应当教的东西——能够收集哪些基本素材，可以避免哪些重复，施教分哪几个步骤，这一类问题萦绕心中。显然，他们视教学为"治疗"，而学生的"疾病"是固定不变的。在这种情形下，学生在课堂上或心不在焉，或茫然失措，或不甚了了，也就不足为奇了。

教学是什么？教学应首先是"诊断"，其次才是"治疗"，"诊断"先于"治疗"。充分全面地了解学生在思考些什么，应是教学的前提条件。人是抱着维持自己的构造或是强化自己的构造，有所侧重地学习的。这是同问题意识、自我主导相联系的。因此，学生理应是教学关注的中心，学生在教学中要达到什么目的？学生究竟想学什么？怎样才能使学生顺利地学习与成长？总之，教是一种理解学的活动，为了促进学生科学概念的发展，教师必须弄清学生思考问题的过程，成为帮助学生学习的专家。如果说学习是改变学生的观念，那么教学就是发现学生已有的观念并帮助他们的观念得到发展。为此，教师必须通过对学生学习的研究，充分了解学生对某门学科知识的现有观念和概念模式运用学生的观念进行教学。同时充分了解学生对教育背景的知觉，不能离开学生对学习环境的理解去谈什么样的条件最能促进有效学习这个问题，而应根据学生个人对环境的知觉去理解该条件所产生的作用。

（三）教学是探究

从符号-互动的角度分析教学过程，教室就不是"教室"，而是"学室"；课堂不是"教堂"，而是"学堂"；班级是由学生和教师在一段时间里共同创造的文化圈。教师不是学生的主导，而是向导，教学过程不是一种知识传输过程，而是一种使学生产生稳定的探究心并积极探究的过程。教学应把要学习的知识置于多种、具有一定复杂性的问题情境中，或镶嵌于活动背景中，使学生对知识形成多角度的丰富的理解，或结合自己的原有经验来学习探究新知识，建构自己对各种问题的观点和见解，建构自己所坚持的判断和信念。这种通过高级思维活动学习的方式，会使学生对知识、对学习表现出更深的卷入和更高的批判性，知识的对错会牵动他们的神经，而不是让他们感到无动于衷。通过教学中不断思考、探究、分析，基于他们整合的、结构化的、灵活的、属于他们的知识经验体系，他们的思维和探究能力可以得到更好的发展。

（四）教学是发问

教学离不开提问，甚至可以说，恰当、有效的提问是课堂教学成为真正的课堂教学的必要条件。从科学的角度说，提问是为了唤起学生自觉的学习活动，并给这种学习活动制定方向，使之持续深入地发展下去。教学中，教师不应以寻求"确切的答案"为目的来提问，提问不是检验学生对已经学过的东西巩固了多少，也不是调查对今后要学习的东西知道了多少，这些都是质问。提问着眼于回答，着眼于回答是否"正答"。教师的提问触动了学生，唤起和组织学生在头脑里产生（设计）问题，共同制定学习方向，这就是发问。发问着眼于学习活动和学习行动。无论结果怎样，对的、错的、会的、不会的，懂的、不懂的都能使学习得以进行、发展。即便是"有答"或"正答"，一旦推翻后也能使学习得以进行、发展。教师提问的目的应该是最终把学生培养成提问题的主体，使学生主动参与教学、勇于发问、敢于探究。由教师的启发式发问和学生的触及式发问组成真正的课堂教学的提问。

形象地说，提问是一种"检阅"形式，教师只关心设计好的、期待的、正确的回答，或只热衷于把自己预先预定好的答案、结果公之于众，这种提问方式会抹杀学生的求知欲望、探究热情，使其成为"落伍者""失败者"，等于教师自己亲手制造了不能进行真正的课堂教学的原因。

发问发挥的是教与学的媒介作用，发问是使教授主体与学习主体交锋的过程，是使学习主体与教材交锋的过程，也是使学习主体与学习主体交锋并组织集体思考的过程。发问的功能就是以这样的形式来唤起每个学生的学习活动，并作为保障每个学生身心发展的策略来组织被唤起的学习活动。

（五）教学是求异

可能每个教师在教学中都会问学生"还有没有其他意见""与此不同的想法有没有"等问题，但在这种询问的背后，教师其实事先已在自己的头脑中考虑好了"正答"或"正解"，并期待学生的回答与之相符。如果得到的回答是"没有了"，教师就会心安理得。反之，如果出现了与教师的预想相反的答案，教师却并不予重视或采纳，而是反复地问"还有没有其他意见"，直到与教师的预想相符合的答案产生为止。可以说在很多时候，"还有没有其他回答"这个问题貌似"求异"，而实则"求同"。这种"求同"型教学是一种"正答主义教学"，它使学生丧失的不仅是学习的兴趣，更是学习权的自我意识。

虽然学生都拥有同样一套系统，包括其感官和基本的情感，但都是以不同方式整合成为每一个大脑，每一个大脑都是独特的。此外，学习本身也在改变着大脑的结构，学生答得越多，就变得越独特，为了使所有的学生都能表达视觉的、触觉的、情感的或听觉的偏爱，教学应该是各式各样的、变化的、求异的，它不是寻求把教育上的所有东西都变得具有同一性，而是强调各种各样的"差异性"，它寻求各种"不同的声音"，而不是现今在教学中的一种"权威的声音"。这样的教学是"去中心"的，是"边界松散"的。换言之，在教师与学生之间、学生与学生之间，应该允许差异的存在。这并不是说教师应该消极地认为对某件事来说，存在会做的与不会做的，懂的与不懂的是理所当然的。为了把差异，或者说是会做与不会做、懂与不懂的区别作为展开教学的原动力，必须首先着眼于差异和区别，这就是"求异"。但这种"求异"并非以上下关系来看待学生之间的差异与区别，而是在表明差异和区别的基础上，教师和学生展开共同统一这种差异和区别的活动，并使之成为深入教材素质内部中去的活动。当教师本着"求异"的精神去教学的时候，教学活动也就同时转化为促进学生成长的活动。

（六）教学是交往

在教学实践中，要多注意师生关系对学生学习的影响，不难发现，某些学生一旦与某门学科的任课教师关系闹僵了，这些学生往往就会对这门学科失去兴趣，甚至产生反感。显然，糟糕的师生关系使学生在教学过程中产生了消极的情感。交往是师生关系得以建立和表征的最基本形式和途径。在课堂中，交往是一个有目的的活动过程，它是师生之间或是学生与学生之间为了协调、沟通、达成共识、联合力量去达成某一个目的而进行的相互作用。这种相互作用是由内容与关系两方面组成的，关系也是一个独立的、重要的成分，而不能把处理好师生关系仅仅作为搞好教学的一种方法。因此，教学中不仅要重视所教学的内容，而且要重视师生在教学内容中的交往关系。作为教学的关系性内容，它不仅仅是一种教学方法因素，也是一种教学的内容因素，师生在教学中对这两方面都不能有所偏颇。在学校教育领域，教室是个观念的生态圈，也是个权力的生态圈，教师是看守这个生态圈的管理员。学生在这个生态圈中接受教师提供的信息，同时在与教师的交往、对话的过程中增强其沟通能力及文化读写能力。

当教师与学生的关系不再是主体对客体的单向灌输关系，当教师不再以自己为中心进行包干教学，代之以教师与学生是一种"我与你"的"对话"关系、一种互为主体的关系，那么教育主体性就真正产生了。

第三节　我国教学改革的发展趋势

教学改革已成为教育改革的主旋律。这是一种必然。从学校工作规律看，教学是学校的中心工作，是提高教育质量的主渠道。开展任何选题的教育改革，都离不开课堂教学。开展教学改革，也是深化教育改革，并从根本上提高教育质量的关键。所以，从 20 世纪下半叶开始，形成了世界性的教学改革浪潮，各国都根据本国的原有基础将教学改革不断向前推进。

一、重视教学内容的综合化

从社会层面看，教学内容的综合化有利于增进和有效地解决现实社会问题、增进学校与社会的联系，从个体层面看，教学内容的综合化有助于学生构建完整而非割裂的知识和技能体系，并使其形成审视和解决现实问题的意识和能力，有助于激发学生学习和探究的动机和兴趣，有助于学生社会化程度的提高，也有助于学生个性和特长的发展。

二、强调交往的教学过程

教学过程不是教师唱独角戏的单向信息灌输过程，而是师生交往、积极互动、共同发展的过程。将教学视为交往，是对教学过程的正本清源。真正确立了学生的主体地位，明确了学生的主观能动性，也重新认识了师生间、学生间动态的信息交流。通过这种广泛的信息交流实现师生互动，相互沟通、相互影响、相互补充，从而达成共识、共享、共进。由此形成一个名副其实的"学习共同体"。

现代教学改革中都十分重视学生的主体作用，要求在教学过程中尊重学生的人格，赋予学生充分的学习权，让每一个学生都参与教学过程，成为主动的学习者。为使学生在教学过程中积极交往，各国都采取了很多具体的做法。

"全体会议"是课堂教学的一个重要组成部分。此时，教师可以帮助学生评估他们与所定目标比较知识、技能方面的长进情况，让他们亲眼目睹或亲身体验自己的进步。具体来说，这段时间可用于让学生展示和解释自己的工作，或为学生独立完成的书面练习打分，这样可就此向学生提问，给予非正式的评价，纠正错误或对概念的误解；讨论、比较学生们提出的或采用的不同计算方法的优劣；帮助学生从由不同小组、对子、个人提出的例子中抽象、概括规律与规则；一起总结所学内容，反思本堂课的要点，概述重要的事实、观点、词汇以及需要记忆的内容；讨论能运用已经学过的观点、技能解决的问题；扩大横向和纵向的联系，简短地讨论下一步的教学；提醒学生注意他们的个人目标，充分重视学生已经取得的进步；向学生布置家庭作业，以扩大、巩固课上所学内容。

三、促进教学方法的多样化

教学方法的改革历来是各国教学改革的重点之一，不少国家在改革课程的同时往往也进行教学方法的改革，使二者相互促进，从而提高教学质量。

教学技术日益发达，推动了教学技术的改善，为学生主动学习提供了良好的条件，个别化教学、个性化学习、个别处方教学等备受青睐。与其他的教学方法配合使用，收到了良好的教学效果。更加强调发展学生的智力、能力和创造力，在进一步改善传统教学方法的同时，纷纷采用了一些新的教学方法。如范例教学法、问题发展性教学法、暗示教学法、问题解决法、分组教学法、个别化教学法、计算机辅助教学法、研究性学习法等。这些方法既要借助于学生的模仿使学生获得现成的知识，又需要借助于学生的创造活动使学生获得新知识，其目的在于培养学生的创新能力，使学生学会学习、学会探究、学会发展，成为推动社会进一步发展的新一代。

随着科学技术的发展，国与国之间距离的拉近，各种学派的教学理论相互渗透、相互借鉴，各国教学方法、手段的改革呈现出多样化、现代化的特点。其多样化和现代化具体表现为 3 个方面：一是着眼于学生的个别差异，从不同的角度，依据不同的理论，采用了不同的有利于促进学生发展的教学方法；二是立足于班级教学，重新认识教学关系，重视师生合作、学生之间的合作，也从不同的角度，依据不同的理论，采用了不同的教学方法；三是高度重视现代化教学媒体的研究和使用，以此为依托，采用了不同的教学方法，如微型教学法、训练教学法等。这类教学方法的出现极大地丰富了教学，是教学方法上的重大改革。

四、构建以素质教育为指导的教学新体系

教学是一项极其复杂的人类活动，教学的发展总是在传统的、变革的互动中进行，其中观念的转变为第一要义。反思应试教育的弊端，不难发现，在教学领域应试教育的弊端表现得最为充分。虽然应试教育并非由教学活动孕育而生，但应试教育的存在却会使教学活动无法摆脱其阴影的笼罩，并使一切在观念尚未获得转变的情形下所实施的教学改革变得缺乏成效或事倍功半。

20世纪80年代末以来，随着教育改革步伐的加快，素质教育的观念逐步形成并趋于成熟，由应试教育向素质教育的转轨成为人们的共识。高校的教学改革也逐步朝着转轨的方向努力，对学生的学习负担问题、学习积极性问题都做了有益的改革和探索。但总体看改革中的绝大多数仍是在应试教育的轨道上进行的，且局部的单项的改革和操作性的修修补补居多，局限性较大，尚未能构建出一种可以使学生的素质得到整体性发展的教学新体系。根据素质教育的特性不难看出，素质教育是优质教育，是如何使每一个学生适应其能力，同社会要求相一致，实现其最大限度发展的教育，是旨在人人成功、个个发展的教育。其实质在于，积极创造和利用一切有利的外部条件，使受教育者能够主动而非被动地将人类的文化成果内化为自身的较为全面的素养，使身心两方面的潜能都获得提高，使发展呈现出一种生动活泼的态势。因此，构建的教学新体系应是一种能够让全体学生都能在主动学习中得到生动活泼的、较为全面的发展体系。这就要求教学所涉及的主要因素都需做出新的调整，以体现素质教育的实质

（一）教学应该面向每一个学生而不是面向大多数

素质教育是面向全体学生的教育，要使每个学生在原有的基础上得到应有的发展。课堂教学应该有统一、基本的要求，但不应该也不可能要求学生发展一律相同。教学中提倡面向大多数，实际上是对面向全体的一种偏移。这常常使一些人（资质优秀的学生）受到遏制，使另一些人（学业成绩相对较差者）受到忽视。资质优秀的学生应通过课堂教学在知识视野、思维品质等方面得到更佳发展，而不仅仅是取得考试的好成绩，从而为他们以后更高层次的发展奠定坚实的基础。学业成绩相对较差的学生，更多的是其潜能还未得到发现和开发，课堂教学需要对他们给以足够的关注。产生学业成绩未能达到要求的所谓"差生"并不可怕，可怕的是课堂教学忽视他们的存在，更为可怕的是对他们心存偏见，这已成为实现教学面向每一个学生的致命障碍。

事实上，任何一个智力正常的学生，都具有学习的基础和潜能。况且，教学本身就负有开发学生潜能的任务。学生不懂，老师要设法让学生懂；学生不会学，老师要教学生如何学。从理论上讲，没有学不好的学生，但学生之间的

个别差异，诸如知识基础、学习能力、兴趣爱好、个性品质等方面的差异是必然存在的。素质教育的课堂教学应考虑到学生存在的个体差异，既保证每一个学生在诸多方面得到一定程度的、没有缺陷的、合格的发展，又应当使每个学生都能在原有的基础上得到可持续的发展。针对这些各自有着不同的发展水平和特点但都有巨大潜力的学生，必须同等重视和区别对待，使他们在原有的基础上皆获得最大的发展，这样才能使素质教育的全体性要求在教学中真正得以落实。

（二）建构完整的教学目标

教学目标是指教学活动的主体在具体教学活动中所要达到的预期结果、标准。教学目标是一切教学工作的出发点，直接关系到教学活动的实施，影响到教学效果的好坏。不同的学科，教学的具体要求不同，但总的教学目标是一致的，那就是最大限度地促进人格的全面发展，而不是只重视智育，只重视知识的传授。教育作为一种社会活动现象，无疑要造就未来的社会行为主体，但它直接面对的是正在成长的精神实体——人。因此，教育的最基本的功能是建构人的精神世界，塑造人格。只有塑造完美人格的教育，才是完整的教育。如果教学仅仅着眼于学生的智力发展，甚至只是机械地传授知识，那是不完整的。

素质教育是追求完整性和高质量的教育，坚持把受教育者培养成为具有创新素质的、人格丰富的开拓型人才，具体落实到教学中，就是要实现全面发展的教学，即以促进学生人格的全面发展为目标。于是，学科教学中，全面实现素质教育的要求，就是要落实掌握知识和技能技巧，发展体力、心理素质和能力，陶冶品质的"三维教学目标"，使学生成为既有丰富知识，又有高尚人格的具备主体性的一代新人。

爱因斯坦曾指出："只教给人一种专门的知识和技术是不够的，专门的知识和技术虽然使人成为有用的机器，但不能给他以一个和谐发展的人格，最要紧的是人要借着教育得到对于事物及人生价值的了解与感觉，人必须对从属于道德性质的美和善有亲切的感觉，对于人类的各种动机、各种期望、各种痛苦有了解，才能和别的个人及社会有合适的关系。"素质教育教学目标的确定，既要有知识技能方面的要求，也要有人格发展方面的要求。在人格发展目标中，既要重视认知层面，也要重视非认知层面。在发展学生个性心理品质的同时，还要着力发展其社会性，促进学生全面发展。

（三）教学内容素质教育化

长期以来，教学重心是力求把各门学科业已积累的经典内容按学科教育的要求，较为系统地传授给受教育者，使其通过熟谙一些基本的现象、事实、规律，能够解决一些简单的问题，此类教学多为基本学术性教育。仅就学科的学术性特征而言这是对的，也是基本的。但是，这又在很大程度上造成了整个教学内容面偏窄，缺乏迁移性地提出问题和创造性地发展问题能力的培养以及方法、态度、品质的训练。对此，必须更新教学观念，改革内容体系的构成。

提出教学内容素质教育化，旨在使教学内容的确定必须以提高受教育者的整体文化素质为出发点和归宿，它既不是由学科的科学体系本身决定，也不是由某些方面的知识所组成。它应该是人类创造的现代文明精华中最基础、最具有教育作用的部分，一句话，是"基础文明"与"素质发展"二者相统一的东西。具体表现为：一是强化基础，保证最具有基础性作用的教学内容，包括最基本的知识、技能和有利于完善素质结构的内容。二是纵贯横联，加强教学内容相互间的联系、渗透和融合，不能为教学而教学，还应注意从横向上加强概念、原理、课题以及知识、技能、情感各部分之间的协调衔接。三是系统致用，素质的构成与发展是素质的内在性和外在性的统一；素质的外在表现不仅在教学过程之中转化为内在的潜能，同时也在教学过程中获得由内在的潜能转化为现实的经验；只有坚持"学以致用"的教学内容，才能达到上述目的，即坚持学习直接经验和间接经验并重，知识、经验、方法有机地结合在一起。四是突出相融，既要规划好教的内容，还要规划好学的内容。因此，素质教育的教学内容就不能完全是"教的内容"，也应当有"学的内容"。

（四）实现学生在教学中的主体地位

教学过程是一个转化过程，是人类认识成果向个体认识的转化过程，是社会发展要求向个体发展现实的转化过程。该转化过程的不断进行，促使学生个体的品德、智力、体力、审美诸方面的不断发展，促使个体社会化、个性化、主体性的不断完善与提高。但要实现转化，仅有单向的活动是不够的，教授不能直接地规定个体的发展。瑞士心理学家皮亚杰提出"学习活动不是学生被动地接受所求的东西，不是单纯的接受。学生只要不是终究以自身的力量从所求的东西中引出客体化了的人类的能力，化为自身的能力，他就不能将外在的能力化为自身的能力。只有当他积极地、能动地作用于客体时，外在的客体化了的人类的能力才能化为自身的能力。"

教学是一种双向交流而不是简单的信息输出和摄入，是学生对教师传递的各种信息进行筛选、消化、吸收的内化过程。只有当学生处于一种积极的接受状态，才能收到较好的效果。因此，教学活动需要重视发挥学生的主体作用，切实保证学生在教学中的主体地位。

学生的主体地位就是把学生作为接收和加工信息的主体、认识客观规律的主体，不断完善自我的认知结构并获得自身主体性实现的主体。学生的主体地位是进行教学的出发点、依据和归宿，是教学过程中实施素质教育的核心。按照这个立足点，教学的设计、组织、进行，教师的一切努力都应该围绕着树立和巩固学生的主体地位来进行。其一，教师要善于不断地创造具有激发性的教学情境，去诱导学生的主体意识，促进能动性的实现；其二，坚持自主活动，发挥学生的独立自主性、主动性和积极性，让学生真正成为学习的主人，使他们在尝试、探究、交往等自主活动中，获得生动活泼的发展；其三，提供创造的机会和条件，切切实实地开展创造性教学，满足学生追求新的活动方式和成果的内在需求和意向；其四，创设宽松、和谐的教学环境与课堂气氛，让学生在这样的教学氛围中心情舒畅、思维活跃，个性倾向得以充分发展。在此基础上，教师进一步对学生的个性特点、特长或潜在的优势进行有针对性教学和训练培养。

（五）完善评价体系

教学评价是依据一定的教学目标和标准对教学活动结果进行价值判断，为教学决策服务的一种活动，是教学过程的基本要素之一，在教学过程中居于重要地位，对学生的学习和教学过程的进行起激励、调节、诊断、管理和促进发展的作用。从系统论的角度说，教学评价实质上是教学过程中的一种反馈-调节系统，素质教育教学模式和系统的构建应有相应的科学的评价机制来保证。评价机制与前述的教学目标、教学对象、教学内容等机制结合在一起，从而构成完整的素质教育教学新体系。

不同的教育思想对教学评价的认识是不同的，在教学实践中的评价方法也是不同的。应试教育模式下的教学评价，片面理解评价的实质，实施中的弊端是多方面的：一是评价对象片面，对教学结果的评价过分偏爱，这既是"应试评价"的惯性使然，其结果导致把评价凝固于考试结果、知识信息量的多少等静态的、浅层次的冰封之中。由于评价较少介入学习过程，缺乏对学习过程和认知能力形成轨迹的评价，"高分低能"现象的泛滥也就事出有因了。二是评价目标唯量化，把完整的教学评价窄化为学生的学业成绩。学生的学业成绩又以各阶段的考试、会考为主。而成绩的评定必须具有可比性，必须具有相对统一的标准，这样才能甄别学生。因此，评价目标只有量化才能比较客观地评定出学生的等级，这就导致评价目标唯量化现象。三是评价标准、手段单一，对教学的最终评价是以考试（测验）为手段，以分数为教学质量的衡量标准。

素质教育教学新体系包含的教学评价应是完善的和科学的，这种评价是根据素质教育目标对教学活动及其效果进行状态描述和价值判断，并对增值途径进行探索从而为教学决策提供科学依据的过程。其实施应有几点要求：第一，教学评价的主要目的不是分等，是帮助学生学会评价，发现自己，发展自己。第二，评价的出发点是激励，使教学评价在正确判定教学状况的前提下，给师生一种促进和鼓舞，激发其向更高目标迈进的积极性和主动性。第三，建立能较全面反映教学水平的指标并合理分配权重，实施多维评价，既评价教学结果，也评价教学过程；既评价教，也评价学。在对学生个人的评价上，也应该建立能全面反映学生文化素质、道德素质、心理素质的项目指标，并根据素质各组成要素间的关系合理分配权重。这样，以新的维度全面评价学生的动机、兴趣、态度、知识、技能和行为。第四，兼施考试之外的种种手段与方法，日常观察、调查、考查等也都可用来评定教学效果；形式也可以多样化，如组织多种形式的活动让学生在轻松愉快中展现学习结果。第五，评价主体广泛化，一方面多让学生参与评价，使他们学会评价、自我评价和相互评价；另一方面，适当吸收有关的教学研究人员、行政管理人员、家长等参与教学评价，以保证评价的民主和公正。

　　总之，在认识素质教育的意义时，不应忽视作为素质教育主要实施途径的教学。素质是可教育的，学生素质的提高主要靠教学。教学必须以素质教育为指导，针对素质教育的特点，以提高学生的素质为己任，才能主动适应社会发展对人的要求，才能保证教学质量的提高，真正实现教学实践中由应试教育向素质教育的转轨。

第四章

高校课程与教学的发展概述

　　高校课程与教学本来是两个概念，把它们置于一起论述，是因为两者之间具有天然的联系。课程付诸实施，就自然产生了教学问题；教学实施之前，有一个课程问题。随着西方教育理论的引入及课程改革的深入，课程问题才受到研究者的注意。因此，有人提出了"课程教学"这一新概念，把两个研究领域整合到一起。但为了阅读与理解方便，行文时还是分开论述。

第一节　高校课程与教学的概念

　　课程在教学活动中处于基础和核心地位。要认识高校课程的含义，必须从课程这一概念入手。然而，目前对课程的定义却是观点纷呈，让人眼花缭乱，因此有必要从课程这一基本概念入手展开讨论。

一、高校课程概念分析

(一) 课程定义

目前，对"课程"一词的定义多达上百种，其中较有影响的定义有几类。

1. 课程是学习方案

这是苏联与中国较为普遍的对课程的理解。把教学计划作为课程的总规划，把教学大纲作为具体学科的规划，把教科书作为具体知识材料的叙述。

2. 课程是学科内容

课程是一个具体学科的内容。如数学课程、语文课程、物理课程等。

3. 课程是有计划的学习经验

这是西方较为流行并较有影响力的课程定义。该定义认为课程是学生在学校教师领导下所获得的全部经验。我国理论界对课程往往做狭义与广义两种解释。广义的课程是指为实现学校教育目标而选择的教育内容的总和，包括学校所教各门学科和有目的、有计划、有组织的课外活动。狭义的课程是指一门具体的科目。

当代课程理论认为，课程是一种有计划地安排学生学习的过程，在这一过程中，使学生获得知识、丰富体验。课程不仅是一种过程、一种结果，而且还是一种意识。现代课程意识就是树立开放的、民主的、科学的课程观。美国课程学者古德拉德（Goodlad）认为有5种不同的课程在不同的层次运作：第一层次是"理念课程"，即教育行政部门、学者提出的课程革新或改革方案；第二层次是"正式课程"，是指已经核准在使用的课程方案；第三层次是"知觉课程"，指学校教师对于正式课程加以解释后所认定的课程；第四层次是"运作课程"，指教师在班级教学时实际执行的课程；第五层次是"经验课程"，指学生实际学习或获取经验的课程。葛拉松（Glatthorn）也认为，课程按教学实施程度可分为建议的课程、书面的课程、支持的课程、被教的课程、施测的课程、习得的课程，这一分类与古德拉德有异曲同工之妙。

（二）课程的类型

课程的类型是指课程的组织方式，或者设计课程的种类。由于课程设计的价值观、课程组织的方式、课程的开发与管理等不同，因而导致课程类型名目繁多。可以从不同的角度对课程进行分类。

从课程的组织方式看，可以把课程分为分科课程与活动课程。分科课程也称为学科课程，是指一种以各门科学体系为基础，选择其中部分内容组成各门不同的学科，再以各学科体系为核心，彼此分立地设计各门科目内容的类型。活动课程也称为经验课程，是指一种以学生的兴趣和动机为基础，选择某些儿童参与其中的活动、组成活动单元，以学生经验为中心设计各单元活动作业的类型。该设计类型要求打破学科分界，完全根据学生爱好和需要选择经验，组织活动，强调在做中学。

从课程的表现形式或影响学生的方式看，可以把课程分为隐性课程与显性课程。隐性课程指的是那些难以预期的、伴随着正规教学内容而随机出现的、对学生起着潜移默化式的教育影响的内容。显性课程也称为正式课程，是指在课程计划和教学内容中明确陈述的，并要在考试、测验中进行考核的正规教学内容及课程。

按课程管理的层次划分，可以把课程分为国家课程、地区课程和学校课程。国家课程又称"国家本位课程"，是政府为保障国民的基础学力、基本素质而开发的课程。地区课程是一个地区组织人员而开发的课程，反映地区对课程的统一要求。学校课程也称校本课程，是基于一所学校及学校所在社区的特殊需要而开发的课程。

按课程修读要求可以把课程分为必修课程与选修课程。必修课程是指学生必须修读的课程；选修课程是学生可以任意选择修读或者不修读的课程，学生可以根据自己的兴趣爱好与实际需要决定是否学习。

按课程的性质与功能分类，高校课程又可以分为通识课程与专业课程两大类。通识课程是指专业教育之外的内容，专业课程又包括专业基础课程、专业核心课程等内容。

从其他角度分类，高校课程还可以有理论课程、实验课程、精品课程、网络课程、微型课程等不同种类。其中精品课程又分为精品资源共享课程、视频公开课程，反映出课程随着时代的发展、科技的进步而不断衍生变化。

（三）高校课程的含义与特点

本书所指的高校并不是严格意义上的科学分类的高校，而是泛指高等教育系统或高等院校，包括研究型高校、教学型高校、应用本科类院校、高职高专院校等。尽管不同类型的高校面临着不同的课程设计、课程设置等问题，但本书是从理论的意义上，从普遍性、抽象性的角度对高校课程加以讨论与研究，不针对某一特殊类型的高等院校。

按照上面对课程的理解，可以把高校课程分为广义与狭义两类：广义的高校课程是指高校教学计划或人才培养方案中安排的所有活动；狭义的高校课程是指一门具体教学科目。张楚廷认为可以从3个层面来理解高校课程：狭义的理解，即课程是教学科目；中义的理解，即课程是教学内容；广义的理解，即课程是学生在高校习得的一切文化的总和。

高校课程与基础教育课程相比具有其自身的特点。高校课程的设置要考虑到许多制约因素：社会发展的要求、科学技术的发展、高等教育培养目标、高校教学过程的规律、高校学生身心发展特征、学校自身的定位与特色等。

1. 高校课程设置具有明显的专业性

高校不可能把人类全部知识教给学生，必须按学科发展和分类及社会职业分工需要来确定专业，在专业下构建知识体系，并以课程的形式加以确定。因此，高校课程组合基本上是以知识为导向，以学科为经纬，结合社会需要进行安排与组织的。这样，使得高校课程具有典型的专业性质，专业性是高校课程的本质属性。尽管目前高等教育改革更强调基础的宽厚，强调淡化专业，但一定程度的专门化，永远是高校课程的一个基本特点。张楚廷（2003）曾对专业与课程的关系做过精辟的论述，他说，设置一个专业，就需要设计一套课程，形成课程体系。反过来，要设计好课程体系，才能办好一个专业。专业比课程有相对的稳定性，如果说专业是骨架，那么课程就是它的血肉，甚至是专业的灵魂。

2. 高校课程内容具有前沿性

高等学校不仅是培养人才的机构，而且还是发展科学知识的策源地。从培养人才这一角度来说，高校学生已具备接受各专业领域最新研究成果，并对不同的观点做出初步评判的能力，高校要培养学生进行科学研究、探索未知领域的能力，高校课程必须选择一些在科学发展过程中尚有争议的问题，吸收科学发展的最新成果，使课程内容始终处于世界科技发展的前沿，以保证高校培养人才的规格。从科学研究这一角度来说，现代高校不仅是教学单位，而且还是发展高深学问的机构。这种教学与科研的结合要求高校课程的内容具有前沿性，科学研究的发展需要从教学中汲取营养，而课程也必须吸收最新的研究成果才能不断发展。

3. 高校课程更注重科学方法论的训练，培养学生的探究能力

高校是高层次的教育，高校课程比中小学课程更加高深、复杂、尖端和开阔。高校课程不仅要教给学生现有的知识，还要把科学发展的道路、人类探索的过程展现给学生；不仅要给学生提供本学科正在解决或尚未解决的问题，还要给学生分析那些尚无定论的各学派的不同观点。此外，高校课程的教学中往往渗透着教师的科研历程和思维方式，这样，能使学生明了本课程的科学方法论，激发学生的探究欲望，培养学生独立学习的能力和创新能力。

二、高校教学概念分析

（一）教学定义

谈起教学，教师自然都不会感到陌生，但要给教学下一个比较确切的定义，却又不那么容易。综观目前国内外教学理论界对于教学概念的理解，可以说是多种多样，五花八门。有的将教学视为教师的教授活动；有的将教学视为教师"教"与学生"学"的相加；有的将教学视为传授知识的活动；有的将教学视为促进学生智能发展的活动，等等。这些定义都从特定的侧面反映了教学这一复杂现象。

如同"老师"称号一样，"教学"这一词语也有广泛的指称，在不同语境下具有不同的含义。在日常生活中，最广义的教学可以包括自学、科研甚至生活本身，即使在有所限定的情况下，也经常与"教育"一词通用；同时，最狭义的教学可以特指某个时间、某个地点所发生的教学活动。日常生活中使用的时候称不上科学概念，因为没有确定、严谨的内涵和外延。教育学和教学论所说的教学，特指学校中专门的教学活动。

在此，可列举一些比较有代表性的定义：

第一，教学是教师、学生的共同活动，是在教师的指导下，学生自觉的、积极地认识活动。教学包括教师的活动，也就是教；又包括学生的活动，也就是学。教师和学生，教和学，是教学相互联系的两个方面，而且是教学不可缺少的两个方面。

第二，教学是教师的教和学生的学所组成的一种教育活动。通过教学，教师把人类长期实践积累起来的科学文化知识，有目的、有计划、有系统地传授给学生，培养他们认识世界和改造世界的能力，使他们迅速成长为有社会主义觉悟的有文化的劳动者。

第三，所谓教学，乃是教师教、学生学的统一活动；在这个活动中，学生掌握一定的知识和技能，同时，身心获得一定的发展，形成一定的思想品德。这些定义散见于国内诸多版本的教学论著中。

从上述定义中可以得出以下几个认识：

第一，教学不只是包括教，而且包括学。在刚引入"teaching"和"instruction"这些词语时，国内曾经一度普遍翻译为教授。著名教育家陶行知先生著书撰文，论证教学活动中教与学的相互关系，极力呼吁用"教学"一词取代"教授"。在学校教学中，教中有学，学中有教，教学是一件事情，而这一件事情包括教与学不可分割的两个方面。

第二，教学不只是传授知识，还包括促进学生全面发展。初看起来，教学是教师向学生传授知识的简单过程，而事实上教学是非常复杂的过程。学生在教师的指导下掌握一定的知识、技能和技巧，在学生掌握知识的过程中要发展他们的智力，教学永远有教育性，在教学中要培养学生的世界观和性格。

当然，教学要促进学生全面发展，从这一意义上看，教学与教育这两个概念具有重叠性。

（二）高校教学的含义与特点

高校教学作为一种传递高深知识、培养高级专门人才的教学活动，除了具有一般教学过程的共同特点和必须遵循的共同规律外，又具有不同于一般教学过程的特点。对于高校教学过程的特征，不同的学者有不同的归纳，但大致有专业理论性、独立性、创造性、实践性、科研性等特征，尽管有不同的归纳与表述，但基本含义相似。高校教学相对于基础教育中的教学而言，具有以下特点。

1. 高校教学目标是培养具有专业知识技能的高素质人才

高校教学是建立在普通教育基础上的专业性教育，以培养各种高级专门人才为目标，这就决定了高校教学中的一个基本特点：专业性。高校的教学计划是针对专业培养目标而制订的，课程设置、教学活动都围绕着培养一定的专门人才的需要来组织，并按照专业的方向，建立合理的知识结构和智能结构，使高校学生能掌握专业知识和技能，并顺利过渡到能独立承担工作，满足社会对各种各样专门人才的需求。

高校自产生以来就按专业培养人才，中世纪的高校在很大程度上是职业性学校，它们训练学生掌握一定的知识，为以后从事法律、医学、教学这些专业或献身教学工作所用。高校的这种简单专业分化教学维持了很长时间，并且高等教育是少数人的特权。在历史上，高校曾一度追求理性的自由教育。按自由教育的倡导者纽曼所言，自由教育本身仅仅是发展理智，它的目标就是获得杰出的理智。自由教育成为当时高校的显著特征及追求目标。但是随着工业化的实现和劳动分工的加速发展，专业的分化也日益加速，从根本上动摇了自由教育只为少数有闲阶级服务的观念。高等教育开始向社会中心移动，开始通过积极参与广泛的社会活动来确立自己的合法地位。高校教育中新的"专才"开始取代以往的通才。专业同时变得越来越狭窄，要求有特定的、较长的培养培训渠道，学生开始通过满足政府部门和企业专业化人才需要来寻求经济成功和生活保障。在今天，仅仅征服知识领域的一个方面就需要耗费全部的精力，更不必说征服整个知识领域了，培养亚里士多德式的全才已是不可能的了。虽然专业教学培养专门人才成为我国高校教育的特点，但是随着高等教育重心上移及对全面发展的重视，高校教学必然实行专业教育和通识教育的结合。

2. 高校教学内容具有前沿性和职业性

高校是传递深奥的知识、分析批判现存的知识，并探索新的学问领域的一种机构。与此联系的是高校教学的两种高等教育哲学的基础：一种是认识论基础，以闲逸好奇的精神追求纯粹的知识和不受价值影响地探讨高深学问，以此作为高校存在的基本根据；另一种是政治论基础，认为人们探讨深奥的知识不仅是出于闲逸的好奇，还因为它对国家社会发展有着深远的影响。当社会发展面临越来越多的问题时，高等教育将提供解决这些问题所需的知识和人才。学术是高校的逻辑起点，对知识的传递、批判和探索是高校永恒的主题。高校对学术的追求取决于对真理和知识的永无止境的探求过程，取决于研究和创造性，而高校对于真理和知识的探求又能产生服务于社会的最重要的实用性知识，高校通过学术研究、科学交流和对整体世界的反思，能培养出具有自由精神、技艺和力量的优秀人才。高校的这一特性就要求高校教学内容具有前沿性和职业性。

教学内容的前沿性要求高校的教学不仅要向学生传授已经有定论的科学知识和专业知识，还要向学生介绍最新的科学成就、各种学术流派和学术观点以及各学科需要进一步研究和探讨的问题。这样才有助于启发高校学生积极思考，走近学科前沿，深入某个学科领域，培养其创新和探索精神。高校教学的职业性主要体现在专业人才的培养上，而且高校专业人才的培养是与社会职业相对应的，以满足社会对各级各类专业人才的需求为目的。高校教学内容具有职业性还体现在能创造新职业，因为新职业往往随着新知识的产生而出现。高校依靠自身的知识优势，将新知识迅速转化为新产品，从而形成新职业。知识的创新在高校中处于重要地位，高校不断创造新知识，同时生成新的专业，并为社会各种新职业提供所需要的专业人才。随着知识经济的来临，职业将进一步知识化，职业变化的实质就是知识的变化，要适应这种变化就必须不断学习、创造。

3. 高校教学与科研紧密结合

高校教师教学与科研之间存在着内在的联系。尽管在高校中教学与科研时有冲突，但就一般而言，高校教学与培养学生科研能力紧密相连。科研不仅是高校为社会服务的主要形式，而且是培养新型人才、提高师资水平、推动专业发展的重要手段。教学可使科研的成果得到进一步传播和证实，教师在教学中所掌握的基础理论有利于科研工作的发展。

19世纪初叶，德国人洪堡把科学研究的职能引入高校，提出了具有划时代意义的"教学与科研相统一"的办学思想，此后，引发了关于教学与科研关系的长期论战。从历史考察中可以发现，教学和科研工作的重叠只在少数名牌高校及部分专业中出现，而在一些普通院校，教学与科研往往会顾此失彼、相互冲突。高校教学与科研紧密结合可以表现在教师身上，教师既是教育者又是研究者。高校教师是研究者或学者，这是由高校追求高深文化、高深学问的性质决定的。高深学问具有前沿性、深奥性、创新性，只有研究才能发展科学创新知识。科学研究就是根据已有的知识基础探求未知的事物，从而获得新的知识和理论的过程。高校教师的研究与中小学教师的研究区别就在于他们研究的对象主要是教育实践，是关于教学的理论的研究，解决怎样教才是最好的教的问题。高校教师的研究则不仅限于教学理论研究，其主要目的在于开拓科学新领域，增加人类科学知识，发展学科，推动科学文化与科学技术的发展。在教师指导下进行的科研活动，有助于学生发展科学的思维能力和掌握科学的思维方法以及培养创新精神与意识，以至为日后进行创造性工作打下坚实的基础。因此，为进一步加强学生学习与科研的结合，可以设置有关科学研究方法论的课程，让学生参加带有研究性的实验和各种研讨会，增强毕业论文、毕业设计的科研性，让学有余力的学生参与教师的科研课题，并且鼓励学生参加各种形式的课余科研活动，等等，逐步将学习和科研有机结合起来。

4. 高校师生在教学关系上具有相对独立性

在高校里，学生要学会自己去探索知识、发现知识。高校学生对教师的依赖性已大大减少，自我管理、自我选择发展方向的能力增强，学习的自觉性、独立性也大为提高。

在高校教学中学生为什么会具有相对的独立性和自主性呢？

第一，高校学生的身心日臻成熟，学生的自我意识和反省水平不断提高。从生理发展来看，高校学生正处在生理机能和神经系统发育成熟的最佳期，体魄健壮，精力旺盛，具有从事独立学习、承担学习任务的身体素质。从心理发展来看，各种个性心理品质逐渐趋向成熟。学生的抽象逻辑思维能力得到发展，辩证逻辑思维能力趋向成熟，使高校学生思维的独立性、全面性、深刻性与批判性都有较大的发展。这些心理发展因素，导致高校生在学习过程中，既不盲从，又能独立自主地进行学习。

第二，高校的教学形式与方法促进了高校生学习自主性的发展。在高校学生的整个学习期间，除课堂讲授以外，自学、讨论、实习、实验、参加社会实践、写毕业论文占据了相当大的比例，这些活动促使高校学生养成了独立的学习能力与习惯。教师在教学中只要突出重点，讲解难点以及解决问题的思路、方法就可以，有些教学内容要求学生自己去查阅参考资料，通过自学和独立思考去分析问题和解决问题。

第三，高校学生学习的自主性是社会发展的客观要求。高校阶段是学生从学校到工作岗位的过渡时期，这就要求着重培养学生独立的学习和工作能力，为走向社会做好充分准备。无论学校的教学大纲编得多么完善，学生在毕业后仍会遇到他们所不熟悉的知识，那时他们将不得不独立地、迅速地弄懂并掌握这些新东西。只有具有较高发展水平及独立学习能力的人才能更好地应对这种情况，这也说明培养学生独立的学习能力是社会发展的客观要求。

高校生的学习独立自主性主要表现在时间分配、课程设置和活动安排等方面。从教学时间分配上说，学生上课时间相对减少，自学时间逐渐增多。不少高校学生不满足于教学大纲规定的要求，利用图书馆、实验室以及开展社会调查等多种渠道来收集一门学科的各种资料和信息，并通过探索性的学习以及独立思考和分析研究，对其做出一定评价。从课程设置来看，高校不仅开设了大量的必修课，而且还设置了一定比例的选修课。高校学生可以根据自己的兴趣或需要选择一定的选修课来扩展知识范围，进一步培养在某一方面的专长，从教学活动安排来看，除课堂教学外，还有各种各样的教学活动，这些活动要求每个学生能够运用所学知识独立地完成学习任务。比如，一部分高校生在学好规定课程后，进行了科学研究的尝试，在科研活动中增强了研究问题、分析问题、解决问题的能力。在高校教学中，高校学生已是成人，是具备承担民事责任能力的公民，活动自主性更强，师生关系相对比较独立，更多地表现为一种社会的人际关系。

5. 高校教学与实践的联系更为紧密

高校教学过程不仅要传授系统知识、技能与技巧，而且还要培养学生应用知识的能力，即要将抽象的专业理论知识具体化，培养学生从事实践活动的意识、态度与方法。

高校教学与实践的联系更为紧密。在高校教学中，除课堂实验、习题练习之外，还有由学生自己命题、自己设计的实验。由学生自己提出课题、自己从事研究或设计的活动。从实践活动的方式来说，高校教学过程中，高校教学的实践环节范围广泛、形式多样，如实验实习、社会调查、知识咨询、科技服务、课程设计、毕业论文、公益劳动及军事训练等。高校学生的这些实践活动具有综合的教育功能，其根本目的是促进学生提高思想觉悟，增强社会责任感，开阔知识视野，增长实际才干。

知识和学术只有在不断的运用中才能重构、重生，运用得越多、越深，产生新知识的可能性也就越大。过去较多关注的是原理性知识和理论性知识，然而它们只有通过应用转化成技术性知识和应用知识，才能转化成为现实生产力。现代高校教学越来越强调实践能力的培养，而不仅仅是对传统专业知识的掌握。现代高校教学改革的一个重要目标就是确立一种新的学习方式，使学生在主动的、双向的、探索的、研讨的过程中成为学习的主人，从而提高自学能力、研究能力、创新能力，而这种基于学习方式的转变比以往任何时候都更为强调实践对于高校教学的价值和意义。经济合作与发展组织（OECD）提出，在知识经济中边干边学是最重要的；博耶认为，通过教研人员和学生共同参与研究的活动才能有效地促进教学，所以他把这种"以研究为本"的合作性学习、团队学习作为改革本科教育的第一个有效途径；麻省理工学院的创始人罗杰斯认为，培养学生专业能力的最有效途径是教学、研究与关注真实世界的问题相结合。高校教育是年轻人在生命最重要的时期所获得的一段经历，而这种经历又是由很多令人向往的高峰体验所构成的；这种体验大多需要通过接触那些品学兼优的人物和一些特殊的氛围来获得。高校应该提供这样一种环境与氛围，使高校学生在这个环境中耳濡目染，得到很好的成长与发展。

第二节　高校课程与教学的历史发展

在研究关于高校课程与教学的形成问题的时候，中世纪高校往往被认为是高校课程与教学的开端。现在的课程、考试、学位制度等几乎都是来源于此，有所变化的不过是旧时常用的拉丁文被法文、英文、中文等代替而已[①]。尽管此语有些夸张，现代高校的课程与学位跟中世纪高校不可同日而语，但诚如涂尔于在《教育思想的演进》中所提到的，"学术生活已经发生了转型，但依然在中世纪为它挖就的沟渠里流动"[②]。因此，要研究高校课程与教学的发展就

---

① 黄旭华，郭志芳，2013. 中世纪高校课程特色及启示——以巴黎高校为例［J］. 教育学术月刊（3）：3.

② 爱弥尔·涂尔干，2003. 教育思想的演进［M］. 李康，译. 上海：上海人民出版社：117.

要将中世纪高校作为一个重要的出发点，而近代的自然科学与技术在高校中的引入与运用，以及现代科学与信息技术的发展，使高校课程与教学有了明显的变化。

一、高校课程发展历史

（一）中世纪的高校课程设置

在欧洲，意大利的萨莱诺高校、博洛尼亚高校以及法国的巴黎高校一直被看作其他欧洲中世纪高校的"母高校"，备受关注，所以在考察中世纪课程设置时，无疑要从其发展中寻求答案。

中世纪高校的课程开始较为简单，而且并不一致。11世纪至12世纪中期的课程内容主要沿袭于古希腊，特别是希腊化时代后期以及古罗马的教育内容持续了百年的时间。随着12世纪末期古典时期的希腊教育内容、阿拉伯世界的文明以及阿拉伯世界的哲学与科学内容的涌入，中世纪高校课程有了新的、更明显的变化，并且很快在13世纪初借由高校规程或者教皇的敕令建立起一套初成系统的课程体系。随着阿拉伯世界文明的繁荣，古典时期的希腊教育内容以及阿拉伯世界的哲学和科学才逐渐进入欧洲的高校课程。从13世纪末开始，法国各高校文学部已普遍开设了有关亚里士多德的逻辑、哲学、伦理学，希腊化时期欧几里得的《几何学》、托勒密的天文学以及包括阿拉伯的哲学和科学在内的多种课程[①]。到14世纪初，逻辑和辩证法成为中世纪高校文学部的核心学习内容。中世纪高校不仅在课程设置上有了必修课和选修课的划分，而且在必修课、选修课的讲授上，授课的人员、时间上都有着明确的区分。如由有经验的年长教授正式讲授的必修课通常在上午，如逻辑和文法；而由高级学部的硕士生和刚刚毕业的教师主持的选修课一般安排在下午或者节假日，如天文学、数学、自然史等。

中世纪高校的课程体系也是与当时高校的组织制度联系在一起的。学部是当时高校组织进行课程教学的主要机构。由于各高校的规模、传统和培养目标等不同，高校中的学部构成也不同。其中以巴黎高校的学部最为齐全，设有文学、医学、法律和神学4个学部。文学部是非专业教育的机构，仅教授基础课程，在地位上处于其他学院之下。从当时文学部课程内容来看，初期的课程几乎完全是继承古罗马时代遗留下来的由文法、修辞、辩证法等构成的"三艺"和极小部分由算术、几何、天文、音乐组成的"四艺"[②]，课程主要以经典著作的学习为主，其中文法教材采用的是普里西安的《语法原理》；修辞学指定

①② 黄福涛，2003. 外国高等教育史［M］. 上海：上海教育出版社：67.

的书是多纳图斯的《芜杂的语句》和包伊夏斯的《修辞学概论》[①]；逻辑学为亚里士多德的《工具论》（包括《范畴篇》《解释篇》《前分析篇》《后分析篇》《论辩篇》和《辨谬篇》）及波尔菲里奥斯的《概论》；算术教材为尼科马霍斯的《算术入门》的改编本，几何学则是欧几里得的《几何原本》；天文学为托勒密的《至大论》；音乐为波伊提乌的《论音乐基本原理》[②]。后来在文学部课程中又增加了 3 种哲学：自然哲学、道德哲学和形而上学。教材是亚里士多德编纂的包括《物理学》《论植物》和《论灵魂》在内的一系列自然科学著作，襄括了物理学、生物学、心理学和宇宙论等各方面的知识。神学课程在初期主要是学习《圣经》、宗教格言以及历代著名神学家编纂的有关《圣经》的注释和评论等。

中世纪高校的课程特点：

一是经典性。许多以探索自然界和人体奥秘为内容的学科也逐渐成为欧洲中世纪高校的课程，当然还有其他一些著作、摘要、评注之类的读物，但上述所引的经典著作才是最重要的。正如魏瑟培（James A. Weisheipl）所说："中世纪的课程就是经典名著课程。"

二是实用性。"中世纪高校植根于欧洲实用主义的氛围，欧洲最早的高校的诞生是利用 11 至 12 世纪智力的发展来适应日益增长的城市社会的需要。"中世纪高校的主要特征是其职业训练的教育目的，一个普遍特点就是具有明显的职业性、技术性及实用性。

三是宗教性。中世纪高校在宗教统治的社会环境下，其课程与教学内容自然具有宗教性特点。虽然中世纪高校课程内容有一定的宗教色彩，但宗教为了论证教义的合理性而主张广涉博览各学科的知识，尤其是自然科学的知识，在钻研的同时又锻炼了人们思维的严密性，培养了理性精神。

（二）近代欧洲的课程设置

17 至 18 世纪的欧洲，各国的高校都处在持续的衰退之中，传统高校形式甚至面临被废除的危险，也正是这一时期，近代高校的端倪开始出现。受启蒙运动及功利主义思想的影响，现代哲学和科学逐渐进入并发展成为高校课程的核心内容，成效显著。哈勒高校、哥廷根高校以及以柏林高校为首的一批新高校在课程设置上有了新的突破，推动了欧洲大陆、美国、东南亚乃至整个世界高等教育近代化的进程。

到了近代，欧洲高校一改往日高校神学部至上的传统，哲学部取代了神学

---

① 夏之莲，1999. 外国教育发展史料选粹（上册）[M]. 北京：北京师范大学出版社：163.

② E·P. 克伯雷，1991. 外国教育史料 [M]. 任宝祥，任钟印，译. 上海：华东师范大学出版社：130 - 131.

部的地位，成为高校众多课程的核心，跃居法学、神学、医学部之上。哲学部在恢复古希腊学术传统、主张哲学为一切知识之根本的同时，又继承了德国黑格尔等思想家的思想，主张世间万物都可归结为有机的理性统一，作为自然和社会最高形式的理性既生成各种知识，又包含一切学问。因此，哲学部不再是作为学习高级神学、法学、医学各学科的预备和基础学部，以及以传授古代的"七艺"作为核心内容的纯粹的教学机构，而是将传统的教学与近代的科学研究融为一体，一方面促进各种新知识的形成，另一方面培养受教育者形成一种态度或精神，使学生在获得基本概念或知识的基础上，去获取和追求最高形式学问的知识或科学，并在这一过程中促使学生具备和发展比知识学习更重要的研究能力、研究方法以及完善的人格。例如，19世纪创办的柏林高校，其哲学部开设的课程不仅包含了传统高校开设的人文和社会科学方面的课程，而且还设置了自然科学方面的科目。据史料记载，这一时期哲学部总课程数约为78门，几乎囊括当时除神学、法学、医学之外所有的高级学问，不仅包括语言学、历史学、考古学、艺术学等，而且还包括数学、物理学、气象学、化学、植物学、动物学、解剖学、地理学、矿物学等。据统计，至20世纪初，哲学部中属于文科方面的课程约为46门，约占总课程的60%，属于理科（或自然学科）的课程仅为32门，约占40%。就文科课程而言，绝大多数是语言、历史和艺术方面的科目，其中语言学课程最多，多为学科不断分化或在传统学科名称下衍生出的更为狭窄的专门研究领域。这也从某种程度上印证了柏林高校固有的，哲学凌驾于众学科之上的，统合自然、人文和社会知识的学术思想和高校理念。

医学部的课程内容在这一时期也得到了极大的丰富。受工业化进程的影响，医学部在高校中的地位仅次于哲学部。19世纪的柏林高校一改传统高校中医学课程只重书本知识的传授、忽视临床或医学实践的陈弊，不但设置了大批与近代科学有关的医学课程，把以实验为手段的科学理论作为指导和依据，而且将课堂理论与临床实践相结合。从1890—1914年柏林高校医学部课程设置的名称和内容来看，仅仅这一时期，新开设的课程就达28门，其中大多数是吸收近代自然科学、人文社会科学的最新成果，并结合研究型高校的特点开设的，如外科学、比较解剖学、药物化学、细菌学、实验治疗学、精神病学等。近代自然科学则以各种形态，更加迅猛、直接地影响和制约着高校的课程设置，使柏林高校各学部的课程不仅在数量上，而且在内容甚至本质上发生了革命性的变化。高校逐渐与科学学科、社会上的各种行业和职业密切相关，开始担负起推进学科研究和发展科学的新职能。

（三）当代美国的课程设置

到20世纪，高等教育强国从德国转向美国。美国高等教育曾经有过一个全面学习德国经验的时期，大批美国青年前往德国留学，并仿照德国高校办学模式进行改革，但美国并没有简单套用和仿效德国的高等教育模式，而是结合美国自身实际进行改革，如德国的讲座制在美国就成为了学系制。在课程上也是如此。美国在课程设置上更为重视通识课程，主张让学生更为自主地选择课程。通识课程的出现与哈佛高校前校长科南特（James Bryant Conant）有着最为直接的关系，1945 年，以科南特为代表的委员会发表了《自由社会中的通识教育》的报告书，提出了哈佛高校实施通识教育计划的指导思想和总体构想，并且在 4 年后正式付诸行动。第二次世界大战之后，随着美国高等教育从大众化向普及化迈进，哈佛高校本科生院的入学人数也急剧增加，学生来自不同文化、经济和种族背景，将单一的西方知识精华传递给年轻一代的传统的通识教育课程模式已经无法适应变化的形势；同时，六七十年代的民权运动和学生运动高涨，哈佛的高校学生积极参与课程改革运动，课程数量激增，良莠不齐。1973 年，哈佛高校校长博克（Derek Book）任命罗索夫斯基（Henry Rosovsky）为文理学院院长，并让他调查本科生课程设置情况，提出课程改革计划。1976 年，罗索夫斯基领导的工作小组提出了一项改革方案，主张在本科生教育的专业课和选修课以外建立一套共同的基础课程——"核心课程"体系。

二、高校教学方法的历史演变

（一）中世纪高校的教学方法

在中世纪以前，教学主要是通过口授身范的方式进行。口授法发展演变为讲授法和讲读法，身手示意法发展为直观法、演示法，但仍旧是低水平的、简单的；模仿法发展为背诵法和练习法，体现学生的主体能动性。在我国古代，讲授法和背诵法是最基本的方法，但古代教育家们也曾主张问答法、讲解法、启迪法等。比如我国的孔子，强调"学""思"结合，提出了"不愤不启，不悱不发"的启发式教学；古罗马昆体良①在《雄辩术原理》一书中阐述了一般的教学方法：讲授法、问答法、练习法等；基督教领袖之一圣奥古斯丁对当时形式主义的教学方法强烈反对，主张通过行动而不是规则来进行学习，并鼓励学生提问，以此来激发学习动机；苏格拉底经常使用提问诘问的方式来进行教学。

中世纪欧洲的教学方法主要是保全文化的手段，那时模仿和记忆又重新成为基本的教学方法。当时著名的经院哲学家皮埃尔·阿伯拉尔（Pierre Abelard）和托马斯·阿奎纳（Thomas Aquinas）都认为，教师要把学生看作教学

---

① 昆体良，1982. 雄辩术原理［M］. 上海：华中师范学院教育系：2-5.

的主要力量。没有学，就没有教，学习是由学习者发动的自我活动过程。因此，正确的教学方法不是把知识传授给学生，而是教师与学生的潜在能力的协调，由此产生教师所掌握的那种知识，即运用演绎推理和归纳总结的方法来进行教学。由于演绎推理的运用，人们更依靠用语言进行教学，因此在中世纪高校里讲授和辩论取代了背诵与记忆。由于书本给教学带来了统一性和权威性，它们日益受到尊重，而且还促进了教学方法的变革。如近代高校先驱哈勒高校，第一次对中世纪高校的讲读法做了重大改良，由对教科书的评注和解释变成了论文讲演制，学生在论证论题时，要努力搜集新经验来验证所假设的命题是否成立。

讲授就是教师讲解所选定的著作或教科书的原文以及各种注释。学生听教师讲解，逐字逐句记笔记。因为在15世纪以前，欧洲的书籍很少，而且很贵，所以教师讲课实际上大多是诵读原文。也有一些教师在讲课时对原文进行新的注释和评论，这些内容常常会被整理为"注释集"。讲授分为普通讲授、特别讲授、粗略讲授。普通讲授是学校制度中规定的正式讲授，由高校中已经取得正式教学证书的教师，如由获得博士或硕士学位的教师在规定的授课时间和规定的场所进行讲授；特别讲授是对普通讲授的补充，一般在休息日，没有固定的场所，多由已经取得学士学位、尚未取得正式教学资格证书的实习教师担任；粗略讲授是教学训练性质的，由学士或年长的学生来讲。另外，担任正式讲授的教师可以领取讲课报酬，负责特别讲授的实习教师则完全是无偿授课。

辩论一般在讲授之后进行，辩论分为问题辩论和自由辩论。问题辩论是就一个论点、两名学生或两组学生进行辩论，多在课堂上由教师主持进行。自由辩论一般在公开场所进行，辩论的问题和参加的人都没有限制。高校产生初期，由于书籍缺乏，教学多采取辩论形式。特别在神学学部以及在以波隆纳高校为模式建立的法律学部教学中，采取辩论形式训练学生的辩才更是重要的教学手段。

教会对中世纪高校的教学风格也产生了极大的影响，尤其是在巴黎高校，阿伯拉尔（Peter Abelard）《是与否》一书是高校授课的蓝本。比较典型的课堂教学多由教师口述、学生记录，大致采取以下步骤：提出论点，列出正反两方面的论据，通过演绎推理和逻辑分析排除错误，得出结论。考试则以辩论为主，旨在考查学生的判断、分析和辩论的能力。

（二）近代社会的教学方法

在文艺复兴时期，由于对希腊语和拉丁语的人文学科的执着追求，导致教学方法从以逻辑论证为基础转向以语法和修辞为基础，因此模仿和记忆的方法有所抬头。人文主义者的教学程式体现为练习、列举和模仿。但这种教学模式同以往有所不同，人文主义教师比较注重努力使教育成为一个能引起学生兴趣的过程，比如荷兰学者伊拉斯谟（Desiderius Erasmus）提出"理解、整理、重复"的记忆方法，并且注意把独立性和个性引入课堂教学中。这些做法得到其他人文主义教育家的赞同，在他们的教学实践中注重使课程和学生自发的动力相结合，反对使用暴力来威吓、强迫学生学习。在文艺复兴以后的一段时间里，人文学科的教学在耶稣会创办的一些著名学校里达到最光辉的顶点。耶稣会的教学方法主要是讲课法。讲课法的程序：教师通读文章；再仔细阅读，并查明学生是否理解；分析文章内容，找出重点与难点；比较类似文章；总结评价。耶稣会教学在当时表现出来的显著特征是通过不断复习旧的教材来巩固学习。学习哲学或神学著作的高年级可采用辩论方式作为讲课法的补充，因为耶稣会用辩论所包含的竞争来刺激学生学习。耶稣会不主张滥用惩罚的手段强迫学生学习，主张用"温和的纪律"进行教育。

17世纪后，教学方法在充分利用智力活动的同时，越来越广泛地利用肢体或感官。捷克教育家夸美纽斯就反对当时盛行的个别教学法，他认为，用这种方法所教的只是个别的学生；他主张实行班级教学法。他是第一个试图按科学的原则研究教学方法的人，同时他也是首先把教学当作一门艺术来进行研究的教育家。他在《大教学论》中，从第十六章至第二十四章，专章论述"教与学的一般要求，即一定能产生结果的教与学的方法""教与学的便捷性原则""教与学的彻底性原则""教学的简明性与迅速性原则"，以及学科教学法（科学教学法、艺术教学法、语文教学法、道德教学法）。每种教学法又提出了若干条规则。他在教学艺术中强调实际训练法，主张让学生从写字中去学写字，从谈话中去学谈话，从锻炼中去学锻炼。他还大力提倡实物教学、感官教学、演示教学等直观教学方法①。他最早提出通过感觉器官发展智力，实施"感知－记忆－理解"的归纳学习策略，主张在课程学习中先实物后文字，先实例后规则，认为归纳和演绎都是基本的教学方法。

夸美纽斯还在他的《世界图解》里主张把教学方法由单纯的技术操作转向艺术化。他的感觉论对现在教学方法的贡献确实很大，但感觉只是人们本性的一个方面，另一个方面与感觉密切相关的是情感领域。

洛克对教学方法问题也有独到的见解，他提出，教学的智力训练方法关注学生"如何学"而不是"学什么"，要求教师善于指导学生掌握学习方法，反对强制性学习。洛克还主张以学生学习兴趣和好奇心为基点循序渐进，演绎与归纳教学相结合，反对用烦琐规则限制学生②。

19世纪上半叶，是教育史上教育方法改革的丰收时期。瑞士教育家裴斯

---

① 夸美纽斯，1999. 大教学论［M］. 傅任敢，译. 北京：教育科学出版社：100.
② 李方，2002. 论教学方法的概念及历史变迁［J］. 现代教育论丛（4）：1-9.

泰洛齐认为，教师应该从学生对课堂上的实物的印象开始教学，学生可以借助实物教学补充具体经验以提高理解力，学生的活动是学习过程里的一个重要部分，在教学过程中主张用快乐教学代替竞争教学，授课的顺序从简单到复杂。裴斯泰洛齐还主张用温和纪律对待学生，使学生感到学校像家庭一样，充满友爱精神。

导师制教学方法是当时很流行的一种新教学法，是裴斯泰洛齐学派的主要竞争对手，导师（tutor）原意为监护人或保护者。导师制教学法分别由英国人贝尔和兰喀斯特推广实行。导师制的实质是教师先教导生，导生转而去教他手下的学生，它既是教学方法，同时又是教学组织管理方法。不过，导师制很快就退出了历史舞台。

德国教育家赫尔巴特明确提出应根据受教育者心理活动的规律去规定教学的过程，他的理论产生于联想主义心理学，即"统觉论"，他认为教学必须使教师在传授新教材时能在学生的心灵里唤起一系列已有的观念。他用统觉把教学过程分为"明了-联想-系统-方法"4个步骤，与此相适应的教学方法是"叙述-分析-综合-应用"。赫尔巴特注重学生多方面兴趣的建立，这样可以促进以后的讲解，又可提高学生的学习动力，赫尔巴特的教学方法使教学得到了改进，质量得到了提高，对教学方法的发展具有重大的历史意义。

19世纪末20世纪初，欧洲的新教育运动和美国的进步教育运动兴起，它们主要是以改革旧学校教育的内容和方法为主要目标，特别注重自由、活动和表现。其间，在教学方法领域，杜威的活动教学法影响尤为显著，这个教学法注重引导学生通过个人的探索活动进行学习，紧密联系生活实际，因而容易使学生产生兴趣，发挥自身的主动性、创造性，能在获取和运用知识的过程中提高个人的能力。但是，杜威的这种教学方法忽视了教师和教材的作用，使学生得不到系统的科学知识，难以保证教学效果。

（三）现代社会的教学方法

第二次世界大战后，科学技术迅速发展，知识在质和量上都起了急剧的变化，对学校教学的要求越来越高，以传授系统知识为主的理论和强调通过活动探索知识的理论均受到冲击与考验，因此各国致力于教学改革，因而也带动了教学方法的改革。在教学方法改革中出现了一些有代表性的教学方法的组合，如传授-接受教学法、问题-发现教学法、程序教学法、多媒体教学法等。现代教学方法多种多样，现如今已形成了比较完整的教学方法的理论体系，在科技创新的推动下，网络教学方法也逐渐升温并推广开来，使高校教学更加高效。

计算机辅助教学（CAI）是在程序教学和教学机器的基础上发展起来的。最早提出教学机器设想的是教育心理学家桑代克（Eduard Lee Thorndike）。1924年，普莱西（Sidney Pressey）在美国心理学年会上首次展示了这种以练习材料进行自动教学的机器，但在当时并没有得到积极的反应。直到 20 世纪 50 年代，行为主义心理学家斯金纳依据其操作条件反射和积极强化的理论，提出适用于机器教学的学习材料程序化的思想，教学机器才被重新提起。1957—1958 年是程序教学复活时代的开始，但是程序机器的机械性特征难以灵活地解决程序化学习材料的呈现和反馈问题，这又制约了程序教学的进一步发展。与此同时，从美国陆军军械部和宾夕法尼亚高校于 1946 年宣布研制成功第一台计算机之后，计算机经历了由专业计算机向通用计算机、由实验室样机向市场化计算机转变的商业应用历程，1958 年，IBM（国际商业机器公司）设计出第一个计算机教学系统，标志着计算机辅助教学的开始。

随着计算机辅助教学的快速发展，信息科技的广泛应用也随之影响开来，21 世纪，网络的快速普及也给高校教学方式带来了巨大的变革。麻省理工学院 2002 年启动了开放式课程（open course ware，OCW）工程，鼓励将优质教学资源上传网络并免费对外开放。在此背景下，很多高校投入了大量的人力、财力和物力来研究和应用网络教学，以网络教学平台为依托来建设网络课程，推动了基于网络教学平台的教学模式。随着信息技术的迅猛发展，越来越多的教师意识到网络教学对课堂教学的积极辅助作用，主动将所授课程的教学材料搬到网上，引入了在线测试、课程论坛、博客、微信、微博等多种形式的教学手段。在信息社会，高校的课程与教学发生了重大改变，原来依靠粉笔与板书的课堂教学形式被电子板书取代，教师不再是吸粉笔灰的行业了。不过，在庆幸免受粉尘之苦的同时，人们开始怀念传统板书的意义，检讨 ppt（幻灯片）的危害，并讥讽为"骗骗它"。在课堂教学之余，课外作业、与学生交流，甚至是考试，也逐渐以在线方式进行；"翻转课堂""微课"等新型教学形式也在信息技术的支持下逐步流行。技术革命给高校课程与教学带来的影响是不可估量的，尽管高校不可替代，但高校的教学方式却有了革命性的变化。

三、高校教学组织形式的历史演变

（一）中世纪高校的教学组织形式

古代东、西方高等教育机构的最大特点之一在于，教育机构主要由个人创办，并由创办者招纳门徒，一个教师只带少量的学生传授本门学派观点学说，基本采取个人管理、师徒传授的教学方式。这种个别教学难以系统化、程序化、制度化，计划性不强，因而效率不高，只适用于学生人数少、教学内容比较简单的教学要求，是当时生产力的反映，也是个体小手工业生产方式在教学上的表现。

中世纪时期，学者或师生自发聚集在某一场所研习学问，传道授业，后来逐步发展成为高校。与现代高校不同，中世纪的高校绝大多数没有属于自己的校园、教室、庞大的图书馆或实验室等固定资产，初期的高校只是以知识为媒介，学者们进行讲学和共同研究的一种行会组织。因此，每个行会形成了特定的一种集体，而中世纪初期的高校一般都接受来自世界各地的学生和学者，这种集体往往处于不断迁移和流动状态，哪个地方给予这个集体的特权多，往往这个集体就往哪里移动，随后就逐渐形成了这种集体教学的萌芽。这是一种与个别教学不同，也与班级授课有别的教学组织形式，它是介于个别教学与班级授课制之间的一种延续多年的过渡形式。苏联教育理论家斯卡特金称其为"个别-小组教学制"。我国宋代、元代、明代、清代的官学、书院以及私塾中都有这种教学形式。在这种教学组织形式中，教师不再面对一两个学生，而是十几个甚至几十个学生，并由一个教师主讲，其他教师辅助讲授，教师在讲课之余，学生也可以一起进行一些学习活动。虽然学生在年龄、程度、修业年限及学习进度上参差不齐，但修业的顺序有一定的计划和安排。到文艺复兴时期，集体学习已占有一定的比例，从而为班级授课的产生奠定了基础。

这一时期还出现了导师制。1400 年，英国的魏克汗姆（Wykeham）首次将导师制引入牛津高校，后为剑桥高校采用。此教学组织形式的主要特点是：师生以学院为单位，每一名本科生由一名或数名导师指导，导师负责指导学生如何选修课程，讲解各学部传授的各种课程，准备考试等。16 世纪之后，随着欧洲高等教育的民族化趋势，通过师生间的个别交谈和辅导等非正式的教学方式成为英国传统高校的主要教学形式。17 世纪之后，导师制不仅影响了欧洲高校的课程教学，还被介绍到美洲大陆，成为英国乃至殖民地时期美国学院的主要教学形式。

（二）高校教学组织形式的发展

中世纪末，集体的教学组织形式产生了。集体的教学组织形式又以班级授课为最高形式，它是以固定的班级为组织，把年龄大致相同的一群学生编成一个班级，由教师按固定的课程表和统一的进度，主要以课堂讲授的方式分科对学生进行教育。捷克教育家夸美纽斯对班级授课制从理论上加以总结和论证，后来，德国教育家赫尔巴特又将其进一步完善而基本定型。19 世纪下半叶，班级授课制在欧美国家普遍推行并趋于完善。我国最早采用班级授课制进行教学的是京师同文馆（1862 年），后"癸卯学制"（1903 年）对其加以肯定并在全国推行。班级授课制的产生是教育史上的一个重大进步。

班级授课出现以后，又出现了许多否定班级授课或纠正班级授课之缺陷的教学组织形式。但由于班级授课本身的优点，其他组织形式并未能完全取代它，有些因不符合教学规律而很快消失，有些则在以后得到改进并成为班级授课的辅助形式或补充形式。如第二次世界大战后，苏联对传统班级授课进行改革和完善，出现了一些新的教学形式，主要有理论教学、混合课、实践教学、劳动教学及劳动综合技术实习课等。在我国和其他国家还出现了现场教学、自学指导、科研训练等其他形式。

德国在17世纪末期和18世纪中期分别建立了哈勒高校（Halle，1694）和哥廷根高校（Gottingen，1737），这标志着德国高校发展进入了一个崭新的阶段。这两所高校在办学理念和课程设置等许多方面区别于中世纪传统高校，并对19世纪初期创立的柏林高校产生了很大的影响，因此不少学者认为这两所高校可以视为德国乃至世界高等教育史上近代高校的开端。伴随着教育机构类型和课程内容的变革，这一时期高等教育机构的教学方法也出现了新的变化。

18世纪开始，高校的教学形式有所变化，除了采取以往的课堂讲授外，加入了"讨论"这样的教学方法，并且越来越多的高校逐步采用新的教学形式"研讨班"（seminar）（或译为"讨论班"或"习明纳"等）。它是一种用来训练学生对某个重大问题进行独立调查研究的教学形式。16世纪欧洲宗教改革时期，天主教教会特别是耶稣教会创办的神学学院和语言、古典人文教育学院中已有某种形式上的讨论教学方法。不过，"seminar"一词源于德语，意为高校中少数或一部分程度较高的学生在教授指导下，通过阅读文献资料，对某一学术领域或课程采取调查和研究的方法。"seminar"这个词作为一种教学机构的名称，早在1563年就在德语中出现了，那时以它来命名一种教会学校，后来又用它来称一种神学校、神学院以及师范学校和第二阶段师范训练中心等。

18世纪30年代后，研讨班开始出现于德国高校中。1737年德国高校教授格斯纳（Johann Matthias. M. Gesner）最初在其任教的哥廷根高校开设哲学研讨班，他是将"seminar"引入高校教学的第一人。也就是说，以后人们便用"seminar"这个词代替了原来高校中一种教学组织形式的名称——"disputation"（辩论课）。与以往的教学形式相比，研讨班往往学生人数较少，基本以某一课程或具体研究领域为单位，学生不再是知识的被动接受者，而是在教师的引导下，以探索、调查和研究为目的。其后，德国哥廷根高校在语言、哲学和医学等课程中设立多种"研讨班"。1786年，哈勒高校也开设了哲学研讨班。两所高校的教学形式改革不仅对当时的欧洲高等教育影响很大，也为19世纪德国柏林高校实现教学与科研相结合奠定了基础，被称为"科学研究的摇篮"。

1809年，洪堡创立柏林高校，由哲学、法学、医学和神学4个学部组成。在各学部设立研讨班和研究所，是洪堡办学理念在高校教育实践中的具体体现，同时也是德国新高校区别于传统高校的根本所在。柏林高校出现之前，德国高校也曾出现研讨班等类似的教学形式，不过多侧重于语言、哲学等人文科学方面的研究，很少涉及近代自然科学学科，而且哲学研讨班只是作为一种辅助性的教学手段，并没有在高校中将教学与科研真正结合起来。19 世纪 70 年代以后，由于高校规模日益扩大，学生人数不断增加，研讨班逐渐取消人数限制，不少研讨班从最初的一种教学形式发展成为普通的教学与研究机构，扩展到众多学科领域之中。今天，在联邦德国高等学校中，"seminar"已经成了除讲课、实验、练习、考察与实习以外的一种重要教学形式。

到了现代社会，尤其是伴随着信息技术的发展，教学组织形式也发生着深刻的变革。多媒体及网络技术的发展，从根本上改变着教育的环境和方式。网络支持下的课堂教学，教学资源是共享的，教学形式是交互的，交流评价形式是开放的、间接的、虚拟的。网络的出现真正提供了一个开放式的教学环境，极大地丰富了课堂的形式。教师可以将学习资料、上课内容、作业等放在网上，还可以通过网络进行个别指导，学生可以在网络上搜索到任何想要的知识与信息。智能手机的兴起提供了更为便捷的教学方式，学生在课堂中通过手机学习，学生不再是依靠教师与书本进行学习。图书馆成为数据资源库的集中地，而不再是依靠传统的藏书量。信息化时代的教学形式不再被局限在一间封闭的教室里，而是通过网络不断延伸、拓展。

第三节　高校课程与教学的理论流派

任何时期的课程理论总是受到当时的哲学思想、教育思潮的影响，宏观的教育理论总会在高校课程领域中得到折射与体现。高校课程理论与实践在历史长河中也受到教育思潮与哲学思潮的影响与洗涤。

一、教育哲学视野下的课程与教学观

奥恩斯坦（Allan C. Omstein）认为对美国课程与教学产生影响的主要有4 种教育哲学，分别为永恒主义、要素主义、进步主义、改造主义。这一分析尽管主要针对基础教育领域，但同样也适合高等教育课程领域。

奥恩斯坦还进一步把永恒主义、要素主义称为传统的教育哲学，把进步主义、改造主义称为现代的教育哲学。他认为，传统教育哲学把教育看作对过去知识的保存与传递，强调讲授知识、训练心智、以学科为中心，强调学科内容本身的重要性，教师则应成为学科内容的权威，为学生传授知识。而现代教育哲学把教育视作学生对经验的改造，对社会的变革，主张教育即生长，是学生创造性的自主学习，是积极重建知识的主动过程，因此教育者必须重视激发学生的兴趣和需要，学科内容只不过是传授技能、培养态度和训练心智的媒介，所有学科对解决问题的活动都有价值，教师与学生共同安排教学活动，教师是探究活动的向导，学生独立自主地学习，师生通过对话进行教学。

不同的教育哲学持有不同的知识观与教学观：

经验论即自然主义教育哲学强调教育具有它自身特有的性质，这些特质作为客观存在，独立于人们对它的认识与经验，因此必须重视自然，遵循自然，认为符合自然生长的具体教育活动必须注重感性、强调直观，因为知识是通过感觉而获得的。

唯理论即理性主义教育哲学强调对理性忠诚，信仰永恒真理，认为教育有其终极本质，这些本质是永恒的、固定的，如果认识合于理性，就可以把握这些本质，因此，知识主要是通过心灵活动获得的，唯有通过心灵活动才能获得关于事物的真知。

实证论即科学主义教育哲学主张人类的知识经验必须经过验证，这种验证是指科学意义上的实验、观察等方法，只有通过验证的知识才是科学知识，教育应以科学知识为内容，科学知识最有价值，知识的重要性在于它具有功利价值。

实用论即进步主义教育哲学认为人类通过在活动中掌握关于事物的直接经验之后才能把握事物本质，教育过程主要表现为经验的过程，坚持以经验为中心，强调适应与变动，注重教育与生活的联系。

以上的教育哲学流派只是提纲挈领式地归纳与阐述，需要指出两点：一是其术语的运用在不同语境下具有不同含义。如科学主义，不同语境下具有不同含义，有时是中性的，有时却是贬义的；理性主义也是如此，尽管它是唯心的，但相比于唯物的经验论却是一种进步。二是这些概括主要是针对基础教育领域而言。高等教育的课程与教学面临的问题与基础教育不完全相同，因此，这些理论用来解释高校课程与教学似乎有些隔靴搔痒。但细究下去，高校课程与教学背后的哲学理念也跳不出上述哲学流派的范畴。

二、高校课程思想流派

高校课程思想流派受到基础教育哲学的影响，但高等教育有其自身的问题，因此，在共性基础上，又有其特殊性。美国课程专家坦纳夫妇曾说过，"课程有一个悠久的过去，但只有短暂的历史"，课程作为一个专门的研究领域始于美国，其标志是 1918 年美国课程理论家巴比特的《课程》出版。20 世纪 30—40 年代期间泰勒原理的问世和成熟，标志着课程理论成为一门独立学科。高校课程思想流派众多，从不同层面可以做出不同的概括。以下选择在高校课程开发、设置和教学中具有较大影响的观点加以介绍。

（一）工学主义课程观

工学主义课程观产生于 20 世纪 20 年代的美国，代表人物是美国早期课程理论家查特斯（Werrett Wallace W. Charters）和博比特（John Franklin Bobbit）。工学主义课程理论在方法论上深受孔德实证主义哲学家思想的影响，并吸取了以追求效率的"科学管理思想"，强调世界上的一切均可用数量表示，均可以测量，因此，主张通过量化描述的方法建立课程体系。这种课程观认为，学生的学习结果是可以预设和加以测量的，课程设计必须围绕着预先设定的目标进行。在工学主义课程观看来，课程设计与实施就像一条流水生产作业线，知识和各种活动就是流水线上的原料，学生的技能与行为就是流水线上的产品。

那么，该如何确定课程目标与内容呢？博比特提出了活动分析、需要分析、职业分析等概念。所谓活动分析，就是将人类的所有活动分为若干领域，例如语言、卫生保健、公民、社交、娱乐、宗教、家庭、职业等，通过对人类活动的分类选择恰当的课程与内容。通过对成人活动的各种分析，确定出教育目标，然后再选择与制订活动计划，即课程。查特斯的功用分析也是编制课程的重要方法。所谓功用分析，即弄清某一功能及实现这种功能的结构各个部分之间的逻辑关系。查特斯强调要通过成人活动得出课程设置目标。不过，他认为成人社会活动只是课程目标的一个因素，在考虑课程目标时，还需要考虑系统知识、个人的长远幸福和社会与学生的需要等。

工学主义课程观重视课程目标在课程设置中的意义，成为学校课程设置的重要模式。美国麻省理工学院等著名院校的高等数学、研究方法等课程，都曾严格依照这种模式实施过。这种课程观对美国的课程设置与设计实践产生过巨大的影响，对课程理论的发展也产生了积极的作用；泰勒的课程理论就直接受到工学主义课程观的影响与启发。然而，工学主义课程观也存在明显的缺陷：第一，生硬地搬用工业管理理论与方法，将课程问题简单化、机械化，把课程理论的一切问题归结为技术问题。第二，缺少关于课程性质、课程的社会历史背景的分析，只讲求课程的预测、控制、效率，注重外显行为目标。第三，强调教师就像工人生产产品一样，可以根据课程目标将学生塑造成为需要的人，无视教师与学生的个人主观能动性。正因为如此，工学主义课程观遭到后来一些课程学者的批评，这些批评也催生了人本主义课程的出现。

（二）永恒主义课程观

永恒主义是现代西方较有影响的教育思想流派，其主要代表人物是赫钦斯（Robert Hutchins）、艾德勒（Mortimer Adler）等人，对美国 20 世纪 30—50 年代的高校课程建设产生了深刻的影响。

永恒主义课程观认为，高校的课程必须以反映千百年来人类理性演变的知识为内容。这些知识是发展人的理性的最好材料，它是主要的、永恒的。所谓"永恒学科"，就是那些反映人类理性遗产的学习材料，它们存在于历经考验、证明其价值永恒而不朽的经典著作中。因此，在永恒主义课程观看来，名著便是高校的课程，研读名著就是高校教学的主要内容。为建立这种课程，赫钦斯挑选并编定了 71 位古今名人或学派的名著，涵盖了哲学、文学、历史、政治学、经济学和自然科学等诸多领域，他相信这些名著包括了主要的人类永恒观念。这些观念既是人类理性的"共同要素"，是培养人的理性的必要材料，也是人类统一认识、相互沟通的条件。永恒主义并不反对专业教育，而只是反对高校过早、过分专业化，要求专业教育必须建立在普通教育的基础之上，因为普通教育不仅能为各种专业教育提供学术基础，也是发展人的理性所必要的。

毫无疑问，永恒主义课程观具有浓厚的复古主义色彩，它是传统的人文主义高等教育思想的再现，是对高校课程中盛行的功利主义倾向的批判。面对狭窄的专业化教育弊端，永恒主义课程观重新强调人文学科，对学生的全面发展、平衡和拓宽高校课程设置具有借鉴意义。名著固然是要读的，但名著代表的是过去，不能反映当代科学技术的新成就，无法概括所有领域的新进展。用名著代替高校课程，无论从理论上，还是实践上都无法成立。

（三）改造主义课程观

改造主义课程思潮于 20 世纪 30 年代兴起于美国，代表人物为布拉梅尔德（Theodore Brameld）。改造主义课程思想诞生于美国经济危机和社会动荡氛围之中，认为，高校课程必须具有改造社会的目标，高校在提供的课程中要描绘出"共同生活的远景"，确立通过学习这样的课程实现共同的价值观念。因此，学校课程肩负建设新文化、创建世界秩序和培植和谐社会的重任。

改造主义课程观反对以学科为基准组织课程，而主张以问题为中心组织课程。布拉梅尔德曾经提出一个"以问题为中心"的课程构想：17～20 岁的青年公民都可以进入一种新型的初级学院，4 年的课程可以围绕着一个中心题目即"我们能有哪一种世界，我们要哪一种世界"来进行；每个学期将研讨这个问题的各个方面——政治的、经济的、科学的、道德的、美术的、宗教的以及许多别的方面；每一门课将尽量利用最丰富的资料来源进行相关研讨。布拉梅尔德认为，这种课程体系中的所有学科和分支学科都在一个统一的整体内完整地联系起来，不仅要把所有领域的知识连成一个整体，而且还要为这些知识提供新颖、有效的意义。这一流派在实践中没有对美国高校课程建设产生巨大的影响。

改造主义课程观从一个新的角度对课程理论进行了探索，具有一定意义。它的优点：一是课程的社会职能能够充分发挥出来；二是全部学习经验集中于社会人格的形成，能够促进人格的健康发展；三是学生直接面对社会生活，有助于学生获得有意义的社会经验。然而，它的缺陷也很明显，比如，它不重视系统的知识学习，课程实施的质量无法得到保证。

（四）存在主义课程观

存在主义课程观是存在主义教育思潮的一个方面，尽管谈不上具有自己的课程理论体系或课程理论家，但这一哲学思潮也不可避免地渗透到了教育领域，尤其为青年学生所接受和推崇，20世纪50年代以来对西方各国高校课程建设产生了一定的影响。

存在主义课程观认为，高校课程的中心任务不是传授知识，知识、技能和智力是高校课程必要的，但不是核心；课程知识内容本身并不是目的，课程的全部重点必须从事物世界转移到人格世界。课程设置必须符合人的需要，课程系统中主要的学科应是人文学科、哲学、历史、文学和艺术等，因为这些学科最能直接地触及人的本性。存在主义课程观反对具有强烈职业目的的专业教育，认为职业知识的传授妨碍个人自我的发展，专业教育降低人的重要性，即使不得不进行专业教育，也应该尽可能使专业教育人性化。同样，存在主义课程观反对高校课程中的理性主义，反对将发展理性作为高校课程的主要任务，认为高校课程的中心任务是发展学生个人对自己本性的内心体验，不能忽视高校课程对个体情感和意识的发展功能。在高校课程的实施上，存在主义课程观认为，苏格拉底式的问题法与启发式教学是最好的课程实施方法，师生之间的对话、诘问可以启发和引导学生。存在主义课程观比较反对课堂讲授，认为学生自己探索发现才能得到真实的东西。在高校课程的组织形式上，存在主义则重视个别教学，因为学习过程是一种高度的、个人的事情。大班教学不利于学生在独特的、个别的需要下发展自己。因而，即使在大班教学的时候，也需要特别强调教师与学生之间的对话、知心和友情。

存在主义课程观对西方高校课程设置产生了一定的影响，在西方高校课程设置背后可以看到存在主义的影子。学校增设大量选修课程使学生在选择课程上有更多的自由，这为学生个性的自由发展、知识面的拓宽、兴趣的培养都产生了积极作用。偏狭和专门化的知识与技术性的课程体系受到了挑战与抵制。存在主义课程观的消极意义也非常突出。作为一种对主流文化持反对态度的哲学流派，存在主义在课程上反对传递理性知识，主张课程的重点应从知识转移到学生身上，这是不现实的。

（五）实用主义课程观

19世纪末美国出现了实用主义教育思想。美国教育家、哲学家杜威（John Dewey）是其主要的倡导者和代表人物。需要指出的是，杜威与实用主义哲学创始人皮尔斯（Charles Sanders Peirce）和詹姆斯（William James）不同，他不同意把哲学看作纯粹学术的东西，而主张把它同人类的实际生活联系起来。杜威力图把实用主义哲学应用于教育理论，为美国学校教育的改造设计一张蓝图。

杜威把赫尔巴特（Johann Friedrich Herbart）的教育思想称为"传统教育"或"保守主义的教育"，在他看来，"传统教育"的课程观有诸多弊端缺陷，需要加以变革。为此，他建立了以经验论为理论基础的新课程理论，这个理论充分体现了他的最基本的教育观点："教育即生活""学校即社会"。杜威认为，学校教育教学的最大任务是要从学生目前生活所获得的直接经验中寻找一些东西，作为学生在以后的成长中发展成有组织的知识的根基，而不要把教材看成现在的学生经验之外的东西。要"从生活中学习""从经验中学习""从做中学"，学校中一切课程的主要内容应该就是学生现在生活的经验。杜威反对传统教育中的分科教学，反对现成的、孤立于学生经验之外的成人化的知识，要求把课程与教材恢复到它被抽象出来的、原来的生活经验，学校教育是建立在学生现在的生活经验基础上的教学。他甚至提出要使学生的学习"循着历史上人类的进步足迹前进"，重演"从原始的到现代的全部发展过程"。他提出了变革课程的 3 项要求：一是课程应是合乎学生心理需要、兴趣和能力的；二是课程应具有统一性和整体性，而不是支离破碎的；三是课程应具有社会性。高校走出象牙塔，与社会的联系日益紧密，用高深知识更好地服务社会便是高等教育的一大追求。实用主义坚持"有用的就是真理"，主张以社会及个人需要为基础，把知识与社会联系在一起；尊重个人的兴趣与经验，推动个人的发展以及知识的有效利用，把个人与社会、知识有效地联系起来，注重实用性和更好地实现服务社会的功能。

（六）结构主义课程观

结构主义课程观的代表人物为布鲁纳（Jerome Bruner）。他认为，让学生掌握学科的基本结构是教育过程的核心。任何学科都有一个基本结构，即具有内在的规律性。这种规律性反映了事物之间的联系，表现为各种定义、原理或法则，这些学科的基本结构应成为课程的主要内容。学生掌握了学科的基本结构，就易于理解学科的全部内容，易于再现学科的全部内容，易于运用学科的理论，易于产生正迁移效应。为此，在课程编制过程中，应该重视一门学科的基本概念或原理的连续性，正确组织学科的基本概念和基本原理；在课程实施方面，强调运用发现教学的方法进行教学工作，发现学习是掌握学科基本结构的良好方法；在课程评价上，也强调从学科的基本结构方面予以评价。

结构主义课程观从 20 世纪 50 年代起对美国中小学课程改革产生了强烈的影响，但在中小学课程改革中却没有获得应有的效果，导致了大量学习困难的学生。然而，它在高校的课程领域中却找到了发挥作用的天地，比较适合具有一定知识、能力基础的，具有较强自学能力的高校学生，以及具有一定深度的高校教学内容，这一理论在编写高校教材、编制专业课程中具有较强的适宜性。结构主义课程观以结构主义心理学为基础，对学生的心理和学习过程做了深入的分析，从而对课程理论的发展具有十分重要的意义。

需要指出的是，以上各种课程流派并不是并列的，而是处于不同层面，并在高校课程设置中均有不同程度的反映，如存在主义课程观就是存在主义哲学在教育领域中的反映，并体现在课程观上；工学主义则是课程编制与开发的一种技术与手段，它的思想根源是科学主义及实用主义思潮。有的课程流派在基础教育领域影响较大，有的则是在高等教育领域影响较大。高校课程哲学必须从实践出发加以构建，有人提出了"实践课程观"。以前人们对高校课程有所误解，认为高校课程就是指大一统的国家课程，就是一种基于专业为单位的培养计划，是外在于师生之外的"计划"或"目标"，其实，高校课程就是师生实践的进程与内容，是师生教学与学习自由下体现出来的内容；高校教师不是课程的局外人，而是课程的开发者，其本身就是课程的一部分。

第五章

高校课程开发设计与教学方法改革研究

在我国，课程设计可按课程的定义分为广义与狭义两种。广义的课程设计是指对学校总的课程计划和教学安排制定的活动，狭义的课程设计是指对一门课程的设计及教材的编写。高校课程设计也可以这样理解：广义的高校课程设计是指对学校人才培养或教学计划的制订活动，狭义的高校课程设计是指对一门具体课程的设计及教材的编写。教学设计与狭义的课程设计基本同义，只是角度不同，不做区分。本章主要从狭义的角度对课程教学设计与教学方法进行研究。

第一节　高校课程设计的理论取向

高校课程是高等学校有目的、有计划地向学生传播知识、经验的总体，这种知识、经验的范围十分宽广，人类的知识成果、精神产品浩如烟海，但高校教育的时间和人们接受知识的能力都是有限的，如何选择和区分这些知识便成为高校课程设计的一个重要问题。因此，人们必须根据一定的需要并在一定的理论指导下进行选择。

一、课程设计价值取向分析

我国教育理论界一般把课程设计的价值取向或理论基础分为 3 类：学科中心主义、学生中心主义、社会中心主义。我国台湾学者黄光雄等人对这 3 种课程设计理论做过较为深入的分析。在此做概括与提炼如下。

（一）精粹主义的学科取向

1937 年，巴格莱（William C. Bagley）等人提出教育应该重视基本学科学习的呼吁，主张从过去的文化遗产中选择文化精粹作为基本的学习材料，这些学者被称为"精粹学派"。"精粹主义"认为，教育是以社会传统的精粹文化为媒介，对下一代实施严格的心智训练，偏重传统的学术精华传授，将学科知识的学术文化遗产传递给下一代。因此，在课程观上，认为课程便是学科专家通过教科书传递给学生的学术知识精华，重视"课程即科目"的课程含义，强调学科知识的重要性，认为课程不只是代表一种特定的学科知识内容及概念，也代表一种人类理性的认知思考模式。在课程设计上，学科取向的"精粹主义"以科目为本位，主张以教科用书为中心或以课程为依据的课程设计，强调依照学术研究领域分类来区别课程内容，课程设计以学科知识为中心，重视学科知识的逻辑与结构。选择什么内容作为课程内容呢？精粹主义认为，由于学科知识是人类活动的精华，具有永恒性，因此，学科知识比社会需求和学生需要更为重要，而这些具有永恒性的知识往往体现在世界名著与经典著作之中。在课程的实施上，坚持"教材中心""教师中心"和"课堂中心"的模式，主张从易到难，打好学科基础，把握学科结构。由于该价值取向强调知识的系统性、渐进性，因而易于组织教学，也易于进行评价，受到了教师的欢迎。在课程评价上，要求课程内容材料应该反映学科知识本质，以协助学生获得学科知识，培养成为学术研究人员。美国高等教育中，芝加哥大学校长赫钦斯、哈佛大学校长科南特都曾倡导过"名著导读"，与"精粹主义"思想相一致。

　　"精粹主义"的传统学科学术取向课程设计的优越性在于：由于学科专家编写课本理论组织严谨，内容较为真实可靠，不致违反学科知识真理，可以使教师、学生较为信赖。但这一课程设计的问题是：把课程窄化为教学科目，甚至等同于教科书或教材，造成师生对教科书的严重依赖，将教科书内容当成真实的生活世界，缺乏教学的生动性、活泼性。

　　（二）经验主义的学生取向

　　1918 年，美国进步主义教育学会成立，一些教育学者强调学生学习经验的重要性。他们认为，教育的目标是教育工作者本着自由、平等与博爱的教育原则，协助每个学生成为独特的个体。因此，在教育内容上，强调教育即生活，教育是生活本身，不只是未来生活的准备，因此，学生的第一手亲身经验是学习的主要资源。"经验主义"肯定学生主动参与学习的重要性，重视学生的需求、能力与兴趣。在课程观上，经验主义主张采取学生个人取向的课程立场，重视"课程即经验"的课程含义，主张无预设、无结构、非事先决定的课程目标与内容，课程不是存在于教科用书当中，也不是存在于科目名称或教学计划上，课程只存在于学生的学习经验当中。学习科目与学习者两者的关系就如同地图与旅游者的实际经验一样。学生的学习经验如同旅游者的实际旅游经验，旅游者的实际旅游经验可能不同于旅行社在出游前安排规划的旅程，也不同于旅游指南的说明内容。因此，学生的个人学习经验将不同于班级教师的教学计划，异于学校的整体课程规划，而与课程设计人员编辑的教科书内容不尽一致，甚至可能不同于官方课程标准的正式规范与预期理想。在课程设计上，强调选择课程的第一个依据不是学科知识，也不是社会需求，而是学生兴趣。强调依据学生兴趣与心理发展顺序决定课程内容和结构，组织学生的学习经验。课程设计的重点在于：强调学校教师的责任是去发现学生的兴趣与经验，在此基础上，建立教育活动，而不是预先硬性规定的活动，这一活动是由教师和学生共同合作计划的。在课程实施上，重视学生的活动，强调"做中学"与"问题解决法"，教师应该有创意地设计学校课程，以引导学生进行主动学习。在课程评价方面，观察是主要的评价技术，用以找出学生个人成长及改变的证据，重视学习的历程与结果，不只是评价学生达成目标的程度，而且重视预定目标之外的隐性课程的学习。在课程目的上，认为课程可促进学生发展及培养学生适应现实社会生活的能力；在课程内容上，把学生直接参与其中的生活活动作为确定课程内容的依据，注重学生的兴趣、爱好、需要；在课程组织上，打破学科界限，采取作业的形式分单元进行活动，反对预先规定教材范围和进度，强调把教材引入学生的生活，让学生直接去体验，直接去活动；在课程实施上，强调师生合作，反对教师权威，要充分发挥学生的自主性、能动性。

这种经验主义的学生取向课程设计理念，优点在于容易引发学生的学习动力，满足学生需求，诱导其积极参与学习活动；缺点在于可能流于放任，有反智主义嫌疑，对学生未来生活不利。而且这种观点有着浓厚的个人主义色彩，不符合社会需求。

以上课程设计取向主要是针对基础教育而言的，对高校课程设计同样产生了深远的影响；高校课程设计同样也离不开这些价值取向。

二、不同课程设计取向在高校中的运用

高校课程设计深受以上述理论取向的影响。可从学科中心、学生中心、社会中心 3 种理念来分析高校课程设计模式。

(一) 学科中心设计

学科设计的教育哲学基础是强调科学知识的内容逻辑性，所以在课程设计上，把学科内容作为课程的水平及垂直结构的基础，课程的选择以不打破学科的内在联系为前提。这种设计是指把人类文化遗产进行划分和分类，确定为高校课程的众多科目。这些科目课程依据其内在联系和性质组合，每门科目都有意识地阐述专门的同质的知识内容，从而形成课程体系。这种科目设计，往往以专业培养目标为基础，把各专业共同的科目作为公共课程，要求全体学生修读。除公共课程之外，还按专业或职业技能的需要设计专业基础课程和专业课

程。另外，为了满足学生的兴趣爱好、扩大高校生的知识面、发展学生的个性，又安排了任意选修课，可以加深对某一专业方向的学习，也可以拓展学生在其他学科领域的知识。这一科目设计的优点在于：它是使学生掌握某一专业系统知识的最有效的组织形式，能使学生便捷、快速地构建某专业的知识结构框架；能最大限度地反映科技的进展，便于把需要的知识组织到教材中去。缺点在于：以知识本身组织科目课程，较少考虑学生的需要、兴趣与经验，容易造成学生被动学习的状况，所学知识不知如何与实际结合，如何运用这些知识解决实际问题；科目也容易固定化，跟不上快速变迁的时代与迅猛发展的科学技术。

（二）学生中心设计

这种课程设计强调个体发展，以学生的兴趣、需要和目的来进行课程的组织。它有两个特征：一是以学生而不是以内容为其组织的线索；二是不预先计划，而是在教师和学生的教学过程中逐渐演化形成。课程的组织形式取决于学生关心的事务、主题或问题，往往通过活动开展。这种课程设计在高校中并不常见，比较多地适合社会实践、实践教学环节。当然，也有的教师在上课伊始，让学生提出想要了解的知识内容，教师根据学生需求确定教学内容与方式，在教学中进行课程设计。

（三）社会中心设计

社会中心设计指的是针对社会中的问题选择内容并组织教学的一种课程设计模式。这种设计是根据社会问题领域的范围和分类来确定。由于内容是以问题的相关性为基础加以选择的，因而课程基本上是跨越科目界限，具有交叉性与综合性。顺序也由问题的分类来确定，在很大程度上是以学生能力与水平为基础的。

在精英高等教育阶段，我国高校课程设计比较强调学科取向，强调知识中心的课程体系，高校课程就是一个"知识体系"，高校教育追求"合理的知识结构"，遵循"知识逻辑"的主导力量，使高校课程设计"知识化"。而到了大众化高等教育阶段，我国高校课程设计比较强调社会取向，强调市场需求的课程体系，主张按照职业要求设计课程，使学生更好地就业，适应社会需要，提出"以就业为导向"的课程体系。其实，这两种课程设计取向都存在片面之处，在不同类型的高校具有不同的适应性。未来的课程设计必须是强调学科知识逻辑、市场需求逻辑、人自身发展逻辑的融合，而且要以人的发展作为课程设计的根本追求。当然，不同类型高校的侧重点有所不同。课程的价值是多方面的，学习文化知识、强调适应社会的根本目的应该是为了促进人的发展，因此，必须使 3 种课程价值取向和谐地统一于人的发展之中。

第二节　高校课程设计模式

课程设计理论自 19 世纪末诞生以来，主要围绕中小学教育的课程问题进行研究，高校课程设计也借鉴了中小学课程设计的研究成果。各种各样的课程模式在种类和数量上都十分可观，其中一些课程设计模式较有影响。

一、课程设计模式的类型

(一) 目标模式

目标模式是最经典的课程设计模式，诞生于 20 世纪 40 年代的美国。这是一种以实用主义哲学和行为主义心理学为指导思想的课程设计模式，其代表人物有泰勒 (Ralph. W. Tyler) 和布卢姆 (Benjamin. S. Bloom) 等人。激励泰勒等人去建构一个目标模式的起因是他领导的"八年研究"。泰勒作为这一课程方案的课程评价主持人，对过去高中的传统课程进行研究，以使升不了高校而参加工作的人在高中阶段的学习中更有针对性与适切性。泰勒发现，各个学校的课程开设及课程哲学均不相同，因此，泰勒提出一套基本原理来引导学校设计新课程。

泰勒在《课程与教学的基本原理》一书中提出，编制任何一种课程都必须回答 4 个基本问题：第一，学校应该追求哪些教育目标？第二，提供哪些教育经验才能实现这些目标？第三，怎样才能有效地组织这些教育经验？第四，怎样才能确定这些目标正在得到实现？对这 4 个问题的回答便构成了课程设计活动的 4 个基本环节，即确定目标、选择经验、组织内容和评价结果。泰勒认为这基本原理是用来协助学校发展他们自己的特定课程方案的指导性观念，可以用来检视、分析及解释学校的课程方案。泰勒在其《课程与教学的基本原理》一书中用一半的篇幅讨论课程目标问题，认为目标具有引导课程选择和组织等设计活动和评价工作的主要功能，因此，被称为"目标模式"。

泰勒的目标拟订包括 3 个来源、两道选择目标的过滤网、两个目标叙写的层面。3 个来源：第一个来源是从研究"学习者本身"中去寻找教育目标，并同时考虑到学生的当前兴趣与未来兴趣，兼顾特殊兴趣与共同的普遍兴趣。第二个来源是从研究"当代校外社会生活"中寻找教育目标，必须进行社区生活需求的工作分析，以了解社区人力资源的发展。第三个来源是从"学科专家的建议"中寻找教育目标，课程设计人员必须有效地辨识哪些科目的知识是最新的研究成果，利用新的学科知识替代陈旧的学科知识。

两道过滤网：一是利用"哲学"选择目标，希望在选择课程目标时，能同时重视职业教育与通识教育，注意到民主主义与极权主义的缺失，以追求永恒进步。二是利用"学习心理学"选择目标，例如，目标的选择应该合乎相关学习心理学理论与学生年龄发展阶段的组成程序，并和学生学习经验相关。经过这两个理论筛选后的目标，就可以转化为预期的具体学习结果，建立精确的具体目标，再以具体的学习内容与具体行为作为拟订课程目标的具体指针。具体目标的两个层面包括行为层面与内容层面，利用双向分析表可以清楚精确地表达教育目标。如，行为目标往往用说出、演示、比较等词语来陈述，内容目标则标明具有的英文单词、数学题目等，可以进一步指出内容与行为的关系。如何将教育目标分解为一系列明确具体的课堂学习目标，如何根据具体的学习目标评价学生通过课程学习取得哪些进展。后来，布卢姆则把教育中应当达到的目标分成3个领域，即认知领域、情感领域和技能活动领域，并进一步对每类目标细化与分解。

目标确定之后，面临的问题就是提供哪些教育经验来保证目标的实现。为此，泰勒提出了选择学习经验的原则：①必须使学生有机会练习目标中所包含的行为；②必须使学生在实践上述行为时有满足感；③所选择的学习经验应在学生能力所及的范围以内；④多种经验可用来达到同一个目标；⑤同一经验也可产生数种结果。泰勒强调学生经验有助于发展学生的智力，有助于获得组成各种知识的原理、原则以及支持这些原理、原则的各种实验、证据、观念、事实等，同时还有助于发展学生的社会态度。

如何有效地组织学习经验呢？泰勒提出了连续性、顺序性、整合性3个标准。连续性是指主要学习经验的纵向重复，即在课程设计上应使学生对于所学能力中的技能有不断重复练习和继续发展的机会；顺序性强调后一经验必须在前一种经验基础上加以扩大和深化；整合性是指学习经验的横向联系。

课程设计的最后环节是课程评价。评价的目的在于测定教育目标在课程与教学计划中所引起的学生行为变化究竟发生到什么程度。由于目标的表述包括行为结果和行为内容两方面，因此，目标评价对象也同时包括这两方面的内容。评价手段可以是多种多样的，但必须以客观性、可靠性和有效性为原则。

目标模式其实是一种综合模式，继承了过去课程学者的观点，形成了一个较为完整的课程设计模式。由于该模式强调编制活动的效率，讲究活动的科学程序，重视评价学生的学习进展，很快成为美国最有影响力的理论模式。但该模式还是被人贴上工具理性、技术取向的标签。认为该模式只强调课程设计的效率，是一种强调"预测""效率""控制"的工学模式。把课程设计看作系统化与理性化的过程，利用"科学原理""工作分析"等方法来选择学习经验，使具体明确的学习目标与活动相联系，这纯粹是一种"技术性"或"功能性"的考虑。因此，该模式在实践运用中也存在着一些缺陷。一是并非所有的课程目标都能充分转化为可测性的行为目标，如理解力、鉴赏力、想象力等课程目标就很难行为化。而且有些人文学科、艺术学科等强调创造性的课程，如果确定行为目标，则不利于学生创造性发挥。二是这些行为目标也给教学实践带来了困难。教学如果只关注行为目标，可能会使复杂的学习过程被看作简单的刺激-反应过程，束缚了师生的自主性。因此，该模式在应用上比较适应那种预定结果明显、内容比较明确、学习结果评价客观的课程设计。

（二）过程模式

过程模式诞生于 20 世纪 70 年代，与 60 年代的"学科结构运动"发展密切相关。由于科学技术迅猛发展，知识总量增加，因此，教育改革的重点在于改革学校课程结构与教学改革运动，即学科结构运动。该理论对以往的课程编制理论提出了批评，反对预先确定具体的教育目标与学习的行为结果，认为这样做会忽略教育过程的重要性，贬低了教育过程的价值。

过程模式是以结构主义哲学、认知心理学作为基础的，主张课程设计应该从分析学科结构入手，按照一种能反映学科基本结构的方法去设计各门课程，反对目标模式一味分解教育目标，不研究知识本质。1975 年，英国课程理论家斯滕豪斯（Lawrence. Stenhouse）发表《课程研究与编制导论》，具体应用和发展了作为学科结构代言人的布鲁纳结构课程论的思想。

如何选择课程内容呢？斯滕豪斯认为，知识形式和学科基本结构反映了人类文化和知识的内在价值，应该从这些具有内在价值的知识形式和学科结构中，选择那些能够体现知识形式和学科结构的基本概念、原则和方法的东西作为课程内容。对于这样一种课程内容的选择，不是以其所要引起的学生行为结果为依据，相反，是以它在多大程度上反映知识形式和学科结构为依据。那么，如何组织与实施这样的课程？斯滕豪斯强调"螺旋式"课程组织，认为这样的课程组织有利于反映学科基本结构，也有助于学科知识与学生认知能力的统一。在课程实施上，主张在课堂中采用讨论法，认为课堂讨论有助于加深对内容的理解，能促进知识内化，提高学生的思考能力。在课程评价上，斯滕豪斯认为，过程模式并不是不关心课程学习的认知结果，但这种结果不是按照行为目标预先规定出来的。因此，课程评价不是以目标的实现情况为依据，而是以在多大程度上反映知识形式、实现过程原则为依据。不仅要重视课程教学的累积性结果，而且更应该重视课程教学过程的形成性结果。

过程模式最大的成功之处在于它否定了目标模式关于确立和表述课程目标的行为主义和机械主义偏向，强调教师与学生在教室情境中教与学的互动过程，强调通过合理的课程组织以加强学生对系统知识的学习，发展学生的思考力和创造力。布鲁纳和斯滕豪斯都曾经亲自按照这一模式设计过课程。这一模式也存在缺陷：一是很难确定在现实的知识领域里存在着一种为专家学者公认的"形式"或"结构"；二是并非任何知识形式与学科结构都能转换为学生所能了解和接受的课程形式。显然，该模式对知识形式与学科结构的课程化、学生的可接受性估计过高；三是过程模式在否定目标模式通过阐述课程目标来编制课程的同时，又走向了反面，将课程设计局限于学科结构的分析，而忽视了社会需要、学生需要等；四是该课程设计依赖教师的素质，教师对学生学习结果的评价具有较强的主观性。

（三）情境模式

课程设计的情境模式是由英国一批教育社会学家提出来的。他们主张通过分析社会公共文化来确定公共文化课程的目标、内容及其课程设计的原则；认为要借助社会学家的文化分析方法对社会文化结构进行分析，从而将课程编制活动牢牢地置于某一社会文化结构之中。情境模式是以文化分析主义社会学为其方法论基础，强调传播人类文化精华，发展具有内在价值的公共文化知识，主张针对单个学校及其教师，以学校为单位通过对情境的全面分析和估计来进行课程设计。创立这一理论模式的主要代表人是斯基尔贝克（Malcolm. Skilbeck）。

斯基尔贝克的情境分析模式将课程设计与发展置于社会文化架构中，他认为课程是由经验构成的，而经验包含内在价值，反映特定的文化结构。因此，课程设计应针对每一所学校的特点，从分析学校各方面条件入手，针对每一所学校的特点，以学校具体情况与条件为基础进行课程设计。斯基尔贝克将课程设计活动分为5个组成部分。一是情境分析。即对构成情境变化的各种内外因素进行分析，以求得对课程目标来源的全面认识。其中外部因素是指学校周围那些主要的社会情况，如意识形态、家长和社会的愿望、学科训练性质等；内部因素则包括学生特点、教师情况、学校风气、设备等。斯基尔贝克认为，课程设计从分析目标入手是正常的，但目标模式没有分析课程目标的来源及学校的具体情况。为此，要对构成课程目标来源的现存学校进行内外情况的分析，从而将课程设计建立在某种文化结构分析的基础上。二是拟订目标。目标模式的课程设计常以孤立的、可观察的和可测量的行为预先设立所有目标。斯基尔贝克认为这种做法不切实际。他认为，目标是来自对情境的分析，表示决定要改变情境的某些方面，因此，它是对师生各项活动的目标进行表述，但不一定按照行为来表述，还包含教育活动方向的喜好、价值和判断。例如，做好一张椅子是一个特定目标，但这并非唯一的目标，其他的目标还包含学生的成就感、审美感及满足感等。三是设计教与学的课程方案。教与学的课程方案设计构成的要素包括：设计教学活动的内容、结构和方法、范围与顺序；教学工具与材料诸如课本材料、工具清单、资源单位等；教学环境的设计如实验室、实习工厂；功课表如时间表和课程安排。四是阐明和实施课程方案。课程方案在实施过程中可能会遇到种种问题，因此，要通过经验、反思和研究分析，对这些问题加以预计和确认，并加以阐述。五是检查与评价。这里的评价涵义要比"确定在多大程度上实现了目标"这一内涵要丰富、广泛得多，它包括对课堂活动进展情况做出的经常性评定、对所产生的各种评定、对所有参与者的表现做详细记录等。

情境分析模式的基本假定是指课程设计的焦点必须是个别学校及其教师，即学校本位课程发展是促进学校真正改变的最有效方法。这一课程设计模式把课程与更广泛的文化因素和社会因素联系起来，强调价值的设计过程，较适合于设计以社会问题为中心的核心课程，也有学者认为这一模式是个"大杂烩"，未能明确地指出如何在知识、社会与学生个人兴趣中进行取舍，未能为课程设计提供详细的蓝图。

不同的课程设计模式具有不同的理论假设，也与如何看待教学过程这一问题有关。比较而言，目标模式更倾向于把教学看作一门科学、一门技术，因而相信课程设计可以通过详细、精确地规定目标、评价目标而变得科学。但过程模式和情境则更倾向于把教学看作一门艺术，因此反对预先规定课程行为结果，主张在过程与情境中产生学习的结果。就课程传统而言，目标模式在美国这块实用主义土壤里占据统治地位，而英国则由于其根深蒂固的传统人文教育，更偏爱过程模式和情境模式。就课程适用性而言，目标模式较适合于设计那些强调信息和技能的经验课程；过程模式更适合于设计那些强调知识和理解的学科课程；情境模式更适合于设计以问题为中心的核心课程。

二、单门高校课程设计模式

单门课程设计就是对一门具体的课程或教程进行设计，往往只针对高校教师。尽管不同的课程特点不同，但在设计上也有很多共同之处。当前，高校教师进行课程设计往往是比较简单的，教师通常根据课程内容确定讲授内容，然后针对每章内容准备教案，明确讲授的重点与难点，再加上考试，这门课程就算备好了；而这些讲授内容往往是根据教材目录加以确定的，几分钟就完成了课程设计。也有的教师采取比较极端的方式来备课，就是采用"双教材"方法：选择一本比较简单的教科书发给学生，选择另一本比较复杂的教材作为自己讲课的内容来源。这样的课程设计简单、快捷，但这并不是真正意义上的课程设计，因为它只关注内容的组织，很少或者是没有关注学生是如何学习这些信息，也就是对学生学习的关注不够。这也是我国目前高校教师课程设计的通病。

美国学者波斯纳（Gerrge Posner）和鲁德尼茨基（Alan N. Rudnitsky）于 1994 年提出了课程设计模式。这一课程设计模式分为 16 个步骤，贯穿始终的一个中心思想是：让教师有目的地进行教学。而"目的"中最关键的组成部分是"基本原理"和"预期的学习结果"。16 个步骤为：①记录下你关于所教课程内容的那些想法或打算；②给该课程拟一个标题或名称；③拟订一个你所要讲授的内容的纲要；④制定一个清单，列出想要达到的各种"预期的学习"；⑤将上述清单上的条目进行分类，如分为知识、技能、理解等；⑥从这些"预期的学习"中提炼出中心问题；⑦根据学生的现有技能、知识基础和背景，扩充上述"预期的学习"；⑧确定所需要的新的有关概念和术语；⑨为包含在"预期的学习"中的各种概念建立"概念树"；⑩对拟发展的各种技能建立流程图；⑪陈述并阐明该课程的基本原理；⑫将"预期的学习"分解成大小适当的单元；⑬确定"预期的学习"中的重点；⑭确定内容的程序排列；⑮确定所要使用的教学方式；⑯对如何评价该课程做出计划。

波斯纳和鲁德尼茨基在这一编制模式的第一步中鼓励教师先以"想法"或"打算"的形式来表述"预期的学习"结果，主要是基于 3 点考虑：一是可以用来引导教学方案的制订过程；二是有助于把学习目标传递给学生或社会；三是为以后评价课程是否取得成功而制定评价指标打好基础。

波斯纳和鲁德尼茨基还把这一编制模式分成 3 个决策领域：①对要学习什么内容做出决策；②对为什么要学习这些内容做出决策；③对如何促进该项学习做出决策。

波斯纳和鲁德尼茨基也承认，这 16 个步骤的顺序不一定是直线式的，在实际的课程设计过程中，这些步骤常常是螺旋式的，例如教师们常常在确定学习目标之前就选择了内容。为此，课程设计者在编制过程后面的步骤中对基本原理进行思考时，还可以返回来对他们预期的学习结果进行重新思考和修订。总之，无论是这个模式还是其他什么模式，其步骤都是相对的，也可以根据不同情况添加或减少，甚至相互调换。

美国俄克拉何马高校芬克提出单门课程设计的 5 个关键问题：一是在某一课程和学习中，哪些是重要的情景因素；二是我的一整套学习目标应该是什么；三是应该提供什么样的反馈与评估；四是什么样的教学活动才能达到所设计的学习目标；五是所有的这些因素是否互相联系，是否相互支持。为此，他提出了"以学生学习为中心"的综合性课程设计模式。共分为 3 个阶段 12 个步骤。

初始阶段：设定合理的基础因素。该阶段包含 5 个步骤：①确定重要的情景因素；②确定有意义的学习目标；③形成合理的反馈和评估体系；④挑选有效的教学活动；⑤确认这些基础因素是否相互支持。

中期阶段：将这些基础因素整合成一个整体。该阶段包含 3 个步骤：①构建课程的内容结构；②选择或创造教学策略；③将课程结构和教学策略相整合，建立总体的学习活动计划。

最后阶段：完成其他重要任务。该阶段包含 4 个步骤：①建立评分体系；②预期可能出现的问题；③制定课程大纲；④制订课程及教学评估计划。

这一课程设计模式显然没有局限于目标模式，而是强调综合性原则，即学习目标、教学活动反馈和评估都必须互相体现、互相支持。

美国锡拉丘兹高校戴尔蒙德（Robert M. Diamond）还特意提出设计和开发一门新课程时必须先期进行项目评估，以明确课程设计与开发的必要性、课程设计与开发项目成功的可能性。他同样提出"以学习为中心"的课程设计思想，主张课程编制的基本程序为：①搜集和分析基本数据；②明确教学目标和要求；③设计评价工具和程序；④设计学习过程；⑤选择和使用教学技术；⑥制定以学习者为中心的课程大纲；⑦实施、评价和调整课程方案。

第三节　高校教学方法与改革

随着科学技术的发展和社会的进步，人们的知识观、人才观发生了巨大的变化，社会对培养具有创新精神和实践能力的创造型人才的要求愈发迫切。由此，高校教学方法的改革成为世人关注的焦点。高校教学方法的概念、基本的教学方法以及高校教学方法的改革发展趋势介绍如下。

一、高校教学方法特点

高校教学方法是教学主体在教学过程中为实现一定的教学目标，完成教学任务采用的教与学的技术、技巧、程序、策略或方法的总和。教学方法纷呈多样，有的学者用教学模式这一概念加以整合。教学模式是较为概括、抽象层次上的教学方法。事实上，教学模式确实要运用多种教学方法；教学方法又可以抽绎出不同的教学模式。由此可以看出教学方法本身是可以从不同抽象水平上加以考虑的系统，"教学模式"也好，"教法""学法"也好，只是从不同层次、不同视角加以概括而已。即使是概括层次最低、最具体、最简单的教学方法，它也不是不可分的，它是由教师的教法和学生的学法所构成的有机整体。

高校教学活动与中小学的教学活动存在很大的差别。高校的教学方法应该适应和体现高校教学活动的特点。高校教学方法有以下几个特点。

（一）强调学生自学能力的培养

这是由高校的培养目标所决定的。高校是培养高级专门人才的机构。高级专门人才区别于中小学生的主要标志不在于后者具有更广博的知识，而在于后者注重培养独立思考的能力和解决问题的能力。因此，以擅长于传授知识的教学方法，如讲授法，在中小学大行其道，在大学里并不占压倒多数的优势，尽管它依然是高校教学的重要方法之一。而以自学能力培养为目标的独立学习方法和以培养专门技能为主的实验教学法等在高校教学中的重要作用得以凸显出来，为高校所常用。因此，培养学生自学能力是高校教学方法中最主要的特点之一。

（二）重视学生研究能力的培养

这是由高校教学内容的前沿性和不确定性所决定的。高校教学内容既包括确定的、已有定论的学科知识，也包括未有定论、不确定的学科知识。这类知识的教学既需要高校教师以研究者的态度、研究者的精神客观地介绍给学生，也需要学生以研究者的身份去考察、质疑、分析和研究它们属于真理还是谬误。因此，无论是教师的教学方法还是学生的学习方法都渗透着研究的特点。

（三）注重学生实践能力的培养

高校要培养专业人才，要求学生在学习过程中或毕业后要对外部真实世界做出贡献，能为未来的职业生涯奠定良好的基础。因此，在教学方法中特别强调学生实践能力的培养。在美国有"服务学习"课程，强调学校和社区的合作；学术课程与社区服务的综合；应用技术和知识的机会与养成关心他人美德的结合。这些实践能力主要是指解决实际问题的能力与社会的适应能力。

（四）倡导学生合作精神的培养

竞争和合作是社会生活中每个人都必须面对的问题。尽管在中小学教育中也一直十分强调培养学生的竞争意识和合作态度，但是高校的教学更需要强调合作，因为现代知识的发现和生产越来越需要各方面专业人才携手合作，越来越多的世界性难题需要各种各样的专家共同解决。高校作为创造新知识的主要场所，尤其需要在教学过程中强调合作，以培养学生的合作精神。

（五）强调创新精神的培养

在现代信息社会与知识经济时代，创新在国家发展与经济建设中发挥着巨大作用。创新是民族进步的灵魂，是经济发展的不竭动力。高校教学要关注学生创新精神的养成，高校本身也是一个知识创新的机构。

二、高校教学方法介绍

古代的高校教学方法比较简单，讲授和讨论是最主要的方法，其历史渊源为古希腊时期"智者派"的教学方法及著名哲学家苏格拉底的"产婆术"。现代高校无论在学校规模、学术成就，还是在科研水平上都较古代高校取得了更为长足的发展，现代高校的教学方法也更为丰富多彩。除了传统的讲授法、讨论法等方法外，还有具有现代意义的实验教学法、多媒体教学法、案例教学法、指导自学法等。

（一）讲授法

讲授法又称为讲课法，这种方法可以追溯到古希腊柏拉图的学园，具有两千多年的历史，至今仍是高校教学中最基本的方法之一。美国的杜宾和塔弗加曾经对把讲授法和讨论法做比较的 36 项实验研究的数据做了统计，发现有51％的人喜欢讲授法，49％的人喜欢讨论法。在与印刷出版和电视等许多科学技术革新的竞争中，讲授法能继续存在下来的原因有几点。

一是讲授法是比较经济的教学方法。比起录制一个相等的电视节目，连同它的技术人员和设备的附加费用在内，它的成本要少得多。

二是讲授法也是一种效率较高的方法，教师利用讲授法能在较短的时间内把较多的知识传授给众多的学生，有助于学生获得系统、精确和牢固的科学知识。因为讲授法是以确保学生获得系统完整的知识体系为目标的。在中世纪欧洲的高校里，由于手抄本稀少难得，价格又昂贵，讲课者仅有一份可用的手抄本，讲授是能够把保存在书本中的知识传授给许多学生的唯一方式。正因为如此，讲授法在中世纪欧洲高校里演变成一种教学制度。

讲授法作为一种古老的教学方法，并不意味着就是一种陈腐的"注入式"的教学方法。任何教学方法都存在两面性，运用得好，便能发挥它的优点；运用不当，则会暴露它的缺陷。讲授法也是如此，如果运用得当，照样可以启发学生积极思维，培养学生能力；不应把讲授法与启发式对立起来，怀疑讲授法的价值与作用。有人指责言语讲授教学是"填鸭式"的注入教学，在这样的教学条件下，学生的学习只是"鹦鹉学舌"，学生的学习是机械而被动的，这种责难是不全面、不科学的。但是，如果讲授法运用不当，确实存在着这种危险。

讲授法最主要的缺点在于它思想交流方式的单向性。大多数情况下，留神倾听的学生很少有机会去影响所传递的知识的性质、速率和供给量。学生唯一能做的控制是不理它或者避开它。单向的思想交流很少有相互作用和反馈回授，而这对学习者来说却至关重要。如果过度地、不正确地使用讲授法，讲授就会助长学生学习的被动性，走向学习的反面。另外，讲授作为一种言语媒介往往不能使学生直接体验这些知识。虽然教师把教材传授给学生，但是学生难以与学科知识本身相互作用。结果，讲授不能鼓励创造性、促进问题的解决。

三是讲授法的记忆效果较差，学生常常忘记或永远不会学到所讲的许多内容，这对时间较长的讲授课更加明显。因此，尽管讲授是向学生传递知识的一种省时又易行的方式，但它的效果却存在着不确定因素。讲授以其基本形式而言，是最适宜于教与事实有关的知识的。

（二）讨论法

小规模的集体讨论是高校教学中最广泛使用的方法之一。国外流行的

"seminar"就是一种课堂讨论。在我国，高校研究生教学中采用讨论法的比例相对较高，而在本专科教学中的比例则相对较低。讨论在课堂教学中起着重要的作用，因为讲授只是单向地向学生传递信息材料，而讨论则让学生积极地从事学习。讲授要求学生静听，而讨论则允许学生提问、探求并做出反应。

讨论一般有以教师为中心的讨论和以学生为中心的讨论两种类型。以教师为中心的讨论，学生的注意力集中于教师，虽然学生可以控制讨论的议程和进度，但是教师是信息的主要来源。这种以教师为中心的讨论形式为学生提供了提出问题、澄清误解的机会。以学生为中心的讨论，增加了学生交谈的时间，减少了教师的作用。问题和讨论更多是向着其他学生，而不是向着教师。讨论转而由学生负责，使学生在自己的学习中变得更加积极主动、更加有方向性。以学生为中心的讨论有两种方式：一种是问题解决方式，即给学生一个问题或难题，必须要他们依靠自己的智谋和独创性来做出一种或几种回答；教师的任务限于提出任务，学生集体决定如何得出解决问题的方法。另一种方式是启发性的讨论，其目的在于让学生彼此交流和吸收某一课题或论题上的经验、感情和意见，但并不关心问题的解决方法；可以先用启发问题的方式弄清楚某一问题上的不同见解，再用问题解决方式来解决这种分歧。当然，这两种方式可以互为补充、灵活运用。

讨论法之所以在高校教学中占据重要的位置，并为大多数学生所喜欢，原因有很多。其中最重要的一点是讨论法能对学生的需要做出敏感反应。如果一个学生有误解需澄清，要求说明某一要点，或者想把一种见解与另一种见解做比较，那么他所要做的事就是提出问题；学生因而变得积极地投入学习，寻找出资料与观点。他也有机会做出反应，他也可以分享他人的见解。他可以点头表示赞同，也可以提出反对意见，或者对这场讨论提供各种新思想、新看法。因而，讨论法可以形成多通道的知识信息传递与交换的"立体式"教学局面。从学生个体的心理机制来看，不论是准备输出知识信息，或者输入知识信息，都是属于探究性的，都要通过思维活动；对知识信息进行分析、综合、抽象、概括等一系列的"加工整理"，从而提高了学生分析问题、解决问题的能力。

讨论法的局限在于它是不可靠的，比较难以操纵和控制。除了时间的问题外，讨论还可能变得漫无目的或令人厌烦，甚至在进行得很好的时候，它常常也是没有计划、杂乱无章的。这就是说，因为讨论是结构较差的活动，不是所有的要点都可能提出来的，不是所有的信息都是精确的，也不是适合学生的所有需求的。即使教师是一位有能力、有经验的集体领导人，一堂讨论课也很难如讲授课那样顺利完成预定的任务。另外，讨论要求教师或学生用一定的时间去维持集体纪律，尤其是当这个集体处于早期阶段时更是如此。这种讨论往往成果较少，与目标实现关系不大；但如果这门课程的目标是获得人与人关系的技能，讨论不失为一个重要和有效的方法。

教师要提高组织讨论的教学技巧与水平。一堂高质量的讨论课不是随随便便就可以做到的。教师要做好课堂讨论的准备工作，确定课堂讨论的主题与形式；要引导学生提高讨论质量，启发学生思考，鼓励学生发言，把握好讨论时机；要做好讨论的总结工作，发表自己的观点。

（三）实验教学法

实验教学法一般在自然科学和工程类学科中运用较多。它是在教师的指导下，学生借助于仪器设备进行独立操作，以获得直接经验，培养技能、技巧的一种教学方法。高校的实验教学一般分为演示实验、基础课程的实验、设计性实验 3 种类型。在现代高校教学中，由于愈来愈重视直接经验的学习及对动手能力、实践能力和创新精神的培养，实验教学法在高校教学中的地位和作用也越来越得到人们的认同。

从中世纪欧洲高校的产生到欧洲近代社会的肇始——文艺复兴的到来之前，高校的教学掌握在宗教教派和僧侣手中，高校教学除了重视思辨外，也并不忽视个体的感觉和经验，尤其是高校医学教学中普遍存在重视实验教学的传统。随着资本主义生产方式的发展，欧洲迎来了最重要的思想启蒙时期——文艺复兴运动。思想启蒙运动打破世人对上帝无限信仰的同时，也为人类带来了新的崇拜，即人的理性。理性主义随着资本主义在全球的扩张而走向极致。人们对理性顶礼膜拜的同时，是对经验和个人直觉的鄙视。在高校教学中，重视理性知识的传授，轻视个体感受逐渐成为传统。随着对理性主义的反思与批判，以杜威为代表的进步主义教育家们认为在个体的成长中最重要的是个体的经验，强调教学中要以儿童为中心，在"做"中学。20 世纪 30 年代盛极一时的法兰克福学派，认为知识可以分为体验性知识和认知性知识两类。体验性知识是无法用言语传递和表达的；认知性知识是可以用概念、言语传递和表达的。从知识分类的角度进一步肯定了人的经验的重要意义。马克思主义认识论认为，人类的认识可以分为两个阶段——感性认识和理性认识阶段。感性认识阶段认识的主要活动形式有感觉、知觉、表象，理性认识阶段主要的认识活动形式有概念、判断、推理等。在历史的进程中，人们逐渐对个体经验在个体成长中的作用有了更为深刻和正确的认识，因而愈来愈重视直接经验的学习形式，实验教学法正可以为学生提供直接的经验。另外，实验教学为学生提供了一种独立操作的机会，实验教学往往以学生为中心，学生亲自动手，这一过程对学生理解掌握巩固理论知识起到了促进作用。

但是实验教学法也有它的局限。尽管在学习各种技能及探究和鉴别等更高级的教学目标时，通常没有什么可代替实验教学的，但是实验教学有的有利条件不是没有代价的。无论是对教师，还是学生，实验教学都需要很高费用。一般来说，它需要专门的房间和设备；实验场所用于专门目的，所以它对别的各种教学常常是没有用处的。设备器材的维修和补给都需要很高费用，消耗品也是这样。如果要体现有反馈的、有结构的实习所具有的特殊优点，那么通常学生和教师的比例在实验教学中必然要比在其他教学形式中更低一些。实验教学如果不能很好地加以组织，就可能浪费有关人员的时间和精力。

教师在教学中要加强对实验的指导。教师要着眼于学生基本技能的训练和分析问题、解决问题能力的提高，培养学生实事求是的科学态度，鼓励学生求异创新，提高学生的研究能力。在教学安排上，要增加实验学时，更新实验内容，提倡实验教学改革。

（四）多媒体教学法

多媒体教学系统可分为硬件与软件两部分，硬件系统主要由计算机、投影仪、展示台、音响设备、遥控器等组成，软件系统主要由电子课件、音像材料、教材、管理软件等组成。多媒体教学是用文字、图像、动画和音乐等表现形式把教学内容用独特的连接方式组成有序的、开放的信息集合体。因此，多媒体教学具有几个特点。

1. 呈现方式的多样性

利用文字、图像、动画、声音等媒介的有机结合，不仅可以直接展示具体的事物、场面和过程，还可以把抽象的逻辑推理和空间转换等问题形象、直观、生动地表现出来。

2. 教和学的交互性

多媒体教学体系可以利用目前校园网络的强大功能，设计成便于学生自学的，具有多层开启和网络交互性功能的辅导课件。使学生在调阅过程中不仅能够掌握基本的教学要求，而且可以方便地查阅各种资料，促进学生主动思考问题，提高其自学能力，使学生在不知不觉中提高词汇量和理解能力，进而改变教学过程中总是教师主动、学生被动的传统教学形式。

3. 教学内容的开放性

易于交流和修改是多媒体教学的又一特点。这种开放性可以不断丰富与充实教学内容，并且有利于教师充分表现自己的教学特色，为任课教师因材施教提供了便利条件。

要真正发挥多媒体教学的功能与作用，而不只是为了使用多媒体而使用多媒体，或者简单地把黑板上的内容搬到屏幕上，在教学实践中必须要做到课件开发与教学方法改革相结合。否则，教师坐在讲台上点鼠标，而屏幕上只是一些板书，这样的多媒体教学效果不尽如人意。

（五）案例教学法

案例教学法是教师根据教学目标和课程内容的需要给出案例，组织学生研究、讨论，提出解决问题的方案，使学生掌握有关的专业知识、理论和技能，锻炼学生提高独立工作能力的教学方法。

案例教学法作为一种高校的教学方法，是美国哈佛高校工商管理研究生院于1918年首创的。目前，哈佛高校每年编制大量的案例，不仅用于教学，还用于出售。案例教学，大多是结合理论讲授、课堂讨论、实习等教学方法进行的。教师根据课程进度或实习的需要，选择典型案例编成案例资料，提出要解决的问题，让学生运用所学理论知识进行分析研究，提出解决问题的方案。教师在这个过程中，做适当的指导与引导，并对案例的分析研究过程、讨论情况和方案进行点评。案例教学作为高等院校的一种教学方法，加强了理论与实际的结合，扩大高校生的实际知识，增强学校与社会的联系，培养学生分析和解决实际问题的能力，在相关学科中产生了较好效果。

（六）指导自学法

简单地说，指导自学法是教师有意识地培养学生的自学能力、主动探究精神与终身学习习惯的一种方法。学生在教师指导下进行自学。一般认为学生自学有3个共同的要素：一是学生（有时是一组学生）选择一个问题、论题、方面或争论问题进行调查研究，连同这种选择一起寻找各种有关的教材和参考资料，在这个寻找过程中更加严密地确定这个课题。二是选择一个问题后，学生根据进一步的调查、研究或实验着手解决这个问题。三是最后组织并提出有关结果的适当的报告书。教师所起的是间接的辅导作用。

学生由于自己学习与探究，对他们自己的学习明显地负有主要的责任。这种方法迫使学生们深刻地研究某一学科，而且通常也把不同学科的知识结合起来，很可能从执行其工作任务中得到满足。他们通过选择、搜集和提炼资料，从而取得了研究的方法和经验。在由一个小组进行独立学习时，学生们可以学会协作、领导和决策。最重要的是，应用独立学习可推动实现教育的终极目的，教会学生如何学习，使学生能够成为自己的教师。

在指导自学中，教师的指导是非常重要的一环。学生的自主学习有两个阶段的表现形式：一是在高校低年级，学生配合教师讲授下的自学；二是在高校中、高年级逐渐转向学生自学为主、讲授为辅的自学。对低年级学生，教师一方面要指导学生熟悉高校的教学情况，指导学生合理安排学习时间，帮助学生了解专业和课程情况；另一方面，教师要指导学生课前预习，指导学生提高课堂听课的质量与效率，指导学生做好笔记，抓好课后的复习等。对高年级学生，教师则要指导学生课外阅读、指导学生科研活动等。

三、高校教学方法的改革发展趋势

影响教学方法改革与发展的原因有很多，具体来讲主要有几点：一是社会对教学系统的重视程度和对系统效能期待的高低会影响人们对教学方法的研究与实践，尤其是人才观、知识观的发展，会导致人才培养目标的变化，要求教学方法做出相应的变革；二是知识的无限增长与教学时间的极其有限之间的矛盾，要求淘汰陈旧落后、效率低下的教学方法；三是科学方法的发展和进步、教育理论的发展和突破也对教学方法产生巨大的影响，推动教学方法的发展；四是科学技术的发展和物质条件的丰富对教学方法的改革提出了新的要求，也为教学方法的发展提供了广大的空间。

从知识观的角度来看，近些年来，随着思想界对主导于工业社会的科学理性主义的反思，西方一些学者对承袭科学主义和实证主义传统的知识观提出了尖锐的批评，有人把它称为后现代主义知识观。美国路易斯安那高校的多尔（William E. Doll）认为，我们正在由牛顿式的现代主义走向后现代主义。前者以简单、稳定、永恒为特征，后者以复杂、混沌、有限为特征。相应地，牛顿式的知识观视知识为现实的客观反映是封闭的、稳定的，可以从外部加以研究的意义系统，而后现代主义知识观视知识为动态的、开放的自我调节系统。

当代法国著名思想家利奥塔尔（Jean-Francois Lyotard）认为，后现代化知识是与两个方面相联系的：第一，知识的计算机化。知识的本性就是它能透过某种通道转变成可接受与可操作的信息，只有当知识转变成一种信息量时，知识才是可操作的。如果构成知识体系的东西不能被转译成信息，它就会被抛弃。第二，知识的商品化。知识成了价值的一种形式，人们可以为出售知识而生产知识，为维持新的生产而消费这些作为商品的知识。

后现代主义哲学家认为后现代知识状况有 5 个特点：

第一，由普遍化的知识到境域化的知识。"普遍化的知识"观认为知识是普遍有效的，是对事物的客观反映，知识是确定的、不变的；而"境域化的知识"观认为不存在任何普遍有效和纯粹客观的知识，所有的知识只具有局部的、存在的或境域的特性，知识具有不确定性。知识是人们理解事物与自身关系的一种策略。

第二，由等级化的知识到类型化的知识。等级化是指不同的知识被赋予不同的价值，知识被排列成一个明显的知识价值的谱系，一些知识以真理自居，处于知识体系的核心位置。类型化是指不再按照价值的等级来评价知识，而是按知识的类型来评价知识，不同类型的知识具有同等的价值。这样，一些没有证实或无法证实的人文知识、个体知识也具有与普遍接受的科学知识同等重要的意义。

第三，由中立化的知识到价值化的知识。中立化的知识观认为知识作为对外部世界的客观反映，是客观的，不代表任何个人和集体的利益，因而在价值上是中立的。价值化的知识观认为，所有的知识都是反映价值和追求价值的，因为知识的生产与传播离不开社会的制约，社会的权力关系控制着生产知识的知识分子和传播知识的学校教师。

第四，由分科化的知识到综合化的知识。分科化是指知识在生产、传播及运用过程中是分门别类地进行的，彼此之间没有经常的、必然的联系。综合化是指知识与知识之间的学科界限被打破，知识具有更多跨学科的性质。在今天，跨学科综合化的研究和应用成为基本的研究和应用方式。

第五，由累积性的知识到批判性的知识。累积性与批判性是描述知识增长的方式和机制，"累积性"是指知识的增长主要依靠学科知识的积累，知识积累到一定程度，会产生知识的突破与发展。"批判性"是指知识的产生主要依靠对知识的怀疑、猜测、争鸣和反驳，因而，问题的寻找和理论的猜测成为科学工作的核心，知识发展的方向是多维度的，知识增长具有非线性的特征。

长期以来，高校教学的目的就是帮助学生掌握书本知识，至于学生个人的经验与知识被视为不可靠的、不完善的、不系统的，因而是没有价值的，最多只被看成是掌握理性知识的条件与基础。这种对学生个体知识和生活知识的排斥，扼杀了学生个体认识的具体性、丰富性和特殊性，最终使得学习者丧失了学习的天性和兴趣，成为一个知识的容器，一个"自动化的"知识容器。高校教学中，要重视学生的直接经验在知识获得中的重要作用，学生学习知识是个人与外部环境之间的建构，个体总是通过原有的认知结构以达到对新知识的理解与获得。教学中要改变传统的重视间接经验，轻视直接经验的态度和做法，不能仅仅把直接经验看作间接经验的基础及为间接经验服务，相反，要认识到间接经验与理性知识的学习不是为了阉割直接经验和遗弃感性知识，而是为了丰富直接经验和提升感性知识，最终实现间接知识、直接知识、个体知识、综合知识的富于个性的整合。

高校教学方法的改革与发展越来越呈现出新的发展趋势：

第一，以教师学生的多边活动作为出发点来设计教学方法。传统的教学方法，主要关心的是教师如何教，忽视了对学生如何学的研究，是一种教师是传授体、学生是接受器的单向交流模式。传统教学方法在目标上重知识教学，轻能力培养，在师生关系上将教师权威绝对化，认为教师是知识的占有者，学生则是被动接受灌输的知识仓库和存储器，因而在教学方法的运用上采用单向的"填鸭式"的灌输，忽视学生积极性的调动及对独立学习和活动能力的培养。这种思想与方法只能教会学生模仿和记忆，而压抑了学生学习的主动性、创造性发展。

现代教学方法是在批判传统教学方法的缺陷和不足的基础上发展起来的。现代教学方法强调，教学活动应当是教师和学生之间的双向交流活动。在这样的认识基础上，有的学者，如美国科兹罗、贝尔等就把大学教学方法分成 3

类：第一类是单向的教学方法，如讲授法；第二类是双向的教学方法，如讨论法；第三类是自学的教学方法，如程序教学法。现代心理学认为，多向交流较之单向交流和双向交流有着更加显著的效果，能最大限度地发挥相互作用的潜能。以多边活动论作为出发点设计教学方法成为现代教学方法改革的一个新趋势。

第二，由重视传授知识转向重视教学生学会学习、培养学生终身学习的习惯。教学方法是达成教学目标的工具或手段，任何一种教学方法总是与特定的教学目标相对应的，而教学目标又是教育目的在教学中的体现，教学目标又与知识观的演变密切相关。由狭义的静态的科学知识到智慧技能、动作技能，再到包括认知、情感、技能的知识，人类的知识观正经历从静态到动态，由狭义到广义的转变。人们对知识的价值、性质等问题的认识也在逐步加深。

具体讲，传统教学方法在达成的教学目标上比较单一，大多只关注对系统知识的掌握，而对学生的智力发展等目标涉及不多。后来，人们在检讨传统教育时发现了这一弊端，提出教学不仅要使学生掌握知识，更要发展智力。再后来，强调重视教学的情境性，注重培养学生良好的非智力品质；重视学生技能的培养，提倡培养学生良好的技能素质，使学生具有较强的学习、运动和操作技能。正是在这一背景之下，联合国教科文组织在1972年出版的《学会生存》的报告中提出"教会学生学习"，即学生通过教学不仅掌握系统的知识，更要获得独立地学习与更新知识的方法与能力。教学要充分发挥学生的主动精神，使学生成为积极的学习者。要教会学生学习，正如联合国教科文组织干事埃德加·富尔所说，未来的文盲不是那些不识字的人，而是那些不会学习的人，大学生如果不学习，当然不能说是文盲，但却有可能成为"功能性文盲"。因而，要重视培养学生的自学能力及信息选择、分析、综合的能力，使学生具备终身学习的能力。

第三，在教学方法的选择与使用上强调多样性和综合化。现代教学内容越来越丰富，教学过程越来越复杂，所要完成的任务又是多方面的，而且不同教学方法本身有自己的长处和局限，因此教学方法的使用应该是有多种多样的教学方法相互配合，综合使用。尤其是在大学，由于课程门类众多，学生个体差异大，教学目的与任务的层次较为复杂，教学手段设备较先进，因而教学方法的多样性与综合化更为突出。

现代科学技术的发展为教学方法多样化与综合化提供了可能性。在中世纪，科学技术非常落后，图书资料非常缺乏，手抄本都是非常珍重的稀有之物。因此在中世纪的大学教学中只能以"一支粉笔，一张嘴"的讲授教学为主，教学方法的种类非常少。随着印刷技术的发展，图书成为寻常家庭的消费品，越来越多的人通过书本来学习知识，大学教学中学生通过书本进行独立学习不仅成为可能，还成为了一种重要的学习形式。19 世纪末，照相、幻灯、无声电影等新媒体在教育、教学中的应用向学生提供了生动的视觉形象，使教学获得了不同以往的巨大效果，有人称为"视觉教育时期"。20 世纪 30 年代，有声电影技术被引入教育领域，在美国掀起了一场视听教育运动，视听教育与行为主义学习理论相结合，产生了著名的程序教学法。从这一时期一直延续到 20 世纪 50—60 年代，卫星技术逐渐成熟，并被广泛地应用于远程教育和个别化教学。进入 20 世纪 70 年代，微型计算机技术开始应用于教育，并在计算机辅助教学方面取得了巨大的进展。20 世纪 80 年代以后，计算机多媒体技术、网络技术的发展对传统的教学形式、教学方法产生了巨大的冲击。多媒体教学、网络教学正蓬勃兴起、方兴未艾，甚至出现了虚拟大学、网上课程等形式。在科技日新月异、飞速发展的今天，大学教学方法有了飞速的变化，这为教学方法的改革提供了无限的可能和更多的选择。

第四，教学方法是一个集教学思想、教学方式、教学策略、教学组织于一体的综合系统，而不仅仅表现为教师在课堂中使用的教学行为。有一个高校教学方法改革的案例：某高校是一所十分重视教学方法改革的学校，在教学中提出了构建"读、写、议"教学模式，具体做法是，教师必须给学生列出课后阅读资料，安排课堂讨论，至少要撰写 1 篇论文。教师为学生提供 3 类阅读资料，一是经典著作，二是学科前沿论文，三是典型案例；学校要求图书馆积极配合教师提供的阅读文献进行图书采购，保证供给，并统一由图书馆陈列借阅；教务处则以"读、写、议"的实施情况对教师教学工作进行检查与评估，实行专项考核。"读、写、议"教学模式使教师讲授与学生钻研相结合、课内学习与课外学习相结合、理论学习与实际训练相结合，取得了较好效果。

第六章

高校课程建设的基本理论

第一节 高校课程建设的新问题

21世纪以来，我国高校规模扩大，地方高校承担了更多的高教任务，为地方经济社会发展做出了重要贡献。师资队伍的质量下降是地方高校快速健康发展的瓶颈，课程建设是高校教育教学质量提升的关键。高教"双一流"建设使地方高校师资队伍不断流失，出现课程建设中的新问题，如高质量课程难以开发利用，转型发展难以推进落实，人才培养质量难以保障等，规范课程管理、进行课程建设、构建优质课程共享资源是解决地方高校资源短缺的重要途径之一。

人才是高校发展的第一生产力，师资队伍是高校建设发展的重点。本科教育是我国高等教育的基础与根本，专业建设是人才培养的基本单元和基本平台，学科是专业知识构成的重要领域，课程则是学科专业知识与专业技能训练的重要组成部分，优质课程是高校培养高质量人才的重要保障。

地方高校是我国高等教育的重要组成部分，承担了更多本科教育阶段的人才培养工作，既为国家输送了大量的社会主义建设者和接班人，又为地方经济社会的发展做出了重要贡献。因此，地方高校不仅是我国本科教育的重要基础，而且是我国人才培养的重要领域，但地方高校的课程建设显得滞后与老化。

一、高等教育建设的需要

党的十九大报告指出，建设教育强国是中华民族伟大复兴的基础工程，也是实现新时代国家战略目标的重要保障，要"优先发展教育事业"。高等教育对国家建设发展的支撑与引领功能比以往任何时候都更紧迫。2018年1月，教育部发布了《普通高等学校本科专业类教学质量国家标准》（以下简称《专业质量国家标准》），这是我国发布的第一个教学质量国家标准，是我国本科专业建设的纲领性文件，为地方本科高校的人才培养和课程建设提供行动指南。

高等教育发展水平是一个国家发展水平与发展潜力的重要标志。从历史看，我国目前高等教育已从大众化阶段向普及化阶段转变，近年高等教育毛入学率已接近 45%，两三年之后将超过 50%，这一趋势可能还会加大，说明高等教育已成为我国人民群众的一项基本需求，已是提高大众文化水平和国民素质的重要途径。从 1999 年以来高校扩招情况看，部分"985"工程高校和"211"工程高校并没有大幅度扩招，而是结合自身发展实际，按照国家政策要求，不断加强自身的条件保障与内涵建设，其师资力量整体得到充分的补充与发展，硬件条件优先得到改善等。部分地方高校或是通过"升格"，或是通过"转型"等方式，不断申请新专业、扩大招生规模，造成地方校内教育资源的极度短缺，特别是高学历、高水平、高职称师资匮乏，新的课程建设质量得不到有效提高，教学条件日渐紧缺，教学方法也得不到真正改进，学校教学质量日渐下滑，人才培养质量得不到保障，影响了学校的健康发展。自国家"双一流建设"实施以来，地方高校的师资队伍建设变得更加艰难，优秀教师不断流失。2018 年初，中共中央、国务院印发了《关于全面深化新时代教师队伍建设改革的意见》，对新时代教师队伍建设做出了顶层设计，是指导我国高等教育加强人才队伍建设的重要依据。

我国地方高校超过 2 000 所，是高等教育的重要组成部分和服务地方经济的重中之重，学科、专业与课程建设是一个完整的有机体，而课程建设是高校人才培养的基本单元和核心步骤，优化高校课程建设应该是地方高校发展重点关注的问题。

二、高校课程建设出现的问题

课程建设是教育教学改革的基础，也是地方院校开展教育的根本出发点。地方高校目前的改革发展总体落后于国家高教改革要求，不能很好地适应区域经济社会发展需求，学科知识总体老化、教学方法一般滞后，课内教学多，课外实践少。特别是师范类教育，学科知识占据教学的重要内容，不能适应市场和社会的变革，课程改革不能很好地适应区域发展的总体要求。其存在问题总体可归纳为 5 个方面。

第一，课程设置整体老化或结构整体比较混乱。高校课程建设应呈现为动态性发展。在学科专业体系内要不断调整优化，以保证专业基础课程正常教学；要增加专业选修课，提高专业技能课程，不断提高课程的有效性和利用率，以适应社会对人才的需求。因国家高校改革迅速，地方高校的师资与条件保障总体较弱，或课程开设不足，或课程改进迟缓，或急功近利开设无关紧要的课程等，这样既不能保障教育教学的健康运行，又不能有效提高人才的培养质量。

第二，教学改革力量不足，团队合作意识总体不强。学科专业的知识构成与能力培养是一项系统化的工程，它需要优秀的教学团队和科学的管理机制，不断发现和解决教学实践中的新问题，实现课程建设质量的不断提升。当前一些地方高校的课程建设与团队建设结合总体不紧密，协商构建高质量的课程任务、目标不是很理想，教师的团队意识不强，因此课程建设的进程与质量不能得到保障等。

第三，课程建设中评估不到位，课程实践中监管难以落实。课程建设是一个具有连续性和差异性的逐层推进过程，某一课程建设的程度与质量都需设立有效的评估机制，以保障课程建设质量，对课程进行体系性的管理与控制、监督与考核，特别是对课程建设的细节落实与监督等来推进课程建设和质量提升。

第四，对课程改革建设成果的推广与应用不足。部分地方高校积极申报课程改革项目，做了许多改革性的工作，并在实践中不断总结教学经验，最后将改革成果进行总结和上报。结题之后就不再关注课程改革成果的推广和应用，造成课程资源的浪费，容易造成高校课程的重复建设，学校教育教学质量难以真正提高，不但增加了学校的经济负担，而且影响了教师的教学与研究等。

第五，对课程改革资料的积累与教学方法的改进重视不足。部分高校每年都有课程改革项目，一般都在几十项，若逐年累加，应超过几百项，所有课程都应有改革经验。事实上，更多课程改革成果从结题开始就被存放而失去活力效力，而许多基础课、通识课、专业课等在实际教学中都如常，没有改进，教学方法如故，多是增加了 PPT 投影，课程缺少新内容，不能将学科前沿内容及时引入课堂教学，不能启发学生思考等。

总体来看，地方高校在自我发展中要重视课程建设，着力课程资源的开发和利用，改进教学方法，增加教学新内容，创新教学模式，提高课程资源共享程度，提高地方高校有限课程资源的利用率，以适应经济社会发展的需要。

三、高校课程建设的建议

课程建设需要高水平的师资队伍，但地方高校教师资源有限，特别是高学历、高职称的教师总体短缺，不能满足教学需要，造成课程改革整体落后，教学质量总体水平不高的现状。根据以上问题提出以下 5 点参考意见。

第一，要重视专业规划，规范课程设置。自改革开放以来，我国共进行了4 次大规模的专业调整与设置工作（1987 年、1993 年、1998 年、2012 年），目前学科门类由原来的 11 个增至 12 个，新增了艺术学学科门类；专业类由原来的 73 个增至 92 个；专业由原来的 635 种调减至 506 种（其中基本专业 352

种，特设专业 154 种），每个专业都有明确的培养目标和课程支撑。多数专业课程包括专业基础课、通识课和实践技能课等，课时也有相应要求。2018 年的"专业质量国家标准"是地方高校专业建设和课程设置的指南，可以此为据，规范课程设置，优化课程结构。

第二，要重视课程改革，优化课程内容。地方高校发展要有所为有所不为，结合学校学科建设发展优势，有梯队有层次地推进学科专业发展，增强学校发展动力等。课程建设是学校改革发展的基础与重点，也是构建学校优势与特色的重要载体，连接了学校发展中教师与学生两个主体。地方高校在资源有限的背景下要积极利用地方资源，实现校地、校企、校政结合，吸引社会力量，创新课程体系，优化课程内容，为地方经济社会发展培养更多高质量的社会主义建设者和接班人。

第三，要重视课程建设质量的考核与评估机制。高校课程改革多以项目方式推进，管理部门要加强对课程改革过程的管理，科学制定考核与评估办法，促进课程改革的规范化管理。要加大对已验收课程的检查与淘汰机制力度，特别是对停滞不前课程的筛选，努力推动课程内容的更新、教学方法的改进、教学质量的提升等。

第四，要重视课程建设的规划性、前瞻性和实践性改革。地方高校目前多数处于转型发展，要突破传统高校发展模式，让课程成为与地方社会经济对接的重要桥梁；要进行科学规划，创新课程，积极融入区域社会发展，实现高校对地方经济社会的引领作用。

第五，要重视课程建设中的资源共享问题。地方高校一般都有相应的平台建设，可以通过各种现代传媒手段，发挥优秀课程的共享程度，实现有限资源利用的最大化，从而提高人才培养质量，达到课程建设的最终目的。

以上 5 点是解决地方高校课程建设面临新问题的主要对策。地方高校要有危机意识，积极思考课程建设中出现的课程设置、课程管理、团队意识、过程考核、整体评估和实践应用等问题，优化课程建设的管理体系，搭建课程建设的平台，拓展课程内涵外延，挖掘课程建设价值，发挥课程建设对人才培养质量的支撑与保障作用。

第二节　高校课程建设反思及出路

课程建设是高校教学职能的根本。本节对国内高校在课程建设方面的现状进行简单的介绍及比较，分析了目前国内高校课程建设的特点，对课程建设存在的不足进行反思，最后试对高校课程建设出路进行初步探讨。

教学是高校最基本的职能，高校课程建设则是教学的基石，课程建设的水平是人才培养的最基本维度。目前国内外对课程的定义有两种：一是课程是学习方案，教学计划是课程的总方案，教学大纲是学科具体规划，教科书是具体知识的阐述；二是课程是有计划的学习经验，是学生在教师的指导下获得的全部学习经验。目前来看，大多数人比较认可的定义是课程是有计划地组织学生进行学习的过程，在此过程中，学生能够获得知识和经验。随着时代的发展，课程的内涵在不断丰富和发展。

一、国内高校课程建设特点

有学者提出目前国内高校课程建设存在 4 种倾向：一是具有精品化倾向。2003 年起我国开始启动一批国家精品课程建设，此后各省份的高校陆续出台了精品课程建设的办法。精品课程的建设在一定程度上促进了人才培养质量的提高，但目前高校过于看重精品课程，资源基本都用来支持那些能给学校带来荣誉的精品课程，意图利用少数几门国家级或者省部级的精品课程来证明学校课程建设的成绩。二是具有国际化倾向。2001 年教育部颁布了《关于加强高等学校本科教学工作提高教学质量的若干意见》，该意见中明确指出，信息技术、生物技术、法律、金融等一些本科专业力争在 3 年内保证外语教学课程量占课程总量的 5%～10%。三是具有技术化倾向。现在高校的课堂都有一个普遍的现象，黑板板书越来越少，电脑化以及 PPT 的使用率越来越高，课程建设技术化最显著的特征是多媒体技术使用越来越广泛，教师们也更加热衷于采用多媒体授课。除了多媒体授课外，课程建设技术化倾向还表现在网络课程以及网络资源库建设等方面。把优秀的课件以及完善的课程资源放在网上，极大地方便了学生的自主学习以及教师的教学工作开展。四是具有职业化倾向。高校一直都存在着学生理论性强，实际应用能力弱的弊端，在高校毕业生面临着严峻的就业形势压力时，这种弊端就更加彰显。事实上，目前各高校在课程建设等环节上已经就此问题进行了改进，为解决学生动手能力差、社会适应性差等特点做了大量改进性的探索，在实践课程开设以及仪器设备购置等方面投入了大笔的资金。

二、高校课程建设的出路探讨

对于课程建设的出路，有学者概括为以下几方面：一是用于学生的，即课程建设要适应学生的身心发展需要。在许多学校都存在着教师的教案以及教学方式长期不变，甚至有的教师给不同层次的学生，如博士生、硕士生、本科生上同一门课程时所讲的内容都没有多大的变化。再者受到高校普遍重科研轻教学风气的影响，现在还在认真研究如何根据学生的身心特点或者说根据学生的需要来安排教学计划的老师少之又少。二是通过学生的，即学生应成为课程建设的参与者。国外一些高校就特别重视培养学生自主学习的意愿以及能力，学生能否积极主动参与到课堂教学中去，是衡量课程教学质量的标准。在教育界，专家学者一致呼吁要改变满堂灌的教学模式，但是，近年来受到高校招生规模的急剧扩张以及高校青年教师的大量补充，学生在课堂中的主体地位非但没有上升，反而因为教师的水平因素影响而有所降低。有学者认为改革开放 40 年来，高校课程建设的发展远远滞后于其他方面的发展，而这也成为制约我国人才培养质量的主要因素。三是为了学生的课程建设，即高校课程建设的出发点和落脚点应该是为了学生的发展需要，学生终归是课程建设的最主要受益者。高校的职能以及事务繁多，但没有什么事情比课程建设更能对学生产生直接且长久的价值。为了学生的课程建设，其目的只能是为了学生，只有这样才能将所有人都统一到课程建设中来，才能为课程建设提供源源不断的内在动力。

高校课程建设水平高低直接关系着高校的教学质量。课程建设是一项长期、系统的质量工程。在课程建设的具体工作中，要看到国内外课程建设的特点，有针对性地吸收、消化，最终做到为己所有。同时在课程建设中要把握好高校本身的特点，课程建设最主要的原则应该是为学生服务，学生是课程建设最终的受益主体，在人才培养过程中，形成有特色的学科，成为有特色的高校。

第三节　媒介融合与高校课程建设关系

迅猛发展的传播技术促使人际传播、大众传播、网络传播相互作用、相互影响，形成融合发展的趋势，并对社会产生作用。媒介融合对高校课程建设的内容生产方式、传播渠道和传受关系形成了巨大的挑战，因此坚持"内容为王"的生产理念，建立具有人际传播、大众传播和网络传播特性的传播渠道，重塑教师与学生的社会关系，是解决媒介融合与高校课程建设的有效方式。

提及媒介融合，首先想到的是报纸、电视、广播等媒介的融合，或者是文字、图像、声音等形态的融合。媒介融合在传播学研究中并不是什么新鲜的话题，对特殊的传播载体——高等教育或高等学校来说却是一个不得不面对的新问题。课程作为高等教育人才培养的基本构成单位，虽然在一定程度上与融合媒介中网络等新媒介保持着较高的接触频度，但并未真正深入融合进媒介的内里。融合媒介与课程建设之间的相互关系和作用有待深入探讨。

一、媒介融合及其对高校课程建设的挑战

什么是媒介融合？对于高等学校的教师、学生而言，这是一个陌生而又熟

悉的话题。说陌生，是因为除了专业研究者外很少有人（包括高等学校师生）专门研究媒介融合，对其概念、内涵及外延知之甚少；说熟悉，则是因为虽然很少有人了解媒介融合的理论，媒介融合现象却在生活中无处不在，就高校师生来说，接触频度较高的是公众网站、校园网站、课程网站以及多媒体教学课件等。即使是在传播学界，关于媒介融合的争论也颇多，并未形成完全的共识。蔡雯、王学文关于媒介融合的观点具有代表性，他们认为："媒介融合是指在以数字技术、网络技术和电子通信技术为核心的科学技术的推动下，组成大媒体业的各产业组织在经济利益和社会需求的驱动下通过合作、并购和整合等手段，实现不同媒介形态的内容融合、传播渠道融合和媒介终端融合的过程。"不难看出，他们的观点侧重于从技术角度探讨媒介融合的信息生产与流动模式，但他们并未讨论媒介融合对传受主体及社会行为的影响和作用。丹麦传播学者克劳斯·布鲁恩·延森则从另一视角对媒介融合进行解读，他认为媒介融合具有网络传播、大众传播和人际传播三重维度。高等学校在教学活动中体现了对人际传播的倚重，同时又在大众传播与网络传播中寻找教学革新的突破。在两难的境地中，高等学校课程建设既面临内容、渠道和终端方面的融合难题，也面临传受主体信息生产与接受的对弈格局。因此，媒介融合对高校课程建设既是一种挑战，也是一种机遇。

融合媒介对高校课程建设的第一个挑战来自课程内容的生产方式。传统媒体坚持"内容为王"的传播主张，认为内容才是媒体生存的决定性力量，而课程正是高校这一传播媒体的"王者"，因此课程建设一直是高校的核心任务之一。从教育学来看，课程是学生所应学习的学科总和及其进程与安排。广义上讲，课程是学校为实现培养目标而选择的教育内容及其进程的总和，包括学校所教的各门学科和有目的、有计划的教育活动；狭义上讲，课程是指某一学科。但不论是广义的课程还是狭义的课程，其内容都是科学技术发展的结晶，都是按照一定规律进行编排的知识体系。从某种意义上来说，课程内容的编排等同于传播学意义上的信息生产，工业革命前的课程较多地呈现部落化特征，现代课程则按照严密的科学体系和逻辑规律编制而具有机械主义特征。随着传播科技的跨越式发展，以网络为核心的媒介融合成为一种趋势。在这种趋势下，具有机械主义特征的现代课程及其编排体系与媒介融合之间产生了激烈的冲突。

融合媒介对高校课程建设的第二个挑战来自传播渠道与课程建设之间的融合现象。有史以来，人类经历语言、文字、印刷、电子、网络等多次传播革新，但从传播渠道的影响力来看，人际传播、大众传播、网络传播是 3 种主要的形式。尽管这 3 种渠道有着发展的先后顺序，但后起的传播渠道并没有完全舍弃前面的传播渠道，而是相互影响、相互作用，形成了你中有我、我中有你的复杂格局。教学是一种非常典型的人际传播活动，教师是这一传播活动的主角，教师的教学水平直接影响到人才培养水平。而课程是人才培养的基本元素，其建设也就更加凸显教师的中心地位。相传孔子有三千弟子，但并没有专门的课程，《论语》由其弟子编著而成，因此，从某种意义上说，个人的智慧和魅力成为课程建设的关键所在。公元 11 世纪，世界公认最早的大学博洛尼亚大学在意大利建立，此后欧洲国家纷纷建立大学，不过这一时期的大学由宗教神学所掌握，其课程体现了较多的宗教色彩，人际传播仍然是主要的方式。而工业革命后，大众传播逐步成为新的主要传播渠道，反映科学发展成果的课程日益成为学校人才培养的主要载体，这样的课程呈现出理性主义特征。由于机械主义课程并没有改变信息流动模式，因而教师的中心地位一直延续至今。与人际传播和大众传播截然不同的是，网络传播的信息流动模式从单向线性模式转变为双向互动模式，电子商务、电子政务、社交网络、即时通信等成为人们日常生活中必不可少的交流方式。身处网络传播漩涡之中的高校课程同样面临传播渠道的变革与整合。

第三个挑战来自媒介融合形成的新型社会关系对课程建设的影响。姜吉玲提出"与面对面接触不同的是，经由媒介（尤其是大众媒介）进行的传播，常常在传播参与者之间形成空间和社会距离。"自古以来，教学活动就是一种面对面的传播活动，即典型的人际传播活动。这种传播形态使师生形成了非常紧密的关系，这种关系削弱了课程在教学活动中的地位，使课程建设显得不那么重要。而大众传播的出现使信息的传播方式发生了革命性的变化，李晓愚提到"媒介的在场不仅使得现实的不在场以及传播者的不在场成为可能，而且使得现实与传播者同时不在场也成为可能"，这种新的传播方式强调课程在教学中的作用，同时使师生关系发生新的变化，逐渐呈现若即若离的趋势。因此课程之于教学的重要性日益显现出来，课程建设也越来越受到重视。尽管以网络传播为核心的媒介融合并不排斥人际传播、大众传播，但媒介融合使信息传播方式再次发生重大革新，信息的生产与传播不再完全由传播者完成，接受者同样可以参与其中。这一新型传播方式进一步增强了传播者不在场的可能性，对当下的高校师生关系产生了新的作用和影响。在这种条件下，高校课程建设面临着主体关系变换致使信息生产与传播方式变革带来的挑战。

当前高等教育与社会发展、社会环境及人类进步一样面临急速的变化和严峻的挑战。在这种变化和挑战中，信息是其中最为显著的因素之一，特别是日新月异的技术因素促使媒介融合的生成和发展，进而增强、放大了信息的影响。媒介融合使高校课程处于困境之中，既面对崭新的机遇，又遭遇强烈的挑战。

二、媒介融合下高校课程建设的新趋向

媒介融合既对课程建设形成了巨大的挑战和影响，也为课程建设提供了新的可能和机遇。从课程本体（包括课程内容和课程建设方式）来说，媒介融合下的课程建设无疑是对传统课程建设范式的重构。

（一）坚持"内容为王"的传播理念

教学活动是一种传播活动，课程是教学活动的直接体现。然而，教学活动与其他传播活动有很大不同，特别是课程的文本信息与其他媒体有着天壤之别，其原因在于知识信息的逻辑性导致的教师权威性、教学活动不可辩驳性。从某种意义上说，课程文本这一载体承载着决定论意义，传输到学生的意识当中进而对学生产生影响。决定论意义的文本既是大众传播时代信息的生产方式，也是课程文本的重要生产方式；而在媒介融合条件下，人际传播、大众传播和网络传播的融合日趋加深，网络传播的作用日益显现并对信息的生产方式与接收方式产生影响。高校学生对网络传播较为青睐，对新媒体的认可度较高，这种变化对高校课程建设提出新的挑战，但这种挑战并不是要全盘推翻原有的课程建设模式。高等学校仍然要坚持只有拥有内容才是课程建设的王者的理念，课程内容是决定课程建设使用何种媒体及其生命周期长短的决定性力量。

具体到课程文本的生产方式上，要注意几点：一是不论什么课程都要遵循其固有的学科性、逻辑性规律，绝不能因为新媒体的使用和网络传播的碎片化属性而随意打破其惯有规律。二是应完成文档、图表、音频、视频等多元内容的深度融合。媒介融合下的高校课程建设不是把某一知识的文档、图表、音频、视频等信息简单地堆放在一起，进行原有材料的简单复制或搬家，而是要根据课程或知识的学科性、逻辑性将文档、图表、音频、视频等信息组合起来，或者按照媒介融合的规则编码，充分利用文档、图表、音频、视频等各自的属性，形成相互补充、相互促进、相互影响的信息文本。三是要建立以学生为中心的信息文本模式。目前高校课程建设大多遵循的是决定论文本，从本质上来说就是传播者（即教师）占据绝对地位的文本。在人际传播、大众传播下，以教师为中心的决定论文本的确更有效；但是在媒介融合下，双向互动的网络传播使传播者丧失绝对的主导地位，决定论文本不再行之有效，而读者文本因为具有一些为读者所熟悉的特征（即'成规'），使得读者能够较为'容易'地理解它，如果读者（即学生）突破成规和可预测性，往往会对文本进行反思或替代性阐释，读者便变成生产意义上的作者，这种文本即作者文本，这也是我们期望实现的课程文本生产方式，既体现学生的中心地位也增强学生的自学能力。因此，从传播角度出发，媒介融合下的课程建设不是一个单纯的内

容建设问题，而是在综合人际传播、大众传播、网络传播各种元素的基础上，按照学科性特点和教育学属性进行的传统课程的改造、升级，内容是其永恒的核心。

（二）建立或优化适于课程建设的传播渠道

尽管传播学者一直争论传播渠道或传播技术究竟是决定论还是工具论问题，然而不得不承认传播技术对传播者、接受者、传播的内容、环境及效果均产生深刻的影响。人际传播条件下课程建设显现出语言这一渠道的部落化特征，大众传播条件下课程则具备印刷、无线电等渠道的可复制性、单向性特征。课程不是单纯地为某一种传播渠道或形式而建，后建的课程往往会或多或少地保留前一传播渠道的课程内容、形式等，在此基础上进行再加工才形成如今的课程建设模式。

媒介融合下的课程建设理应在人际传播和大众传播的基础上深入考虑网络传播的渠道特征。一是新型课程的传播渠道要尽力保留课程的人际传播特征。原因不仅在于网络传播含有人际传播的形式，而且在于教师要依据教学活动的人际传播属性将课程建设成为网络传播的内容并实施有效传播。二是新型课程同样不能排斥大众传播渠道。自印刷技术诞生起，大众传播一直改变着社会结构和社会关系，从某种意义上说也改变了特权阶层占有知识的权力结构，这也是大众传播乃至大众化教育的意义所在，因而在媒介融合下大众传播依然是不可缺少的传播形式。三是要正确看待并利用网络传播的各种新技术构建的课程传播渠道。网络传播的重要性不言而喻，但教师、学校甚至教育主管部门对网络传播存在认识上的误区，认为网络传播仅仅是一种传播渠道，满足于数字化转换，例如把人际传播的课堂教学拍成录像视频，把过去印刷的纸质文本换成电子文档等。其实，建设网络传播下的课程，更为重要的是建立基于数字技术、网络技术的适于课程教学与学习的传播体系、传播模式、互动系统。从本质上说，现在市面上异常繁多、竞争惨烈的各种课程应用软件系统或云平台都能满足上述功能和要求。不足之处是这些软件或平台迷恋数字传播技术，有的甚至陷入怪诞的数字形而上学，忽视人际传播、大众传播的作用，大多软件或平台未从人的角度出发探讨传播渠道、传播技术与课程建设的结合问题，尤其是什么样的软件或平台适合接受者（即学生）使用、能够实现人机和谐共处的问题。

（三）重塑媒介融合下的传受关系

无论是人际传播还是大众传播，在传播者（教师）和接受者（学生）的关系中，传播者总是处于主导地位甚至是绝对的中心地位，而接受者则总是处于从者地位甚或是边缘地位，因此可以认为有效的教学活动首先来自教师的知识权威性，但从传播的角度来看，更深层的原因应该来自教师和学生传受双方的主从关系。

媒介融合下的传受关系显然不同于人际传播、大众传播下的传受关系，这种变化来自网络传播及其模式。一是必须重新认识传受双方的主体关系。从接受者来看，学生不再是单纯的接受者，而是获得了信息生产者（或曰传播者）的身份，对课程内容可以再加工、再生产并传播；从传播者来看，教师不再是传统意义上的传播者，也不再是不能完全按照自己主观意志进行编码的信息生产者，而要较多地根据接受者的反馈进行课程内容的编码，因此，现今的课程建设必须在新型传受关系的基础上建设既适应教师教学又适合学生学习或信息加工的开放性课程。二是构建类社交化的课程建设方式。网络传播的碎片化、分众化特征使课程接受者出现新的社会圈层变迁，网络传播从时空观点上使地球变为一个村落。这种变化同样体现在课程建设与应用中，全世界的学生不仅可以享用哈佛大学、耶鲁大学等世界名校的课程资源，而且可以对课程或课程某个知识点进行讨论交流进而圈层化、社交化。因此，现今的课程建设不应排斥圈层化、社交化的趋向，而应鼓励并支持教师与学生（包括本校学生和外校学生）、教师与教师（本校教师之间及校际教师之间）、学生与学生（本校学生之间及校际学生之间）形成相应的社会圈层，当然这种社会圈层应该建立在一种较为开放的传播渠道之上。

媒介融合是媒介多元发展不可回避的历程，并对高校现有课程体系、既有课程制度产生相应的影响。面对媒介融合的冲击，高校课程建设需要更加理性的应对策略，不可放大媒介融合的作用，也不可小觑媒介融合的影响，而应形成以既有知识体系为基础的"内容为王"的传播观念，使现有课程传播渠道与新的媒介载体互通有无，建立适合知识传播的媒介融合渠道，同时要注重教师、学生在媒介融合驱动下传受关系的互换、调配问题，建立现代大学教师与学生的新型传播关系。

三、媒介融合下课程制度的重构可能性

前述探讨了媒介融合对社会发展和高校课程建设的影响，一部分是每个人可能都会感受到的，一部分则是不易察觉的，制度正是这种不易察觉的隐性力量，其作用往往超出人们的预料和想象。因此，要使课程在媒介融合环境下实现有效传播，就必须构建适应媒介融合的课程制度。

首先，要创新甚至颠覆课程制度的观念。从人类发展历史来看，人类信息是用来交流的，是传播思想的，并影响人类的思维模式。一般认为，人际传播是双向循环模式，大众传播是单向线性模式，网络传播被认为重回双向循环模式，但两种双向循环模式并不相同。人际传播的双向循环模式是面对面交流，而网络传播的双向循环模式既包括面对面交流，也包括非面对面交流或不在场

交流，因此可以说传播模式既受到人类思维模式的影响，也影响人类思维模式。高校课程制度是大学设立以来经过漫长时间逐步建立起来的，在神学统治时代以《圣经》为核心的课程占据欧洲大学课程的绝对地位，古登保印刷术使课程的信息量增大从而削弱了课程口口相传的力量，而电子革命在进一步加大课程信息量的同时改变了课程的呈现形式、资源类型、传输方式，作为电子革命的延续和深化，媒介融合在保留前述特点时使课程内容、呈现形式、资源类型、传输方式等趋向交叉、趋向融合。因此，创新甚至颠覆传统课程制度的理念，树立适应媒介融合的课程制度理念远比制定一套具体课程制度的意义深远得多。

其次，什么样的课程制度适应媒介融合传播呢？课程制度是价值观的体现，但没有具体措施支撑的价值观是毫无意义的。和学新、张丹丹提出："制度的理念化并不意味着制度仅仅是一种理念，恰恰相反，制度的理念化乃是为未来实践活动提供一个坐标，根据这个坐标，相应的实践活动都会在其中获得相应的位置[①]。"媒介融合下的课程制度体现较为复杂的价值观，既要体现传统课程的价值延续，又要突出媒介融合体现出的开放、共享等新价值观；既要确立教师课程建设的自觉性和创造性，又要塑造学生参与课程建设的主动性和创新性。媒介融合下的课程制度利于融合传播的行为导引，既要保持大众传播模式下人才培养模式的整体性和独特性，又要体现融合传播下以网络为载体的课程走出校门导致人才培养模式的新颖性；既要显现大众传播模式下"教"与"学"的目的性、规律性，又要彰显融合传播模式下"学"的自主性、合作性、反思性、共享性以及"教"的开放性。媒介融合下的课程制度要确保适合融合传播课程的设计、开发的程序规范，在完善现今大众传播模式（现今学校机制）下课程选择、决策、开发和管理的机制、机构、程序、方法的同时，探讨构建融合传播的课程程序性制度，既要延续原有的完整性、严谨性，又要突破藩篱，使课程制度具有一定弹性和灵活性，给予新生事物发展的空间。

再次，媒介融合下课程制度可以优先考虑课程建设内容。媒介融合使课程轻而易举地被复制和获取，同时媒介融合也使课程的交易可能性增大，任何受众缴费都可以学习哈佛大学、耶鲁大学等世界名校的在线课程，只是国内课程交易还尚未启动或者说面临制度性障碍，因此首先要解决知识产权问题。媒介融合使课程符号出现多样化趋向，语言、文字、图形、图像、音频、视频等符号尤其是适于融合传播的符号都运用到课程建设上，而事实上课程符号的使用较为单一，符号与符号之间的关系比较模糊，两者的融合更是难题。大众传播下教材等纸质型材料是可见型载体，这些材料被学生持有并纳入学习成

---

① 和学新，张丹丹，2011. 论学校课程制度［J］. 全球教育展望，40（2）：22-27，14.

本；而媒介融合下部分课程材料不再被学生持有，向学生收取费用不再合理；另外，目前网络学习成本由学生负担，增加了学生的学习成本，因此创新媒介融合下课程的传播渠道建设，从制度上、经费上予以保障降低学校、学生的经济成本。媒介融合下的课程制度绝不是用几行字显现课程的价值观和理念，更需要实践特别是媒介融合的技术和能力来保障理念的实现，因而从制度上保障学校和教师享有不断提升课程融合技术的机会和能力是媒介融合下课程发展的根基。

总的来说，媒介融合潜在地改变了社会发展模式，对高校课程相关者——学生、教师、所属主体及制度产生了巨大的冲击和挑战，而在这种冲击和挑战中，课程制度与媒介融合则是一种控制与反控制的关系，突破固有思维和制度的控制，方使媒介融合下的课程建设持续发展。

第四节　其他课程建设的理论

一、高校课程建设与人才培养模式改革

飞速发展的信息技术对于教学发展具有积极的促进作用，然而在传统教学模式当中，教学方式并没有将教学内容和学生未来的职业发展有机结合在一起，课程设置方面也不符合我国培养复合型专业人才的教学需求。以下从多个角度与层面就高校课程建设与人才培养模式改革的问题进行深入分析。

在信息化时代背景下，高等教育课程设置中存在的问题和教学方法的探讨与实践成为课程研究与建设的重点。很多高校已经建立了比较完善的课程体系，可以让学生利用网络平台进行交流和学习，促进高素质人才培养。但是还有一部分高校在这些方面仍存在一定问题。

（一）高校课程建设与人才培养模式存在的主要问题

首先，对课程建设和人才培养模式改革重视程度不够。在当前高等院校中，一些管理人员和校领导还没有认识到课程建设或人才培养模式改革的重要性，认为只要做好教学工作就可以促进学生更好发展，并没有从学生的实际情况出发。虽然教育部出台了相关政策加强教育创新改革，对课程建设和人才培养模式改革加大了支持和扶持力度，但是在实际中执行力还不够，很多高校只是将工作停留在形式上，并没有认识到课程建设和人才培养模式改革对本校教学教育的现实意义。此外，我国当前对课程建设和人才培养模式改革的政策还不够完善，大部分高校对于课程建设或人才培养模式改革的开展仅停留在口号层次。投资经费严重紧缺，教学教育相关设备、设施严重落后、老化，无法满足课程建设和人才培养模式改革在教学实践中落实的需求，这导致了教学质量与水平无法得到提升，也阻碍了高校课程建设和人才培养模式改

革的推广与执行。

其次，课程设置模式不够完善。课程是高校教育的关键内容，课程不仅包括教材、教学计划以及科目等外在形式的"硬课"，还包括对科目与教材等内容的分析与整合活动的"软课"。课程建设与人才培养模式改革在国外已有长时间的研究与实践，但是在我国，课程建设与人才培养模式改革还处于发展的初级阶段，对于课程建设与人才培养模式改革的理论研究与实践研究仍然比较欠缺。同时，课程建设与人才培养模式改革的相关制度不够完善，教育内容较为单　　，不重视学生实践能力与综合素质的培养。虽然有的学校注重学生和教师之间的互动，但是在课程建设与人才培养模式改革的内容方面创新意识不足，教学方式单一，完全依照教案开展教学活动，并且采用传统的教学管理机制；无论是从专业设置上还是从教学活动安排上，都是由学校管理部门统一安排，未根据课堂实际情况及时调整教学活动，在一定程度上出现教学管理机械化、教学质量与水平不高以及教学效果低下等问题。教师单纯按照教学计划进行教学活动，无法发挥学生在课堂上的主体作用，也无法激发学生学习的主动性和积极性。对于刚刚起步的我国高校课程建设与人才培养模式改革，教育者与研究人员还需要进一步地交流和探讨。

最后，教育者水平有待提高。随着我国社会经济进入快速发展时期，对专业人才的要求变得越来越高，高等院校承担着为国家和社会培养人才的重要责任。当前，市场对人才的需求与日俱增，而应用型人才大量缺乏的主要原因就是应届毕业生缺乏对理论知识的实践运用能力。对于完整的课程来说，硬课提供的内容和原材料是否可以发挥其作用，根本在于教师在教学活动和相关场景中如何引导学生。由于部分教师教学经验不足，不能有效地把握课堂节奏，或者有的教师只是对重点知识进行讲解，忽视对课程的设计、建设或改革，并没有从系统思考的角度考虑到对课程整体性的规划，也没有让学生进行实际操作或者给学生提供场景演练的机会。在课程设置方面，没有对课程体系形成完整的正确认识，无法正确把握教育改革的核心与方向，因而无法对学生进行专业性的引导和指导，使得大部分学生学习兴趣不高。高校在课程建设和人才培养模式改革中，普遍存在的现象是，教学活动脱离"以学生为主体"的原则，严重影响了我国高校教育的教学质量与水平。

（二）高校课程建设与人才培养模式改革问题的相关策略

1. 加强课程建设和人才培养模式改革与实践的结合，构建完善的课程体系

人才培养模式改革必须紧跟社会发展脚步，过去仅以教学内容为基础的教学模式，虽然也取得了一定的成绩，但是严重限制了学生创新思维的发展，限制了学生综合能力与实践能力的提升。所以，高校应该建立系统性的课程体

系，既要考虑公共课和专业课相结合，也要重视理论基础与专业实践相结合。比如，要从课程建设与人才培养模式改革入手，就必须加强校企合作、工学结合以及实习等多元化的教学模式，无论从培养方案上还是从教学模式上来说，都要建立以就业为导向的教学理念与教学方法。课程建设必须综合分析与考虑课程设计与课程实施这两个要素，二者是不可分离的。就是说课程建设务必与课程设计和课程实施保持一致，例如，以真实的案例作为导入来设置教学任务，鼓励学生以小组形式完成任务，在实践活动中灵活运用所学的理论知识，为学生适应社会奠定良好基础。

2. 转变培养模式，注重学生考核，加强课程建设的有效管理与激励

实践性和应用性是课程建设及人才培养模式改革的核心，在教学活动中鼓励教师和学生深度合作与交流。例如，教师可以根据教学任务介入互联网来扩大教学内容，有机结合相关知识、时代发展趋势以及学生学习需求等，在游戏中设置相应的课程知识，让学生在游戏中运用理论知识，促使理论知识与实践活动相结合。这样的教学活动可以更有效地反映学生的特点和基础水平，教师可根据学生知识掌握程度开展后续的辅导工作。尽力完善课程与教学环节质量标准，合理配置资源，开展教学结果的管理和评价。此外，在整个游戏教学活动中，除了激发学生对知识的学习热情之外，还可以改变传统满堂灌的教学方法的弊端，充分发挥学生的主体地位，培养学生自主学习的能力与创造力，帮助学生形成正确的学习习惯与价值观。人才培养模式的改革应该着眼于学生的创新意识和能力的培养，不是针对学生进行传统的精英主义教育。课程建设与人才培养模式改革应对人财物等要素进行有效配置，尤其是对于部分高校重研究、轻教学问题更应该加强课程建设和人才培养模式改革与教学管理和激励措施相结合，进一步提高教学质量与水平，实现教学的目的，为向社会输送大量复合型人才创造条件。

3. 加强教师培训培养，明确教师在课程建设与人才培养模式改革中的主体责任

教师是教育活动开展的引导者与领路人，针对师资力量不足以及课程建设或人才培养模式改革经验不足的问题，可以组建相关的教育部门或者组织对教学工作者进行定期培训，包括理论知识、实践技能与职业素养等多方面的内容，尤其要尊重每一位教学工作者之间的个体差异，在培养方式上遵循开放性原则。所谓的开放性原则指的是听取其他人员包括学生的反馈与建议，创新教学内容与教学形式，通过集中探讨或者研究的方式学习新的教育理念，尤其对基础较差的教学工作者来说是一种较为完善的培养方法。教师综合素质的高低直接关系到学校教育水平的好坏，更直接关系到学生的成长，因此加强教师综合素质的提升具有重大意义。

二、一流学科发展视域下高校课程建设

课程是一所大学科研与教学综合水平的体现，是培养人才的主阵地，是高校做好人才建设工作的关键环节。在发展一流学科的宏观背景下，做好高校的课程建设工作既是高校实现内涵式发展的刚性需求，也是回应时代发展的外在诉求。但是，受惯性思维的影响，不少高校在课程建设理念、课程结构体系和课程评价机制等方面依然存在问题，给一流学科的建设工作带来不小的影响。高校需要在"一流学科"发展视域下更新课程建设理念，重构课程结构体系，改革课程评价机制，做好优质的本科课程建设工作，实现我国高等院校内涵式发展、"跨越式"发展。

2015 年 10 月 24 日，为了加快我国高等教育的建设工作，国务院印发《统筹推进世界一流大学和一流学科建设总体方案的通知》（以下简称为"双一流"建设方案），通知中明确提出"建设一批进入世界一流行列或前列的学科"。这是新时代我国高等教育实现内涵式发展、"跨越式"发展的指引性文件。课程教学是高校人才培养的主要方式，没有一流的课程则"双一流"建设方案的开展将举步维艰。想要做好一流学科的建设工作就必须思考如何做好优质的本科课程建设工作。

（一）课程建设：一流学科发展的必然诉求

作为高校人才培养模式的核心要素，围绕大学课程建设的相关研究不胜枚举。早在 20 世纪 50 年代，钱穆先生就曾指出"现代的大学教育是以课程为中心的教育"。布鲁贝克也指出，"作为现代社会的思想库，大学的思想主要依靠课程传递"。从某种程度上来说，课程是一所大学科研与教学综合水平的体现，是培养人才的主阵地，是高校做好人才建设工作的关键环节。在发展一流学科的宏观背景下，做好高校的课程建设工作既是高校实现内涵式发展的刚性需求，也是回应时代发展的外在诉求。

1. 回应新时代高校内涵式发展的必然诉求

当今世界正经历百年未有之大变局，技术革新层出不穷，社会变革步伐加快，中国特色社会主义进入了新时代，社会主要矛盾发生了重大变化。为人民群众提供优质教育以满足"人民日益增长的美好生活需要"，是当前高校的重要任务。高校应如何为人民群众提供优质的教育？首先需要创新人才培养模式，而创新人才培养模式的着力点在于做好高校的专业建设与课程建设工作。课程是高校为学生提供的最基本的服务，是做好高校人才培养工作的重要支撑，也是高校提升人才培养质量的关键切入点。高校应结合自身定位做好课程建设工作，通过科研与教学的融合、产业与教学的融合提升人才培养的质量，回应新时代高校内涵式发展的时代诉求。

2. 创新高校人才培养模式的必然诉求

国务院下发的"双一流"建设方案对高校提出的一项重要任务就是培养适应时代发展需要的创新型人才。建设一流的大学、一流的学科，根本目的都是实现一流的人才培养。做好课程建设工作是创新高校人才培养模式、实现一流人才培养的必然要求。应该意识到，高校课程建设是高校为学生提供的最基本的服务，做好课程建设工作是推进一流大学专业建设的重要途径。高校要通过变革教学方式，将培养新时代社会主义事业建设者的理念深深融入课程教学中，重构教育理念，以"厚基础、宽口径"的培养思路做好课程建设工作。实现人才培养工作的跨越式发展。

3. 稳步推进"双一流"建设工作的必然诉求

自 2015 年发布"双一流"建设方案以来，国家高度重视高校的"分类发展、分类管理和分类考核"，通过一系列措施促进高等院校发展。课程是高校开展教育工作的着力点，高质量的课程体现着一所高校的教学理念与科研实力。一流的大学需要一流的学科，一流的学科必然要求一流课程的支持。因此，做好高校的课程建设工作是稳步推进"双一流"建设工作的必然要求，也是"双一流"建设背景下高校课程变革的根本动因。

（二）高校课程建设的问题审视

当前，全国各地高校在"双一流"建设方案的指导下开展了有声有色的课程改革工作，为提升高等教育的人才培养质量做出了巨大贡献。但是，受惯性思维的影响，不少高校在课程建设理念、课程结构体系和课程评价机制等方面依然存在问题，给一流学科的建设工作带来一些影响。

1. 课程建设理念滞后

在"双一流"建设方案的指导下，各地高校依托办学特色开展了各式各样的人才培养方案改革。但部分高校的课程建设理念滞后，并没有彻底扭转课程建设中重理论、轻实践，重课内、轻课外，重育才、轻育人的现象。

课程建设重理论、轻实践是指高校的课程教学中过于重视理论讲授，忽视实践教学环节。无论是在教学方案的制订、教材的选购、教师的授课上，还是教务处牵头进行的教学质量监控上，不少高校依然沿袭传统的"重理论讲授，轻实践教学"的课程建设理念，在理论课程上的把关极为严格，而对实践教学的管理重视不够。课程建设重课内、轻课外主要表现为高校高度重视课堂教学质量，重视课堂教学个性，重视教师在课堂上的表现，但对课外实践活动的重视度不够，部分高校甚至忽视课外实践教学环节，这不利于全面培养学生的实践动手能力。重育才、轻育人的现象，表现为不少高校的课堂教学环节只重视知识的传授，忽视对学生品德的培养。

2. 课程结构体系失调

保障高校人才培养质量的关键在于设置科学合理的课程结构与完整的课程体系。当前，部分高校虽然开展了形式多样的课程改革，但在课程结构体系上依然与"双一流"的要求存在差距。

部分高校的专业课程多，通识课程少。以专业知识为支撑、满足社会对相关职业需求为导向的专业课程历来是高校重点关注的课程内容，在课程体系中占有相当大的比例。通识课程则是为了拓宽学生的知识面，提升学生的人文科学素养而开设的课程，如上海大学的"大国方略"系列通识课程，是在聚合了多门学科知识的基础上，为培养高素质复合型人才而开设的课程，讲课人均为上海大学知名的专家与学者。但大多高校并没有如上海大学那样重视通识课程的开设，还没有形成具有办学特色的通识课程体系，大多数通识课程以选修课的形式开展，考核简单。

部分高校的显性课程多，隐性课程少。显性课程是指学校正式开设的课程，无论学校、教师还是学生均高度重视。显性课程有明确的课程目标、教学计划、课程考核方案，也有与之配套的教材，是学校课程建设的主体。隐性课程则是伴随正式课程，以讲座、实践活动、校园文化建设等形式出现的看不见、摸不着的课程。这些课程看似没有正式的课表，也没有固定的课程教学实践，却在校风学风建设中起着非常重要的作用，并在潜移默化中深刻地影响着学生的精神世界，对高校的学生德育工作有着非常重要的意义。然而，在部分高校，隐性课程的教学实效并没有得到应有的重视，隐性课程在育人上的作用并没有得到充分的体现。

3. 课程评价机制同质化

科学的课程评价机制对课程建设起着导向和控制作用，是做好课程建设的重要环节。但是，目前，不少高校的课程评价机制同质化现象较为严重，评价主体单一，课程考核方式单一，学科特色彰显不足，与"双一流"建设工作的要求仍然存在不少差距。具体表现如下：以学校为主体的课程建设评价方式没有充分考虑产教融合，课程考核与产业要求脱节较为严重，人才培养难以满足当前中国产业结构升级转型对人才培养的需求。同时，停留在理论课程考核层面，以学科知识分类的课程考核要求对学生知识的应用考核力度较小，使得教学中教师与学生也不太重视应用环节。最后，以传统闭卷考核为主的课程评价方式让不少学生为了应付考试，采用了"考前死记硬背、考后全还给老师"的学习方式，与一流大学、一流学科的人才培养目标相悖，造成了人才培养资源的浪费。

（三）一流学科发展视域下的课程建设策略

为了完成国家"建设一批进入世界一流行列或前列的学科"的战略部署，

高校要加快课程建设步伐，从革新课程建设理念、重构课程结构、改革课程评价机制3个方面做好一流学科发展视域下的课程建设工作。

1. 革新课程建设理念

高校应革新课程建设理念，扭转当前课程建设重理论、轻实践，重课内、轻课外，重育才、轻育人的现象，围绕办学特色重构课程教学。首先，要转变重理论、轻实践的教学理念，加大实践课程比例，重视组建应用型课程群。高校要围绕专业特色与学科特点，以服务社会为目标，在课程建设中加入与行业前沿发展动态相关联的教学内容，构建既有理论基础又有实践特色的课程体系。其次，要转变课程建设重课内、轻课外的现象，调整课程类型结构，重视多样化的课程实施路径，打造校内校外一体化的开放式课堂，通过产教融合，突破传统课程建设的单一路径。另外，要借助"互联网＋"，打造线上线下一体化智慧课堂。最后，要通过打造"思政课程"与"课程思政"的同向同行协同育人机制，实现专业课程教学的育人工作，构建"全程、全员、全方位"的立体育人体系。

2. 重构课程结构

一流学科发展视域下重构高校的课程结构，需要合理规划专业课程与通识课程的比例，并做好显性课程与隐性课程的融合。一方面，高校应增加通识课程门数，拓宽通识课程的学科领域，帮助学生养成多学科视角，形成多学科的知识结构。同时，高校还应给予学生一定的自主权，为学生提供较为丰富的选修课程，从提升学生学习兴趣和学习自主权的角度，拓宽学生的知识领域。另一方面，学校不仅要重视显性课程的开设工作，也要重视隐性课程的教育工作，要通过做好校园文化建设工作，借助社会热点事件开展系列讲座，或者学习上海高校开展的"课程思政"教育思路，多渠道、多途径发挥隐性课程的协同育人效应。

3. 改革课程评价机制

改革高校的课程评价机制，通过引入多元化的评价主体、完善的评价指标和多元的考核评价方式，构建科学的课程评价机制。首先，要在课程评价中引入企事业单位的优秀一线工作人员，动态调整课程建设评价指标，确保高校的人才培养方向与社会需求一致。其次，要完善高校的课程评价指标，加大实践课程的考核评价力度，重视借鉴行业标准，对学生的实践表现和实践成绩进行严格考核，促使学生重视实践环节，从而提升学生的实践动手能力。最后，要拓宽课程考核方式，适当下放课程考核权力。学校要改变当前必修课以闭卷理论考核为主的考查模式，根据课程需要，有选择地加入企业调研报告、作品创作、课题研究等多元化的考核方式，鼓励教师以开放性试题考核学生知识应用的能力。

　　一流学科视域下的高校课程建设工作是一项系统性的工程，需要学校领导与二级院系的共同努力。学校要以一流学科建设工作为契机，革新课程建设理念，重构课程结构，改革课程评价标准，深入推进课程建设改革，培养一流的应用型人才。

三、应用型高校在线开放课程建设原则、模式、评价

　　我国教育行政管理部门高度重视在线开放课程建设，制定了明确的发展意见和发展规划。经过近5年的发展，在线开放课程已经成为我国高等教育一个十分突出的亮点。应用型高校应抓住机遇，充分利用在线开放课程的优势，促进自身转型发展。在这一过程中，关键是要结合实际，积极借鉴国内著名高校和在线开放课程平台的建设经验，确立符合应用型人才培养实际需要的建设原则、发展模式和评价机制。

　　2015年，教育部、国家发展改革委、财政部出台了《关于引导部分地方普通本科高校向应用型转变的指导意见》，要求并鼓励我国部分地方本科院校向应用技术型大学转型发展。地方本科院校转型发展，就是要与市场紧密对接，培养适应地方经济社会发展所需的应用型高级专门人才。转型发展的核心是课程转型，使课程教学转到应用型人才培养的实际需要中来。以慕课为代表的在线开放课程正在引发高等教育领域前所未有的大变革，它以开放、灵活、自主、交互等突出优势为众多高校所青睐。一批国内著名高校引领、主导着慕课课程的建设和发展，清华大学的"学堂在线"、上海交通大学的"好大学在线"等发展成为国内主流慕课平台。

　　网络媒体推出的在线教育平台如中国大学在线开放课程、"智慧树"和"超星慕课"发展强劲，汇聚了以国内著名高校为主体的一大批优质在线课程。一方面，这些主流平台和优质课程的上线有力地弥补了应用型高校优质课程资源的严重不足；另一方面，优质的线上课程为应用型高校的在线开放课程建设提供了更多的经验借鉴。以地方院校为主体的应用型高校也在逐步建立自己的在线开放课程体系和平台。如深圳大学主导的UOOC联盟已发展成为全国地方院校的共享平台，目前该平台共有课程263门，涉及十大学科门类。经过近5年的发展，我国大学在线开放课程取得了十分重大的成绩，正如教育部高教司司长吴岩所说，"中国在慕课建设上起步不晚，跟世界最发达高等教育强国在同一起跑线上，如今中国的慕课数量已经稳居世界第一"，并且还将继续成为书写我国高等教育"变轨超车"的"奋进之笔"和"得意之作"。毫无疑问，在线开放课程建设已成为一种国家教育发展战略，必须全力推进。应用型高校应在国家教育战略的号召下，积极借鉴国内著名高校在线开放课程建设的经验，确立符合本校应用型人才培养实际需要的建设原

则、发展模式和评价机制。

（一）应用型高校在线开放课程建设原则

教育部《关于加强高等学校在线开放课程建设应用与管理的意见》（教高〔2015〕3号）明确指出，我国在线开放课程建设要立足自主建设，注重应用共享，加强规范管理，从宏观上将我国在线开放课程建设的路径、机制和价值进行科学引导，并没有从微观上对不同地方、不同类别、不同层次的高校在线开放课程建设进行约束性鼓励，这分明是在给应用型高校更大的自主空间，以发展更符合自身需要的在线开放课程。我国应用型高校在线开放课程的建设目前呈现出"起步晚、困难多、进展慢、效果差"的特点，其主要原因就在于应用型高校对在线开放课程建设原则的认识还处于模糊不清的状态，由此导致建设思路、建设措施不能落地生效。因此，现在的首要任务是必须对应用型高校在线课程建设原则进行科学描述。

1. 产教融合原则

应用型高校最突出的特点就是应用性。建设一批应用性课程是应用型人才培养的最为重要的保障。高校无论是文化传承还是科学研究，抑或是社会服务，都具有很强的学术性，但随着我国经济结构的转型，高校的学术性课程远不能满足校外人才市场对学生实践能力的需要。近几年，国家大力倡导产教融合，使高校与企业紧密合作，形成良性发展的协同育人机制，这主要是因为企业有学科发展赖以生存的生产流程，生产流程可以深化学生对学科的认识，并提高其实践能力。应用型高校，仍然以传统课堂为依托。教授学生专业知识，学生学习活动循环在抽象知识识记和抽象思维分析过程中，这对于培养研究型和创新型人才，是一种很好的教学方式，但对于应用型人才培养，则不利于快速解决实际问题，也很难提高学生的实践能力。应用型高校在线开放课程建设应与企业紧密对接，开发和建设人才培养方案中的生产实践环节课程。一方面将工艺流程课程化，解决实践教学的不系统性问题；另一方面通过生产经验丰富的工程师传授实际生产经验，增强学生的应对能力。大批建设这样的课程，不仅有助于大幅度提高学生的实践应用能力，更有利于促进教师改革教学方法，提高教学能力，吸引学生回归课堂，专注实践。

2. 示范引领原则

不少应用型高校对于在线开放课程建设存在着动力不足、影响不大、行动迟缓的现状，掀起应用型高校在线开放课程建设的浪潮还需要一个过程，需要高校通过积极引导、政策推动等多种方式使教师变被动为主动，从"要我建设"过渡到"我要建设"的发展阶段。示范引领犹如春风化雨，要比政策措施的强力推动更有影响力。如何引领？一是要树立品牌。品牌的培育至关重要。品牌有一个重要的因素，那就是教师。应用型高校应解放思想，不必把品牌和

"高职务""高职称""高学历"的教师完全画上等号，而应突出"高活力""高水平""高效益"，只要教师能够把课程建成"高活力"（深受学生欢迎）、"高水平（教学水平较高）""高效益（教学效果较好、关注度高）"的在线开放课程，就是应该树立的品牌。二是要加强宣传。品牌在线开放课程不能孤芳自赏，而应融入学校，融入社会。融入学校形成广泛的认同感，其他教师会不自觉地萌发在线开放课程建设的冲动，进而启动在线开放课程建设计划。融入社会形成对比的优越感，学习者会报以更高的关注度，学校领导亦会更加重视，职能部门亦会提出更优的保障措施。三是要聚力研究。通过对在线开放课程的研究，全面了解在线开放课程对不同专业建设的积极作用，形成各学科专业的在线开放课程建设模式。这本身就是一种引领。

3. 建用结合原则

在线开放课程与传统精品课程相比较，一个突出的优势就是重在应用。传统意义上的精品课程将课堂搬到网络，但又缺乏强大的网络支撑平台，致使课程处于静态，这在应用型高校尤为明显，不少课程为申报而建设，不少课程立项后无人管理。《教育部关于加强高等学校在线开放课程建设应用与管理的意见》强调"采取先建设应用、后评价认定的方式"，赋予了在线开放课程建设的生命价值，清除了传统精品课程的弊端。应用型高校通过加强建设，建成了符合自身人才培养切实需要的课程体系，验收通过后，采用完全的线上教学、线上线下混同教学等多种方式使课程迅速投入应用，充分发挥课程建设效益。在线开放课程的另一个突出优势是资源共享。应用型高校根据自身人才培养的实际需要，通过引进优质的在线开放课程，为我所用，既可以深入了解其他高校课程建设情况，汲取先进的建设经验，又缓解了自身因资金、技术、师资、人力等不足而导致的课程建设困难。据不完全统计，目前国内应用型高校基本采用以引进为主，以自建为辅的方式推进本校在线开放课程建设。以湖北工程学院为例，截至 2022 年，学校建设在线开放课程共 19 门，引进外校在线开放课程 124 门。建用结合是当前应用型高校在线开放课程建设的一项重要原则，短期内还难以有较大变化。

4. 特色发展原则

任何一个组织的发展离不开特色，任何一所高校的在线开放课程建设也不能没有特色。应用型高校在线开放课程建设的特色发展应体现为 3 个层次：一是体现学校特色。学校特色是其对外彰显出的最为显著的标志，这种标志往往通过学校文化、学科优势、学术大师等体现出来。每一所应用型高校在长期的发展中，积淀出自身的、质的规定性即学校特色。在线开放课程平台为每所高校提供了均等展示的一个机会，毫无疑问，平台首先展示的是高校特色的一面。因此，应用性高校在线开放课程的建设必须首先体现学校特色，将学校这种显著标志通过课程系统地呈现在用户面前，这也是用户的期盼。2018 年初，教育部公布的 490 门国家精品在线开放课程，绝大多数课程集中展示了学校的实力，体现了学校的特色。二是体现课程特色。当前，政府对在线开放课程建设虽然有明确的指导意见，但没有详细的规划方案，"大量重复建设的情况很可能会出现"，"这就要求各级政府部门把好关，并与各类学校及时沟通，与各大慕课平台紧密合作。其工作的着眼点是，要求各高校建设自己的优势专业课程或地区特色课程"。应用型高校自身应强化错位建设、特色发展的意识，尽量建设"人无我有、人有我优、人优我特"的课程。三是体现教师特色。教师是课程建设的主体，也是课程应用的主导，有特色的教师不仅能产生良好的教学效果，还能起到普遍的示范效应，激发广大教师对在线开放课程建设的热情。应用型高校在线开放课程建设不能面面俱到，更不能照搬照抄，而应有自己的课程观，建设适合自身需要的特色课程。

（二）应用型高校在线开放课程发展模式

在线开放课程建设是一项复杂的系统化工程，建成一门课程所需周期较长，少则 3 个月，多则半年以上，不仅需要做好顶层设计，而且对教师本身的素质能力有着极高的要求。应用型高校必须做好统筹规划、科学安排、周密部署，在实践中探索行之有效的在线开放课程发展模式。

1. 做好课程设计的分类指导

应用型高校大多有 2 000 多门课程，从结构上看，有通识必修课、专业基础课、专业主干课、专业选修课、通识选修课；从形式上看，有长学时课程、短学时课程；从内容上看，有理工科课程、文史类课程、艺术类课程。对于不同类型的课程，在线开放课程的功能、标准、方法、方向不能完全一样，学校应进行分类指导。一般来讲，通识类课程受众面广，基础性强，无论是教学内容的设计还是教学素材的选择，都要考虑大多数学生的可接受性。除此之外，在教学的生动性和表现力上也应有更多的关照。而专业类课程主要面向有一定学科基础的专业学生，更应突出生产流程的直观性和学科理论的实践性，因此应更加注重教学素材的选择和教学内容的编辑。应用型高校可以分 3 类来建设在线开放课程。一类是通识选修课，聚集一批学术造诣深厚、教学特色突出的教师开发有特色的校本课程，进行普适教育。二类是通识必修课，以知识为单位，以教学目标为类别；组建适应不同学科专业需要的教学团队，形成多师协同、分类推进的在线开放课程建设体系。三类是专业课程，将专业与行业紧密对接，将课程与生产切实融通，每个专业选取 3～5 门课程做试点，组建由校内教师、企业专家、行业顾问、政府管理人员共同组成的产教融合型教学团队，共同开发专业课程。

2. 提供课程制作的多元平台

在线开放课程建设的核心环节是课程制作，如上所述建成一门课程所需周期较长，从国内高校的课程制作实践来看，几乎没有一所高校能够依靠自身的力量完成大批量的在线课程制作任务，企业成为在线开放课程建设的重要力量。据了解，武汉理工大学 5 年规划 1 000 门在线开放课程，每年制作 200 门课程，多家企业参与制作。即便是国内著名的清华学堂在线，其课程制作也打上了商业化的烙印。应用型高校不仅自身条件不充分，而且还存在着资金严重不足的现实困境；按当下的市场估价，制作 1 学分课程约需 10 万元人民币，完全依靠企业制作会大量增加高校的预算。应用型高校应考虑提供多元的制作平台，满足学校在线开放课程建设的实际需要。一是集中学校有限的财力，通过竞标的方式，遴选制作公司，制作竞争省级以上的"品牌"课程。二是依托学校信息技术服务职能部门的技术优势，制作校级品牌在线开放课程。三是依托有条件的院系的先进教学科研设备和专业技术力量制作本院系的在线开放课程。四是课程团队依托自身的力量，独立完成在线开放课程的制作任务。当然，挖掘和利用校内的多元课程制作平台，需要学校从政策层面予以适当的倾斜和引导。从远景发展来看，在线开放课程的建设将会有超级的智慧教室提供更多碎片化的学习情境，课程制作变为全自动的直播录播，当然这需要更为发达的科技和更为优质的条件作为支撑。当下，多元化的制作平台恐怕是应用型高校的必然选择。

3. 健全课程应用的运行机制

在线开放课程重点在建设，关键在应用。《教育部关于加强高等学校在线开放课程建设应用与管理的意见》明确指出，认定一批国家精品在线开放课程，采取先建设应用、后评价认定的方式。这既是引导高校转变以往精品课程建设的模式，又给高校提出了一个新的命题，那就是如何使课程应用达到理想的效果，能够成为精品。

应用型高校必须充分领悟在线开放课程的价值，健全在线开放课程应用的运行机制。

首先要重塑教学流程。在线开放课程的应用既不是将传统课堂复制到网络上，也不是在线课堂与传统课堂的简单结合，更不是将在线开放课程完全替代传统课堂，而是一种全新的教学模式。这种模式重塑了教学流程，转换了师生在学习中的角色地位；一是教师打破了传统教材体系，设计以问题为中心的 8～15 分钟的碎片化教学内容，改变"滚雪球"式的 45 分钟满堂灌的教学模式。二是网络嵌入反映学生知识点掌握情况的习题，使基本的教学目标及时实现。三是学生离开传统教室课堂，随时随地观看视频教学内容，进行过关练习，及时掌握基本知识点。四是学生在视频学习的基础上，根据各自掌握的情况，提出困惑或疑问，教师进行线上解答，师生在线上互动。值得一提的是，这个环节更能有效激发学生的个性化需求、质疑精神和批判思维，焕发出巨大的创造力。五是教师和学生重返教室课堂，教师一方面把视频教学不易展示的教学内容在课堂进行补充，另一方面针对教学中的知识难点和疑点集中解答，深化教学内容，提高教学效果。六是在课程结束后，进行线上或线下考核，检验课程的教学效果。显然，"备、教、辅、改、考"的传统教学流程正转变为"学、思、反（反馈）、练、考"的新型教学流程，教师在教学过程中的中心地位逐渐淡化，学生开始走向教学活动的中心。应用型高校必须有新型教学流程思维，才能推动建立课程应用的运行机制。

其次要规范应用过程。当前，尽管应用型高校仍然以传统课堂为主，但越来越多的在线开放课程逐渐被应用，必须规范应用，形成明确的运行机制，避免应用困惑、应用迷茫，调动更多教师建设和应用在线开放课程的积极性。一是规范学时安排。应用在线开放课程应采取线上线下相结合的混同教学方式，根据课程属性不同，线上线下的学时比例应有所不同；大规模在线开放课程每学分至少安排 2 学时课堂教学，小规模的在线课程（small private online course，SPOC）每门课至少安排 30%～50% 的课堂学时，确保教师合理安排线下教学内容和进度计划。二是规范辅导环节。自建在线开放课程，教师团队成员都可以成为辅导教师，但团队成员必须有明确的分工及周全的辅导计划，保证线下辅导的及时性、顺畅性。引进课程必须配备辅导教师，做好辅导计划，跟踪线上学习状况，及时进行辅导，形成线上有人监管、线下辅导及时的混同学习模式。

再次，要通畅管理服务。在线开放课程的应用一定程度上也重塑了教学管理流程，需要革新管理理念，通畅服务环节，提高管理水平。一是要摒弃网络自主的管理理念。应用型高校的有些学生学习自觉性不强，学习动力不足，有畏难情绪，因此不能用网络自主的理念来管理学生的学习过程，而要施以更多的关爱，监督学生学习行为。二是要做细重点管理环节，具体有选课环节、注册学习环节、教学变更环节、课程考核环节、成绩评定环节、成绩记载环节等。在这个过程中，职能部门、教学学院、教师本人都是管理者，都要结合课程平台，明确各自的管理职责，做细管理环节。

（三）应用型高校在线开放课程评价机制

在线开放课程的评价是应用型高校不可回避的重要问题，合理有效的评价将直接决定教师建设在线开放课程的积极性和主动性。在线开放课程是一个新生事物，发展时间不长，各高校特别是应用型高校更多地关注立项建设，对课程的评价研究不多，关注不够。教育部 2018 年 1 月公布了首批 490 门国家级精品在线开放课程，尽管没有公布具体评价标准，但吴岩司长在首批国家级精品在线开放课程新闻发布会上的讲话基本总结了评价的 4 个依据：一是课程质量高，高水平大学高职称教师领衔主讲；二是共享范围广，选课人数超过 10

万人次的有 78 门，占比为 15.9%；三是应用效果好，学生受益，促进改革；四是示范作用强，已上线了 3 200 门课程。这必将促进高校进一步研究在线开放课程的评价机制，深化在线开放课程建设。应用型高校应综合上述 4 个依据，从 3 个方面来建立和完善契合自身课程发展的长效评价机制。

1. 课程制作评价

在线开放课程的制作包括本体层面和技术层面两个方面。

从本体层面来讲，一是教学内容精。教师在对整个课程体系和内容充分掌控的基础上，精选能实现教学目标的教学内容；学生在短时的学习过程中注意力高度集中，教师的视频教学内容一般具有精练性、针对性，而不必通过多次重复知识点予以强调。二是教学团队整体水平高。无论是在线教学还是传统教学，教师的教都是决定学习效果的一个重要因素。高水平的教师团队，不仅能使学生学习更为专注，还能产生思想共鸣，激发批判思维。高水平的教师团队还应具有一定的舞台表演能力。三是教学设计有特色。在线开放课程能够利用现代信息技术弥补传统课堂的缺憾，把传统课堂不易生动展示的生产流程、具象模型、高深原理尽显出来，这就需要有特色的教学设计把学生的思维引入整个学习情境中。

从技术层面来讲，课程制作要有较高的平面（动画）设计水平。一是视频的场景布置要与课程属性相协调，不同学科专业的课程属性不同，选择恰当的场景有助于学生愉快地学习。二是嵌入的平面或动画要与知识点相吻合。教师应根据知识点的需要，制作、编辑一定的平面或动画素材，没有一定的设计能力难以奏效。课程制作评价是课程质量的一个非常重要的组成部分，任何在线开放课程的评价标准都不应该忽视这一部分。

2. 课程应用评价

应用评价是课程质量的直接而生动的标准，没有人怀疑应用在课程质量评价中的重要作用。在线开放课程应用评价的依据至少包含 3 个要点：一是选课人数。传统精品课程最大的弊端就是呈静态，应用不广泛，在线开放课程的大规模和开放性，足以弥补这个缺憾。选课学习人数越多，表明课程越受欢迎。二是互动热度。互动是对基本知识点学习的深化，互动频率越高，意味着学习越深入，学生的思维愈活跃，发现问题越多，讨论也愈深刻，知识掌握也牢固。三是学习效果。学习效果最能反映课程应用的质量，当然学习效果包括过程评价和结果评价。互动热度无疑是一种过程评价的表现，各高校都开始重视和关注。作为结果评价的课程考核，仍然是检验学习效果的重要方式，应用在线开放课程进行教学和不用在线开放课程进行教学，用分数最能直接判断学习效果。

3. 课程发展评价

在线开放课程不能也不应永恒不变，既要随着学科知识的发展不断更新，又要根据教学反馈的问题不断完善。在线开放课程的发展评价体现在两个方面：一是视频内容的发展。从教学设计的角度，及时补充、完善教学视频、作业习题、教学素材等资料，能够保持课程的生命力。二是教师团队的发展。在线开放课程的应用与课程教师团队成长相得益彰，应用较好的在线开放课程，不仅能提高教师团队的教学水平，也能提高教师团队的教学管理水平。在线开放课程还是一个科学研究的平台，随着应用的深入，教师对学科课程的研究也会随之发展。因此，课程发展评价也是在线开放课程评价机制的一个重要方面。

第七章

高校课程建设模式研究

第一节　高校课程建设思维模式与方法

　　课程建设一直以来都是高校提高教学质量的着力点，是形成特色办学的基础，同时也是教学改革的突破口，因此不少学校在这方面都给予了较大的投入，也取得了一定的成绩。但由于缺乏完善的理论体系与统一的管理规范，课程建设中存在着思路混乱等问题，如何走出当前困境和思维模式是关键。本章从系统化思维、体制化思维、激励化思维和平台化思维4个方面对课程建设思维模式进行探讨，并基于这些思维模式给出了一个基本的课程建设框架。

　　从广义方面来讲，课程建设是指形成和决定课程质量的各种条件和内涵建设，如教学理论建设、师资队伍建设、环境建设、教学资源建设等。从狭义方面来讲，课程建设是指以某一学科或某一专业的培养目标为核心的课程体系建设以及该体系中的具体课程的建设。课程建设是一所学校教学的本质需求，从功效的角度看，它是稳定和提高教学质量的手段，是学校可持续发展的一个依据。可以说目前所有高校中都有与学科专业建设以及课程建设相应的管理机构和体制，各高校都清楚课程建设的重大意义，大多高校都在课程建设方面进行了相当大的投入。但从达成课程建设追求的最终目标的视角看，成效却并不能令人满意。主要问题其一表现在课程建设工作涉及面广，课程建设过程的各环节之间缺乏成熟的全局过程控制机制，课程建设过程的联动性差，使得课程建设的总体效能得不到充分的展现；其二是课程建设本身往往受到现实各种条件的制约，容易形成课程建设的瓶颈，从而造成课程建设难有大的起色。解决这些问题只能从实际出发，从全局战略的高度给出思想指导，系统分析课程建设中存在的问题，既要从全局的视角进行规划，同时也要解决课程中的主要问题，进而充分挖掘现有和潜在的资源，并合理运用这些资源，开发课程建设的长效机制，使课程建设始终处于螺旋上升的良性发展之中。

　　本节从思维模式入手，提出系统化思维、体制化思维、激励化思维和平台化思维，从认识论角度探析课程建设的逻辑，并在此基础上，给出课程建设的一个基本框架方案。

一、目前高校课程建设中尚存在的问题

（一）课程建设缺乏成熟、统一的模型化方法

课程建设的模型是人们依据研究的特定目的，在一定的假设条件下，再现原型客体的结构、功能、属性、关系、过程等本质特征的物质形式或思维形式。课程建设模型旨在促进教学质量为目的，描述课程建设系统诸要素及其结构关系和过程的一种思维形式。有了这一模型，就能够充分认识课程建设的逻辑，才能真正指导高校课程建设沿着正确的道路前进。遗憾的是，这样的模型研究在高校课程建设中并没有得到应有的重视，尚未探索出具有普遍适用性的高校课程建设指导模型，因此，高校课程建设缺乏应有的整体控制能力，使得课程建设时断时续且在不同学科之间发展极不平衡，采取的措施也具有很大的随意性。虽然各高校在课程建设方面给予了很大的投入，但从高校课程建设的体系化、常规化、成熟度角度看，并没有取得令人满意的成果。

（二）课程建设中主体角色划分不明确

我国高校的课程建设职能机构主要设于教务处与院系。教务处主要负责对课程建设实施规划与管理，负责课程建设总体目标制定与投入预算，组织实施课程建设项目评审、过程跟踪与评价；而院系则主要负责实施具体的课程建设工作，是课程建设的主体，院系针对办学目标定位，将课程建设的任务下达到系及教研室。但部分高校在院系、教研室、课程组、教师中的课程建设分别承担什么样的职能并不十分明确。有些高校系内教研室的设立甚至都不是十分科学，有的学校教研室内甚至根本就不设立课程组，更谈不上分工明确地完成课程建设任务。有些高校课程体系建设没有严格的民主机制和程序机制，课程体系的科学性得不到充分的保障。课程建设的成果更多地体现在教师能在教学上发挥出多大的作用，或个别课程建设项目所取得的成果。课程建设任务得不到科学地组织与分配，学科建设团队常常成为课程建设的承担者与实施者，造成课程建设职责混乱的局面，不能从根本上形成课程建设的制度体系，这便决定了课程建设的随意性以及体制不健全性，从而造成了课程建设常常脱离实际的教学需要，使得课程建设事倍功半。

（三）课程建设的长效支撑环境明显不足

高校课程建设长效支撑环境应包括：有效的激励环境、科学的体制环境和良好的操作环境。

第一，课程建设的激励环境不得力，目前的课程建设激励方式主要是项目资助。多数高校课程建设的实施常常是以项目申报并获审批后进行的，对于审

批通过及完成的项目，给予政策性资金资助与职称评定等待遇上的倾斜。这种项目形式的课程建设鼓励办法的政策性目标落在了点上，而没有落在面上，使得整体的课程建设缺乏应有的激励，造成课程建设发展的不平衡，甚至造成抓小放大，给课程建设带来负面影响。

第二，课程建设主体职责不清，从而无法形成科学的组织与管理体制，造成课程建设工作难以落实。

第三，课程建设缺乏成熟的现代化信息管理与开发平台。没有这一平台，就使得课程建设工作本身失去了高效的可操作环境，课程建设工作举步维艰，课程建设资源也很难积累起来，课程建设工作的运作、管理、维护、跟踪、评价没有一个一体化的高效平台。

二、课程建设存在问题的产生原因

（一）课程建设观念方面

课程建设是一个学校办学特色的基础，是教学质量的重要保证，往往需要大力的投入，且收效不一定能立竿见影，有时收效甚微甚至是失败，因此，有些学校对课程建设并不是十分积极主动，只是把课程建设当作学校办学的一个门面，在面临学校办学质量评估时，做做表面文章。这主要反映了一些高校只注重眼前，而没有从长期、系统、艰巨、战略性的角度去认识和落实课程建设工作。

（二）课程建设规划方面

在实践中课程建设常以个别化的项目形式进行，没有一个全局化的科学思维模式作为指导，部分高校没有充分认识到课程建设在教学改革中的核心地位，对学校课程建设的目标缺乏准确的定位，对课程建设的内涵缺乏正确的认识，对学校课程建设的规划缺乏深入的思考、整体的研究与具体的部署。

（三）课程建设投入方面

一些条件较好的高校中课程建设方面往往有较好的投入，而那些条件一般的学校则相对不足，或投入没有持续性。此外，学校进入市场化以后，其生存面临着多方面的竞争。学校需要在多方面投入，这使得有些高校只注重规模，而对投入产出上不是十分显著的课程建设投入不足，这也制约了课程建设应有的发展。

三、课程建设的新思维

课程建设之所以没有太大的进展，其核心问题是缺乏科学的课程建设思想，没有从课程建设的内在驱动进行深入思考，片面地从概念模型思考问题，没有理顺课程建设的真实路径与应有的相关制度体系，造成课程建设困难重重，进展缓慢，甚至停滞不前。因此，课程建设要有稳步的进展，必须在思想理论方面重塑新思维。

（一）建立课程建设的动力模型思维

课程建设的关键在于找到发生、发展的真实机理。以往的课程建设研究只落于概念层面，而缺乏从系统化的全方位高度去探讨和研究起因及其演进逻辑。这里所说的系统化，是指课程建设是一个系统化过程，有其自身的发展规律，这种规律体现在其复杂性、动力性、非线性等特征。关键是其动力来自哪里、其运行如何驱动、其系统要素包括哪些、如何构造。

课程建设系统的发动机是教学需求与教学供给之间的矛盾。课程建设信息平台是其运行的驱动传动装置。教师、学生与各类管理人员是这一平台上的终端，这些终端由来自教学系统内部的驱动和外在的激励而工作。在这一系统运行过程中，信息化平台集成智能教学过程管理模型将教学需求与供给之间的矛盾根据教学的基本原理转化成课程建设上可操作的具体任务与要求，这形成了课程建设的内在驱动，从而指导教学基层的实际工作。在这一过程中，教学需求与供给矛盾是课程建设的动力，这种动力通过智能化的教学平台转化为课程建设全局方案，被确认的课程建设方案依据教学理论将其演化为课程建设上的具体任务与要求；这一课程建设的实施具有全局性、系统性和可操作性。整个教学机体的各终端执行单元在内部驱动与外部激励机制的作用下整体联动，最终达到矛盾化解的目标。该动力模型反映了课程建设的自底向上的驱动方式，而不是以往的课程建设主观化色彩深厚的自顶向下的驱动方式。课程建设本身自然成为教学过程中的一部分，实现了课程建设的自觉性与联动性，能更好地为教学过程服务。

（二）确立课程建设的体制化思维

体制是一个系统存在的方式，是系统运作的前提。因此，课程建设体制若不健全，就难以实现课程建设工作的顺利进行。课程建设的体制应是明确而相对稳定的，它围绕课程构建，而不是围绕组织架构构建。

课程建设源于学校的办学定位与院系的办学特色。由学校的教学单位负责组织实施，通常由院或系承担。系是专业建设与教学的基本单位，专业课程体系由系负责制定并组织实施，具体的课程建设则由课程组负责，课程组研究具体课程的教学理论与开发相应教学资源，系与课程组成为课程建设的主体。学校课程管理机构则根据学校的现有资源合理规划学校整体课程建设蓝图，并对课程建设实施必需的管理与指导。只有这种课程建设体制确立并长期稳定发挥有效作用，才能保证课程建设可持续、稳步有效地进行下去。

（三）改革课程建设的激励化思维

目前，课程建设的激励化措施主要是把课程建设转化为课程建设项目，对能获批的课程建设项目给予资金的资助，以及团队成员在评聘高级职称时的政策倾斜。这种机制的问题在于，对未获批课程建设项目的课程缺乏应有的激励，长期下来会使得课程建设极不平衡且缺乏持久性。因此，将面向点的激励转向面向面的激励，即将项目方式的激励转变为课程建设业绩考核方式的激励更具有操作性与持久性。针对课程建设业绩考核，应引入新的课程建设评估体系与标准，这样才能将激励落到实处，并具有长效机制。

（四）创设课程建设的平台化思维

课程建设是一个长期的教学理论与教学资源积累与建设的过程。在这一过程中，需要创建大量的教学理论与资源文档，对它们进行编辑、存储、查询、交流、展示等各种操作，没有一个课程建设支持平台，这些工作将举步维艰。基于信息化课程建设平台可引入智能化的教学决策机制，能为课程建设提供更好、更快的合理化建议与服务。此外，通过构建完善的教学资源开发平台，可以为教学资源的快速开发与积累创造更便利的条件，尤其是教学设计平台的实施，必能为教学理论在教学中得到普遍而高效应用创造广阔的前景。这些平台的建设本身就是课程建设体系的一部分，因此各高校应创设课程建设的平台化思维，以便创造更好的课程建设可操作环境。

四、系统化课程建设框架

（一）课程建设出发点——系统化、持久化

课程建设常常是处于各种约束条件之下的，其成效也是多因素共同作用的结果，课程建设不做通盘系统化的考虑是很难达成预期目的的。此外，课程建设也是在教学规律不断挖掘的过程中实现的，这就要求课程建设是一个持久推进的过程。

课程建设的系统化需实现课程建设模型化，只有模型化才能从全局的视角挖掘其本质要素及其关系，从而实现课程建设控制的精细化和有效性。因此，课程建设的模型化是课程建设的首要任务，要通过现代教育教学理论和信息化手段构建模型，进而指导课程建设的有效进行。课程建设的持久化需要课程建设的长效机制，这一机制应是面向所有学科专业课程的，而不仅仅是某个单项课程建设项目，这是实现全面课程建设的根本保证。这一机制需要将课程建设模型转化为现实可操作形式，如课程建设的业绩考核机制等。

（二）课程建设实施——理论创新与工程化并举

课程建设在模型化、机制化的基础上实施课程建设任务。这些任务包括教学理论创新、教学内容更新、教学手段革新、教学人才培养、教学资源积累等方面。除教学理论创新外，其他方面均可利用工程化方法实施，以保证课程建设工作的可控与高效。教育教学理论的创新是在已有教学理论应用于教学实践

过程中的反思与新方法探索的经验总结基础上形成的，这些创新理论能更好地适应现实教学的需要，同时也丰富了教育教学内涵。

工程是指人们为了满足某种社会需要，综合利用科学理论（包括自然科学、人文科学、社会科学理论等）和各种技术手段，自觉地改造客观世界，建构一定的人工世界的活动及其实践成果。工程有几个特征：①工程有原理。任何一个工程的实施都有其自然科学原理的根据，是一定的科学理论的体现；②工程有特定目标，注重过程、注重效益；③工程通过建造实现。任何工程都是采用特定工序、工艺、工期来完成的；④工程要与环境协调一致。工程的实施要与当前的环境相衔接或相融，不应产生副作用；⑤工程是在一定边界条件下集成和优化的。课程建设大部分任务的完成显然是具备上述特征，如：课程内容更新是基于学科理论与技术的发展而发生的，并以符合教育教学理论的方式进行更新；课程内容更新的目的就是为提高教学质量、满足教学目标为目的；教学内容更新有其过程并注重效率；课程内容更新显然也是通过建造完成的；教学内容更新不应对培养目标产生任何负面影响；教学内容更新都是在特定的约束条件下去寻求优化进行的。因此，部分课程建设任务工程化是完全可行的，课程建设工程化能带来风险管控、过程可控、标准作业、质量可控、规范管理等集约化的好处，为保证课程建设任务目标的实现提供科学的方法论。

教育技术在打造精品课方面发挥了强大的作用，为课程建设工程化开辟了道路。精品课工程是在先进教育、教学理论指导下，借助现代信息化技术手段所打造的课程建设实践。它涉及合理确定课程组与负责人，加强高水平师资建设，切实做好课程建设规划；运用先进教育教学理念，深化教学内容改革；认真建设课程网站，构建网络教学和优质资源共享平台；充分挖掘课程特色及优势，形成课程建设综合保障体系。它是我国高等教育宏观课程、教学决策、管理、服务体系改革和数字化、网络化改造的重大举措，不仅推动着我国高校信息时代课程与教学新模式的创建，而且将推动高校教学管理体制与机制的创新发展，导致高校教学科研与教学行政管理、公共服务体系之数字化改造。它是按工程化的方法打造的教育优质产品，经受得起质量标准检验可推广的教学实践。精品课工程已成为高校实现课程建设的主要形式。

第二节　高校微课程教学团队建设模式

本节通过微课程与微课的区别与联系，阐述建设微课程教学团队的必要性和团队合作的优势，具体分析研究建设微课程团队的方案措施，从建设团队中可能出现的障碍入手，阐明微课程教学团队建设的管理方法。

随着时代的发展，传统的教育理念、教学模式都在不断的变化。为了顺应教学模式改革的需求、顺应教学理念转变的需求、满足学生快餐式的学习要求，微课程建设刻不容缓。微课程资源建设包含课程总策划、教学方式的具体设计、内容裁剪、课程主讲、课后辅导、答疑等，每个环节都需要分工协作好，这些工作只有微课程教学团队才能够完成。因此建设微课程教学团队是教育发展的必然趋势，是保证学科持续、健康、稳定发展的根本大计，也是学校改革创新并取得成功的主要动力。

一、微课程与微课

微课程与微课既有联系，又有区别。微课是指以视频为主要载体的既简短又完整的教学活动。微课程属于课程系列，它是运用构建主义的方法，把线上和线下学习相结合的实际教学内容，所以不是微型教学而开发的微内容。它包括课程设计、课程开发、课程实施、课程评价等范畴。微课程中包含着微课，两者紧密相关。微课程建设显然是团队项目，只有团队合作才能较好地完成这项工作。

二、团队合作的优势

为团队成员提供互相学习的平台：建设基于网络教学环境下的教师团队，即构建基于共享、共建、共进的专业发展的教师学习共同体，有利于教师个人的职业发展。

可以提高教师队伍的竞争力：小溪只能泛起美丽的浪花，海纳百川才能激起惊涛骇浪。只有团结合作才能成就共同的目标，从而实现和满足每个成员各自的需求。

能够有效提高教学质量：通过团队成员的协作，教师之间及时沟通、交流，使业务水平和教学技巧不断提高。

三、建设微课程教学团队的具体方案

(一) 确立团队清晰明确的目标和愿景

共同的目标是团队存在的核心。由于团队成员的教育背景、社会阅历、需求等不同，存在着不同的价值观和不同的教学理念。建设团队首先必须要确定团队共同的目标，只有有一个共同的目标和愿景，团队成员才能凝聚在一起，知道"我们要完成什么""我应该做什么"。当然，目标要切合实际，否则会打击团队成员的积极性。

(二) 营造"以人为本"的工作氛围

尊重团队中每个成员的见解和成绩，因人而异分配任务，并及时给予鼓励和肯定，使每个成员都能够充分发挥自己的特长，感受到团队的温暖，有主人公的感觉。例如，根据每位教师的优势和知识点的特点具体分工，使得每个团队成员各尽所能、人尽其才，尽情展现自己的才华。

（三）创造良好的沟通环境

一个知识点用什么方式表述，用哪种设备效果更好，用多长时间表述，都要进行讨论。所以团队成员相互尊重、及时沟通信息是顺利完成团队目标的基础。有效的沟通能化解队员之间的意见分歧，可以增强团队凝聚力。如果不进行充分的沟通，难以达成队员之间的默契、共识，团队成员无法有效合作。只有频繁地沟通和交流，才能更顺利地实现目标。

（四）树立全局观念

团队成员不能计较个人的利益和局部利益，要把团队目标作为最高追求，团结一心，共存共荣。把个人的目标融入团队的总体目标之中，最终达到团队的最佳整体效益。没有团队的合作，仅凭一个人的力量无法做好微课程，只有通过集体的力量，充分发挥团队成员的才华，取长补短，才能把制作微课程这项工作做得更出色。

（五）注重团队成员的培训

要有效地提高团队成员的素质，提高团队整体的竞争力。随着信息技术引入大学数学课堂，教师本身需要对新技术进行消化和理解，在团队中应该营造积极的培训氛围，使团队成员乐于参加培训。鼓励教师勇于把先进的科学技术与传统的教学方法紧密融合，不断地更新教学理念和教学方法。

四、微课程教学团队建设中的障碍

微课程教学团队建设中的障碍主要有：出现"搭顺风车"的现象，缺乏成员之间的互补性，缺少解决关键技能的方法，没有建立有效的绩效评估体系与奖励机制，面临微课程利用率低的问题。

五、微课程教学团队建设的管理

为了避免出现上述的障碍，在微课程教学团队建设过程中要进行以下管理措施。

团队负责人首先要不断提高整体素质。"得人心者得天下"，要用精湛的业务服人，要用人格魅力取信人。

树立团队精神，消除不劳而获的想法，增进队员的自信心和责任心。

要建立公平、公正的绩效评估体系和激励机制。根据团队队员的贡献力进行绩效评估。消除团队成员之间的消极情绪和沮丧心态，努力调动积极性、主动性和创造性。

在微课程建设中，为了满足教师与学生的需求，反复修改、不断完善是必不可少的。另外，增强交互功能，使学生在互动的教学环境中消化知识，消除人机学习的孤独感。微课程建设必须要突出特色。只有鲜明特色的微课，才能够吸引授课者的"眼球"，促使其睹完为快。有特色的微课才有生命力，才能满足学生快餐式的学习需求。

微课程建设目前还处于初步探索阶段，建设微课程教学团队是一个漫长的过程，如何建设具有竞争力的微课程教学团队，发挥互联网的特长，突破学生学习时间和空间的局限性，有利于优化课程资源，鼓励学生自主学习和合作学习，同时把线上的教育和线下的教育有机结合，改善教学内容和教学手段，有效利用课堂时间，提高人才培养质量，是所有教师要不断探讨的课题。

第三节　基于 SPOC 教学模式的高校课程建设

小规模、限制性在线课程（small private online course，SPOC）教学模式因具有小规模、特定人群和在线开放等特点，越来越凸显其优势，被认为是在线教育的"后慕课时代"，逐渐在大学校园落地生根。本节将 SPOC 模式在大型开放式网络课程（MOOC）模式中存在的问题进行补充和延伸分析，通过对 SPOC 教学模式的设计进行实践探索，为高校深入、广泛地建设 SPOC 课程体系提供一定借鉴作用，从而促进高校课程改革的步伐和提升教学质量。

一、SPOC 的特点分析

继全球掀起慕课潮流之后，哈佛大学等顶尖学府又在尝试 SPOC。作为"后慕课时代"的新起之秀，SPOC 对 MOOC 的短板进行弥补的同时，也延伸出新优势特征，逐渐在大学校园落地生根。

（一）课程完成率更高

通过限定课程的准入条件和学生规模，SPOC 教学模式能够为这些经过特别挑选的学生提供私人定制的课程，提供具有区别性、专业化的支持，从而约束学生认真准备，激发其参与度，强化学生的学习责任。与 MOOC 的非学历教育结业成果不同，SPOC 教学模式的学习成果鉴定直接与学校挂钩，从而避免 MOOC 中高辍课率的情况，让证书的含金量更高，提高学生对课程的独立性和完整性体验。

（二）教学互动性更强

由于小规模教学中学生人数较少，更好地让教师完全介入学生的学习过程，包括由教师自己或助教完成作业的批改、与学生之间的充分交流答疑和讨论，甚至面对面的头脑风暴。在 SPOC 教学平台中，除视频学习、在线测试、课程讨论、资源共享之外，还开展多维的知识拓展、在线答疑、线下交流，学习过程中产生的问题在线下学习社区中作为下一节课的课题来引导学生参加在线交流和在线探究活动，获得解决方案，体现了翻转课堂的特点，互动效率更高。

（三）教师主动性更强

SPOC 教学模式与教师的关系更为密切，使教师成为真正的课堂掌控者和个性化教学辅导者。教师可以通过创新课堂教学模式，让在线学习超出复制教室课程的阶段，产生更为有效的学习效果，激发教师的教学灵活性，为教师提供一种广受青睐、贴身的定制式的教学模式。

（四）学科适应性更广

MOOC 的受众过于宽泛，学生来源不定，在课程建设和学习课程的过程中不能对所有学科、所有课程做到面面俱到。例如 MOOC 不适合展示操作实验性强的学科、强调人与人互动的科目、"非碎片化"的课程。SPOC 教学模式在线与传统课堂的混合性的特点，使其课程类型适应性更广。

二、SPOC 课堂教学模型设计

SPOC 教学模式作为建立在 MOOC 基础之上针对大学围墙内的教育，是要配合学习者的多元学习认知特征，建立符合开放式大学的教学设计模式、教学资源建设、线上线下教学活动、互动交流平台、结业成果评价体系以及同步教学测评等，将 MOOC 资源运用到小规模群体中，使优质教学资源得以共享。利用校级精品课程《平面设计与图像处理》的建设成果进行 SPOC 教学模型的设计与实践，该课程已建设了较完备的课程网站，拥有较丰富的网络课程资源，课程内容具有专业交叉性和开放性，适合进行 SPOC 教学模式的设计实践。

（一）参课权的管理

针对慕课目前出现的高辍学率现象，SPOC 教学模式对于学习者设置限制性准入条件。可根据学生针对课程的前期了解和准备、学校综合表现排名等因素进行筛选，达到要求的申请者才能进入课程学习。参课权的限制性条件是将对课程确实有兴趣且有潜力的学习者发掘出来，通过课程学习确定人才培养目标和方向，同时也在一定程度上对学习者的学习纪律进行约束。先决知识的储备使学习者能够根据要求提前进行知识的预习准备。例如，《平面设计与图像处理》课程的先决知识储备内容包括：艺术造型及色彩基础、Photoshop 或MATLAB 软件基础；参课权的认定形式包括：提供相关先修课程成绩或者在线自学结业成果以及相关作品、论文等。先修课程成绩可在系统内设定量化判定标准，而创作类作品则由教师负责审核是否符合条件。具体流程为：设置学习者首次进入 SPOC 在线课程注册，可用学号作为用户名进行注册，注册成功后跳转到个人界面，进行实名认证，注册完毕才能登录，通过电脑登录 SPOC 在线课程网页后，进行每门课程的学习之前会有事先设定好的准入条件、课程信息和学生人数，只有完成课程准入条件方可进入学习。

（二）教学资源的建设

SPOC 教学资源主要采用视频讲座的形式，将课程内容围绕某一主题设计制作成 15 分钟以内的系列视频。SPOC 视频课程的精练性使其设计有别于传统课程教案，但传统教学的主要环节，即导入、讲解、实践及反馈不可缺少。《平面设计与图像处理》课程构建视频教学单元活动的路径主要有两种：第一种为知识讲座模式。适用于需重点讲解知识体系的模块，确保知识理论的时效性，主要以教师讲授配合 PPT 课件以及动画为主。第二种为技能训练模式。适用于实践性强，需大量训练的模块，该模块的形式多样，包括：工程录像、录屏操作、过程展示等，为学习者在理论知识后提供大量课程相关的输入及输出的场景训练。

此外，在线课程还需提供丰富的学习资源可供下载和分享，包括工程录像、课件、参考教材、补充材料、作业、测试、在线实验、作品展示、模拟仿真、虚拟课堂等资源，不仅能够更充分地表现教学内容，同时可供其他师生学习和借鉴拓展资源共享。

（三）教学环节的实施

从 SPOC 课程线上学习实施途径上看，既包括在线同步的师生互动，也包括在线不同步的自主学习。

1. 在线学习与管理

《平面设计与图像处理》课程的在线学习为教、学、做、赏一体递进式技能训练链，第一步，教师演示操作步骤，学生模仿。第二步，教师提示重点步骤。第三步，师生思考交流制作步骤。第四步，教师命题，学生独立完成。第五步，学生自主创作。在各个环节中均可以通过 SPOC 在线学习交流平台进行教学互动。

2. 线下学习与管理

《平面设计与图像处理》课程线下学习的学生层面主要包括网络资源自主学习、作业的完成与提交。学习者利用网络资源依据自身学习进度进行自主学习，以便参与在线小组讨论及实体课堂讨论。教师层面是在完成学生作业批改的过程中，及时了解学生的思想和疑惑，线下交流学习过程中产生的问题在线下学习社区中作为下一节课的课题来引导学生参加在线交流讨论和解答。

（四）考核标准的认定

SPOC 课程中，参加课程的学生需达到规定的预备知识储备与规范学习强度，有学期的概念，积极参与线上、线下学习活动，完成规定的任务和测试，成绩合格者获取该课程学习证书，等同于相应学分认证，甚至与校外签约院校进行学分互认。考核标准包括 SPOC 平台的作业、单元测试以及在讨论组中的表现，也包括在面对面教学中的课堂作业以及课堂表现。未被选取者则可以自由参与课程学习，自主掌控学习进度与线上讨论等，但不被授予课程证书及学分。将课程学习与学分挂钩，能有效提高在校生的课程结业率。需要注意的是，进行学分认证的同时要建立相配套的信用保证、学历认同、课程标准、评估机制等管理体系。

SPOC 模式的创新之处在于在线和传统教学混合模式，创造出更为灵活、有效的学习方式，能调动学生的学习主动性和自觉性，虽然从理论上说 SPOC 可有效解决目前开放式 MOOC 教学方法中的部分问题，但该模式的开展还需要做大量的准备工作来加快改革步伐。SPOC 在高校教学中的广泛应用，希望能有更多教师作为实践者来切实参与；该模式的理论研究还需要在实践中不断进行检验和优化，逐步增加新方法、新思路。

第四节　高校口语表达类课程建设和教学模式

口语表达类课程是人文素质课程的重要组成部分，口语表达能力的高低，直接影响着高校毕业生的综合素质和未来的职业选择。本节分析口语表达对人全面发展的重要性，分析高校需要开展口语表达类课程的意义以及课程建设过程当中会面临的问题，结合高校教学实际，探究可操作性的 3 个教学模式。

当今时代，高等教育的质量和水平飞速发展，不同层次、不同门类的院校都在纷纷寻求转型升级追求质量发展。学科门类越来越全，教学设备越来越先进，师资力量越来越强大等这些都是高等教育喜人的成就。随着社会的发展，复合型人才越来越成为社会的主流需求，要让高校学生在学校学习到扎实基本功的同时，也具有综合性的能力，毕业后能够在激烈的社会竞争中立于不败之地，口语表达能力是最基本的能力，不管什么专业的学生、什么层次的院校，都应该重视口语表达能力的教学。

一、口语表达类课程的意义和重要性

一个人的举止言谈是给他人的一张名片。如何准确地表达自己的观点态度、如何热情谦逊地与人沟通、如何自信地推销自己等都需要好的个人表达能力。职场面试、产品推介、方案阐述等是毕业生从学校走向社会时都要经历的。

每个人每天的生活都在和不同的人在不同的场景中交流度过。而教育体系的"应试"教育当中，往往忽视了对每个人都具有重要意义的表达能力的培养，学生很少有机会张嘴表达自己的态度观点。这种口语表达能力被长久地忽视，在大学中，面对着大量需要语言交流的场合时，很多学生会感到不知所措，在学生社团的竞选、课堂上的分享、文娱活动需要规范化口语表达时，他们往往呈现出紧张、说话没有逻辑，不能清晰地表达自己的观点，如此反复，对学生的自信心也是极大的打击，形成越来越害怕这种场合、产生逃避等消极的心理。

那么，高校对于学生的综合性能力的培养方面，必须要重视对于学生口语表达能力的培养和锻炼，也就是必须强化口语表达类课程的建设。

二、口语表达类课程建设需要注意的问题

(一) 系列课程建设，不走形式

语言在人与人的交际中产生，又在不同的交际场合衍生出多种形式的交流形式，因此，口语表达具有形式多样、内容复杂的特性。在大学教育中要想真正提升学生的表达能力，必须持之以恒，把握规律，切勿急于求成。口语表达能力不是一朝一夕就能一蹴而就的，是一个长期系统训练积累的过程，包括基本的普通话、语言表达的逻辑思路、语言表达的心理素质、不同场合的语言表达等都需要循序渐进，有计划、分步骤在系列课程当中进行。在进行课程建设时可以将口语表达类课程分成不同的小的板块，例如普通话语音基础、诵读、演讲、辩论、新闻评述等作为公共选修课，贯穿在整个大学的学习当中。

(二) 互动教学，不走过场

口语表达类课程不同于其他类型的课程，必须要把大量的时间留给学生进行训练，光靠老师讲解和理论化的课件书本是没有作用的。因此，在进行设置时，必须要注意班级人数的合理化控制，教育班人数多了，学生没有练习的机会，人数过少，又不能锻炼学生在公众场合表达的心态和能力。因此，必须把人数控制在合理区间，条件允许的话可能实行"大课＋小课"形式进行教学。

在大学以前的教育方式中，学生已经习惯了"灌输式"的教学方法，习惯了"老师上面讲我坐着听"的教学形式，所以想要让口语表达课真正使学生受益，必须要调动起学生的参与感，使学生能够愿意加入课程的互动中，才能达到训练目的。

(三) 走出教室，立足实际

走出教室，让口语表达课变得既有活力又实用。利用校园中各种实践机会（例如各种晚会的主持、演讲比赛等），让学生们能够独立去思考、去实践，能够在不断的实践中去提高。在课程考核当中，也可以将考核的形式变得丰富多样（例如参加演讲比赛获奖可以直接对应相应课程成绩）。将课堂打造成开放性的课程，告别学生最为痛恨的点名考勤，将一些具体的任务下发给学生，让

其在规定时间内完成，最后进行成果的展示分享。告别了沉闷无聊的教室，走入实际的表达环境，会使教学的课程形式多样，内容生动，学生们会更加喜爱。

三、口语表达类课程教学模式探究

（一）经典诵读，让课程书香四溢

孔子说："言之无文，行而不远"，在建设文化强国的今天，更应该通过大学教育让这种文化自信深深植根于当代每个大学生的心中。让国学经典与表达课程结合，在诵读中感悟经典，在经典中感悟人生。可以开展例如中央电视台《朗读者》节目形式的诵读分享会，让同学们推荐自己所喜爱的篇目，并且通过诵读将其分享给其他同学。中国传媒大学鲁景超教授说："朗读的过程，是向作品的思想深处层层开掘、不断追问、积极思考、理性之光升华的过程；朗读的过程，是与另一颗心灵对话，不断感受、想象、感悟，感情之火燃烧的过程。通过声情并茂的表达，把握作者的思想脉络，体味文字背后的丰富精妙，获得思辨的力量、审美的愉悦。通过对书本语体的研究，为口语注入规范、高雅的文学元素，提升语言表达的内涵和品质。通过大量阅读和深情诵读不仅能够提高自己的文学修养，也能积累大量的文学素材，在口语表达当中又能让自己的表达言之有物、立意深刻、充满文学气息。

（二）情景模拟，让课堂立足实际

可以在口语表达类课程当中模拟各种不同的口语环境，让学生们真正意识到语言表达的重要性。在这些不同的情景模拟中，学生不仅能够使口语表达能力得到锻炼，也能对今后可能会面对的场景有所熟知。很多大学生在大学期间必考证书就包括教师资格证和普通话证书，所以可以模拟教师资格证考试面试环节、普通话测试中即兴说话等。很多同学在毕业后就面临着就业工作，学校可以邀请校招企业的面试官走进课堂，与同学们零距离接触，来一次面试模拟演练。通过这些形式丰富的情景模拟，学生的口语表达不仅精彩，而且实用，一定能够受益匪浅。

（三）比赛竞争，让课堂充满挑战

可以在课堂加入一些比赛元素，比如开展诵读比赛、演讲比赛、辩论比赛等。通过分组的形式将学生划分为不同小组，以小组形式参加课堂比赛。通过比赛的形式激励学生课后准备，保证课后的学习。在不断的实战演练当中，也能激发学生的合作意识、思维逻辑快速运转能力。并且在实战比赛中，学生也能发现自身存在的问题和不足，能够更有针对性地进行后期训练和提高。也可利用学校和校外的资源，由任课老师带队参加各种形式的演讲比赛、辩论比赛等。在一次又一次的训练中，提升的不仅仅是语言表达能力还有当众发言的自信的心态。

综上所述，高校口语表达类课程作为人文素质类课程的重要组成部分，既包含表达的艺术性又具有语言的文学性，通过该课程，让学生的表达能力得到真正的锻炼和提升，是应该思考的问题。只有在不断探索和实践中，语言表达类课程建设才能越来越充实，才能越来越让学生受益和喜欢。

第八章

高校课程建设改革具体实践研究

第一节　高校健美课程建设与教学改革

高校健美课程的建设和发展从 20 世纪 80 年代中期开始，至今已经历了 30 多年的发展历程。当前，健美课程在各高校中已经得到了广泛开设并得到了广大高校师生的追捧和喜爱。探讨高校健美课程建设的发展概况以及适应新形势下高校师生对健美课程的多元化需要，是促进健美课程在高校深入发展，完善高校体育课程群建设的现实选择。

健美运动深入发展，健身人群大量增长，健美需求多元化发展是当前健美运动蓬勃发展的内在原因，也是健美课程在高校得以生存并快速发展的外在需求。当前，健美课程已经成为高校必修的体育科目，在提高大学生体质，促进高校综合育人水平提高方面发挥了重要作用。

一、高校健美课程的建设和发展历程

健美课程在高校中的扎根要追溯到 20 世纪 80 年代末期，1988 年 9 月，国家高等教育委员会将"健美运动"列入全国高等院校学生必需的体育科目，这成为高校健美课程发展的里程碑。此后，健美课程在我国高校中开始生根发芽并得到了快速发展，从最初的单一型的课程范式逐渐走向多元化，经历了一个诞生、初步发展和新时期的稳步发展等阶段。

（一）1985—1995 年的诞生阶段

1985 年开始，健美课程逐渐开始出现在各高校的体育科目中，但由于这一时期健美运动在我国尚处于遭禁止后的初步复苏阶段，民众对于健美运动知之甚少，高校学生对于健美课程有所了解的也是凤毛麟角。直到 1990 年左右，健美课程才开始被一些高校男生所了解和认可，高校中已经有不少男生开始参与健美课程。与此同时，这一时期高校也开始零星地组织一些健美活动和竞赛，吸引了大量学生来观看，健美运动和健美理念开始在高校中得到了较为广

泛的传播，为日后健美课程在高校的"繁荣壮大"奠定了基础。

（二）1995—2005 年

1995 年后，随着我国健美协会的成立以及第 48 届世界业余健美锦标赛在我国上海的成功举办，健美运动在我国得到了快速传播，也极大地影响了高校师生对于健美课程的兴趣和热情。这一时期高校男生参加健美课程已经十分普遍，并吸引了少量的女生也加入该课程中来。各种健美活动在高校纷纷举办，甚至有不少高校组织学生参加省级至国家级别的健美比赛，这一时期健美课程受到了在校学了的热烈追捧。

（三）2005 年至今

2005 年以来，高校健美课程已经成为高校体育科目中的"香饽饽"，受到了广大在校师生的热烈欢迎。在学生中，女大学生参与人数得到了快速增长，特别是在一些文科类高校中，女生参加健美课程的数量甚至已经超过了男生；在健美赛事上，高校中各种健美活动和竞赛可谓层出不穷，各种级别、形式的健美活动得到了举办，健美活动形式也由单一走向多样化，如男子健体、女子健体、古典健美等，成为高校体育科目的重要组成部分。

二、高校健美课程的教学改革分析

为适应新形势下高校健美课程建设和发展的需要，高校应因地制宜对健美课程进行适时的教学改革，不断增强健美课程实施质量，提高大学生综合体质水平。

（一）利用现代传媒，激发学生自我健美锻炼意识和能力

没有自我教育的教育不是真正的教育。新形势下的高校健美课程需要适应高校体育教学的整体改革步伐，从"以教为主"向"以学为主"转变，这就需要健美教师不断探索新的健美教学模式和教学方法。推进健美课程从以课堂教学和练习为主向课内外相结合的教学模式进行转变，有效拓展学生进行健美锻炼和学习的渠道，实现课内外锻炼的有效结合。教师应引导学生主动利用各种现代化传媒来积极进行自我健美锻炼，培养良好的自我健美锻炼意识和能力，切实提高高校健美课程的教学质量。

（二）完善高校健美教学评价体系

科学完善的健美教学评价体系可以有效倒逼教学改革顺利进行。当前，教师需逐步对高校健美现有教学评价体系进行修正和完善，改变单纯以课程成绩为指标的评价模式，推进以成绩评定为主向结果与过程相结合发展，积极构建过程评价与结果评价相结合的评价体系，在对学生的健美课程进行评估时引入形成性评价机制，推进综合评价；教师应更加关注学生的日常表现如健美意识的提高、健美能力的发展等方面，对积极参与课外健美活动和竞赛的学生给予

适当加分，从而引导学生养成良好的健美锻炼习惯，提高体质水平。

（三）积极帮扶各种大学生健美组织

大学生健美组织在传播健美理念、培养大学生自我健美锻炼意识和能力以及丰富大学生体育生活等方面意义显著，因此在对高校健美课程进行完善的过程中，不忽视各种大学生健美组织在促进大学生健美意识和能力发展中的重要角色。针对当前高校中各种健美组织发展的盲目及无序状态，高校及教师应积极通过各种措施如场地审批、经费支持等方式帮扶校内大学生健美组织的发展，强化和激励大学生健美组织的自我管理水平，从而有效促进高校健美运动的发展。

总之，作为当前高校体育科目的重要组成部分，健美课程在高校体育学科建设、提高大学生整体健康水平等方面发挥着重要作用，高校应切实意识到这一点，积极通过有效措施促进健美课程发展和教学改革，努力实现健美课程在高校的新发展。

第二节　高校计算机课程建设与教学改革

21 世纪，信息时代已经到来，信息技术的获取、整合与利用是决定着一个国家、组织、个体能否实现可持续发展，并获取竞争优势的关键。高校是信息技术推广传播、研究、开发、应用的重要阵地，我国高校通过计算机课程教学推广传播信息技术，培养掌握信息技术的高素质应用型专门人才，对于加快我国信息化建设、加快我国信息产业发展、推进信息革命、推动我国产业升级改造发挥着极其重要的作用。如何通过计算机课程教学改革，加快计算机课程建设，提升计算机课程教学水平，更好地服务经济社会发展，已然成为社会关注的热点问题。

一、高校计算机课程建设现状

高校计算机课程教学是高校人才培养工作的有机组成部分，经过多年的发展与建设，我国高校计算机课程建设取得的成绩有目共睹。为适应信息时代发展与建设的需要，我国高校把信息技术基础课程作为通识教育必修课，面向非计算机专业学生开设，有效地提升了专业学生的信息技术水平和相关技能。大多数的高校开设了计算机相关专业，组织实施专业教学，培养了大量的信息技术领域的高素质专门人才。很多高校还开设了动画制作、图像处理、数据库等通识教育选修课程，极大地满足了不同专业学生对于信息技术的个性化需求，调动了学生学习计算机课程的积极性、培养了学生对于信息技术的兴趣，很好地落实了"因材施教、促进学生全面发展"的教育理念与方针。

新形势下，高校仍应清醒地看到：我国高校计算机课程教学起步较晚，与国际先进水平还有很大差距，这样的差距势必会影响高校培养适应经济社会发展需要的高素质创新型人才的水平与规格，成为制约我国适应信息时代发展的人才培养的短板。

本节在以高校计算机课程建设为出发点和落脚点，以高校计算机课程改革为突破口，以改革促建设，探索全面推进高校计算机课程建设，确保高校计算机课程教育教学质量，更好地服务于高校人才培养工作全局。

二、高校计算机建设与课程改革的主要措施

（一）转变教育教学观

课程教学改革首要解决的问题就是课程教学观念的问题，观念的问题看上去很空泛、很抽象。然而，观念的转变对于计算机课程教学改革的成败却是决定性的。高校计算机课程教学应在理顺教师与学生"教""学"中的关系和地位的基础上，树立新型课程教学观。传统的教师与学生"教""学"中的关系和地位强调的是教师在组织实施课程教学中的主体地位，强调灌输式的理论讲授与知识的简单的短期机械复制记忆。这样的关系与地位，制约了教师与学生两个方面"教"与"学"的积极性，教师组织教学活动简单一贯，学生学习的兴趣与主动性被打压，课堂教学气氛死气沉沉；尤其是计算机课程作为理论与实践并重的课程，如若扭转这一局面，建立良性的"教"与"学"的互动关系，就要在计算机课程教学中构建以学生为主体、以教师为主导的新型良性互动关系。在此基础上，树立以学生为根本，充分调动学生的积极性，引导学生学会学习、主动学习、自主学习的新型计算机课程教育教学观。

（二）优化教学内容

高校在设计、调整计算机课程教学内容时，既不能关门办学与闭门造车，也不能一味盲目地学习借鉴；既不能完全地依托教材，也不能完全地脱离教材；既不能一味地强调实践教学，也不能完全地忽视理论讲授。一方面，高校计算机课程教学内容应紧紧围绕专业人才培养方案与目标就业岗位对于人才的需求。高校应依托校企合作这一办学与育人平台，组建专业建设指导委员会与学科建设指导委员会，与用人单位实时对接，根据信息技术的更新换代实时调整优化课程教学内容。另一方面，基于高校计算机课程教学突出强调理论与实践并重的特点，高校计算机教学内容的调整与优化，应该突出实践教学内容与实践教学体系建设。

（三）探索新型教学方法

高校计算机课程教学实践已经证明，传统的灌输式的教学方法已经越来越不适应新形势下人才培养对于课程教学的新要求。结合高校计算机课程强调理

论与实践并重这一课程教学特点，高校应通过探索运用任务教学法、项目教学法等切实有效的新型教学法，充分调动专业学生学习计算机课程的积极性。优化高校计算机课程教学情境创设，引入情景模拟教学法，使课程教学内容更贴近于目标就业岗位实际；通过课程教学，切实提升学生解决实际工作的问题能力；充分开发整合高校计算机课程教学资源，拓展高校计算机课程教学的空间，提高高校计算机课程教学资源使用效率，为学生营造自主学习、自主探究的学习环境。通过运用这些教学方法，组织实施高校计算机课程教学，切实实现"学中做""做中学"。

（四）强化过程性考核

提高高校计算机课程教学水平与质量，仅通过上述内容的调整与改革显然是不够的。高校计算机课程教学应打破传统思维定势，强化课程过程性考核，提高课程性考核占学生课程考核成绩比例权重，将包括作业、科研小论文、小创作发明、出勤、课堂表现统一纳入平时成绩，作为课程过程性考核的重要组成部分，确定清晰的过程性考核的指标及标准体系。考核不是学生学习的目的，也不是教师教学的目的，考核是检验课程教育教学效果、及时发现课程教育教学中存在的问题的重要依据。知识与技能的获取，更多的是在学习过程中得以体现与实现，通过过程性考核进一步调整优化课程教学，持续提高改进课程教学实施效果，确保学生能够在积极主动的学习过程中学到知识技能。

（五）加强师资队伍建设

高校计算机课程改革能否取得预期成效，教师是重要保障，高校应大力加强计算机课程教师队伍建设，通过人才引进上的政策支持，吸引社会优秀人才进入计算机课程教学队伍，优化补强现有师资队伍的年龄、学历、职称结构。通过人才培养上的政策支持，创造条件鼓励教师外出培训、在职提高学历。依托校企合作平台，培养锻炼计算机课程教学队伍组织实施实践教学的能力、全力提升计算机课程教学队伍的教学科研能力。

高校计算机课程教学改革是高校各项改革事业的重要组成部分，是为了提高高校计算机课程教育教学质量。然而任何改革可能都不会一帆风顺，大多是一波三折。高校计算机教学改革的推进者、实施者务必以提高高校计算机课程教育教学质量为己任，克服改革过程中的各种困难、破除改革中的各种阻力，大胆创新、持之以恒。这样，高校计算机课程教学改革才能够真正有成效，才能够真正地通过改革推动促进课程建设，更好地服务于人才培养的工作全局。

第三节 "金课"建设背景下高校课程教学的改革

我国的高等教育从规模扩张全面转向内涵式发展，推进"金课"建设具有必然性。高校课程教学的改革举措包括加强顶层设计，优化体制机制；注重过程性评价，深化"主导-主体"教学模式；聚焦拔尖创新人才培养，培育课程教学示范点。因此，高校课程教学的发展趋势主要体现在课程考核内容的转变、跨学科教学活动的普及等方面。

2018 年，迎来了中国高等教育跨入内涵式发展的契机。在成都召开的"新时代全国高等本科教育工作会议"上，陈宝生部长围绕高水平本科教育和人才培养质量提出了坚持"以本为本"、推进"四个回归"，即"回归常识、回归本分、回归初心、回归梦想"。随后，教育部相继出台了《关于加快建设高水平本科教育全面提高人才培养能力的意见》（教高〔2018〕2 号）和《关于狠抓新时代全国高等教育本科教育工作会议精神落实的通知》（教高〔2018〕8 号），明确指出：各高校要全面梳理各门课程的教学内容，淘汰"水课"、打造"金课"，合理提升学业挑战度、增加课程难度、拓展课程深度，切实提高课程教学质量。在相关文件中，教育部提纲挈领明确了本科教育对于人才培养的核心地位，同时聚焦高校的课程，开展"金课"建设。

一、推进"金课"建设的必然性

（一）"金课"的内涵

"金课"一词的诞生与课程的含金量紧密关联，实为一种隐喻，如黄金一样具有高价值的课程。2022 年 7 月 31 日，在第二届全国高校教师教学创新大赛全国赛闭幕式时，教育部高教司司长吴岩指出，"金课"具有"两性一度"标准，即高阶性、创新性和挑战度。根据不同的教学特点，"金课"包含：线下金课、线上金课、线上线下混合式金课、虚拟仿真金课、社会实践金课五大类型。

"金课"的标准明确了它具有高阶性、创新性的重要特征；线上金课、虚拟仿真金课提出了"金课"是一种高级别的智慧型课程，需要技术的大力支撑，这类智慧型课程充分体现了现代信息技术与教育教学深度融合，技术与教育相互赋能。在中国高等教育大力推进一流学科建设、一流专业建设、卓越拔尖人才培养的过程中，金课成为重要抓手，也是高等教育改革的新引擎，具有鲜明的时代特征；时代性、高阶性、创新性和智慧性构成了金课的主要特征。

高校的课程教学正处于亟待变革的关键期，课程是高等教育中最微观的，但它对于人才培养却是最根本的。当前高校教师囿于学校的评职压力，"重科研、轻教学"现象普遍存在，坚守"教书育人"的初心正面临最严峻的考验，课程教学质量令人担忧，课程教学对于教师的意义趋向于任务而非责任。

高校课堂上的学生由"00 后"组成，这个群体的成长特点也在悄然发生变化。他们所处的互联网时代，信息高度发达，获取资源的便捷性、广泛性在传统教育时代难以想象。传统的单向性讲授、灌输知识这一教学模式已很难吸引这个群体，他们可以通过互联网寻找"生动""有趣"的学习资源，课堂这个传统的教学主阵地的地位正逐渐动摇。教师的任务式教学、学生对课堂兴趣的缺失，造成了"水课"现象普遍存在，无论是新建本科院校、地方本科院校，还是"双一流"建设高校，这个问题或轻或重，呈现的方式不尽相同。

(二) 推进"金课"建设的必然性

基于当前高校课程教学的现状，推进"金课"建设势在必行，这也是中国高等教育从规模扩张全面转向内涵式发展过程中因时制宜的重要举措。"金课"的创新性、智慧性特征可以从根本上革除知识陈旧、教学方法单一等教学弊端，其高阶性特征杜绝了学生不认真学习也能轻松通过考试的现象。教育部打出高校"金课"建设这一重拳，促使学生重获刻苦学习、求真学问的常识，教师回归热爱教学、潜心教书育人的本分，也表明了清除"水课"的坚毅决心。

教育部提出实施一流课程建设"双万计划"，即"金课建设"计划，分别是建设 10 000 门左右国家级一流课程和 10 000 门左右省级一流课程。国家级、省级的"金课"数量有限，积极践行"金课"建设的指导思想和理念，则每门课程均有可能打造成"金课"。高校无论是新建的、地方的，还是部属的，校校有"金课"；教师无论是教授还是讲师人人有"金课"；学生无论是低年级还是高年级都可学"金课"，这才是教育部大力推进"金课"建设的根本目标。

二、"金课"建设背景下高校课程教学的改革举措

(一) 加强顶层设计，优化体制机制

我国高校普遍存在"重科研、轻教学"现象，课程教学质量普遍下降，本科教学的地位得不到重视。近期，教育部已旗帜鲜明地提出坚持以本为本、推进"四个回归"。各个高校在进行顶层设计时，应遵循教育部的指导思想，改革专业技术职务评聘政策，将教学水平和科研水平作为同等重要的指标，并且在教师专业技术职务晋升中实施本科教学水平考核一票否决制，同时加大对教学业绩突出的教师奖励力度。

高校在推进教学改革进程中，应积极转变行政管理部门的角色，从手拿指挥棒的"管理者"转变为拥有先进管理理念的"服务者"。从管理学的角度而言，管理是指在特定的时空条件下，通过计划、组织、指挥、协调、控制、反馈等手段，对系统所拥有的各种资源要素进行优化配置，并实现既定系统诉求的信息流、能量流目标的过程。以高校教学行政管理部门为例，作为管理者，基于学校有限的人力、物力、财力资源，如何优化资源配置是其工作的重点之一。譬如当前高校普遍存在实验教学条件不足的情况，这就需要教学管理部门做好统筹规划，有效整合现有实验教学资源，避免重复建设。在有限的资源条

件下以"共建共享"的理念构建新工科、新医科等创新实验大平台,实现资源效益最大化,更好地服务全校师生。高校顶层设计者应以人为本、主动了解师生的教学需求,配套相应的政策和条件,优化机制体制,有效拓宽师生的教学成长空间。

(二)注重过程性评价,深化"主导-主体"教学模式

1. 促进教师角色转变

基于"金课"建设理念,高校加强顶层设计,优化相关体制机制,"唯科研"的外部环境发生显著变化。教师被赋予了"源动力",其教学热情再次被点燃,"教书育人"的初心更为坚定。由于政策的支持和推动,教师积极投入课程教学改革中;教学内容更为丰富,教学手段更加多元化,学生成为最大的受益者,学习兴趣亦被激活,课堂互动氛围好,从而形成良性循环。课程资源也逐步从学校、教师的供给市场向学习者即学生的需求市场转型发展,深化"主导-主体"教学模式是其转型的关键点。"主导-主体"教学模式即转变传统的"教与学"模式,教师的主要任务不再是"教",而是对学生的"导",教师在课堂上运用模拟教学、案例教学、线上与线下相结合等灵活多样的教学方法,有效激发学生的学习兴趣,引导其共同探讨专业知识、教学理念等,实现课堂"对话",有情感和内容的交流;学生不仅和教师有良好的互动,还可以就某些问题提出自己的看法,进行课堂"质疑";更进一步,学生拥有较强的自主学习能力,知识储备达到一定程度后,教师允许其进行课堂"辩论",这是优质课堂教学的最高境界。在课程教学质量不断提升过程中,教师的引导作用至关重要,其引导的角色呼应了教学模式中的"主导"关键词。

2. 明确学生"主体"地位

在课程教学过程中,教师要明确学生的"主体"地位,即从遵循课程资源向学习者的需求市场积极转变的客观规律。传统的教学模式,"一言堂"现象屡见不鲜:一堂课自始至终只闻教师讲课声,学生"低头族"不在少数,课堂最终演变成教师一个人的"精彩",长此以往,学生不禁心生困惑:自己在课堂上该"何去何从"。明确学生在教学中的"主体"地位,突出个性化教学,才是正解。课程是学生在接受高等教育过程中最直接受益的核心元素,了解学生的学习需求,他们心目中的理想课堂应该是与教师有良好的互动,相互探讨甚至辩论,从而真正体会到学习的乐趣,学有所获。学生主体地位的凸显得益于教师创新教学手段,譬如讲台不再是教师的专属阵地,教师鼓励学生走上讲台,学生在课堂上有更多的机会进行自我展示,课堂上的"主角"已悄然由教师转变为学生。

3. 注重教学过程性评价

在课程教学改革中,"主导-主体"教学模式的深化与"金课"的建设内涵

相契合。教师在课堂上充分发挥主导作用，强化教学过程中的研究创新性活动，启发引导学生争当课堂上的"主角"，突出学生的主体地位。在"主导-主体"教学模式中，过程性评价更利于全面考核教学效果及学生的综合素养能力。

"金课"的主要特征之一是智慧性，线上金课、虚拟仿真金课等要求教师利用信息技术手段多元化呈现教学内容，丰富教学体验。课堂上师生的互动也可通过信息技术高效实现，譬如课堂管理平台课堂派、智慧教学工具与课堂等已在不少高校推广。教学过程性评价可通过先进的信息技术来实现：学校建设智慧教室，提供强大的软硬件保障；教师借助智慧教学工具有效管理课堂，学生的学习效果得以及时反馈；教学过程中，学生的参与率、解决问题能力、师生互动性等指标，可运用大数据、智能评价工具形成教学过程性评价。

（三）聚焦拔尖创新人才培养，培育课程教学示范点

在我国高等教育深化内涵式发展过程中，不少高校积极创设荣誉学院，集聚学校优质资源大力培养拔尖创新人才。江苏高校目前已有南京大学匡亚明学院、东南大学吴健雄学院、南京师范大学强化培养学院、常州大学华罗庚学院等较为成熟的荣誉学院。

高校创设的荣誉学院具有实施小班化教学的优势，小班化教学为课程改革创造了极为有利的条件，可以充分发挥学生主体的积极性和创造性，促使他们有更多的机会表达自己的独立见解以及参与实践。在小班化教学中实施教学改革，其重要的目标之一在于培育课程教学示范点，以点带面将先进的教学理念、创新的教学方法、多元的教学手段在全校范围内积极推广。

三、高校课程教学的发展趋势

（一）课程考核内容的改变

"金课"建设推动了高校课程教学的重要变革，从消灭"水课"为根本出发点，致力于打造"含金量高"的高阶性、创新性课程。课程特征的变化对学生的学习也提出了更高的要求，即培养学生综合解决问题的创新思维能力是关键。传统的课堂教知识、期末考知识，重视知识本位、提供标准答案的考核模式并不能全面衡量学生的综合学习能力。试卷答得好，更多地说明学生的记忆力好，其形式并不能真实考核学生的思维能力，拔尖创新人才的创新意识和创新创造力更是无法考量。对学生学习进行思维能力、创造能力等指标的过程性考核，相较期末的一纸试卷将更为科学合理。在高等教育推进内涵式发展过程中，未来的课程考核在时间、内容上均会发生根本性变化。

（二）跨学科教学活动的普及

"金课"五大类型之一的社会实践"金课"，促进了跨学科教学活动的普

及。以最具代表性的中国"互联网＋"大学生创新创业大赛为例，一年有265万人同上这门课，产生64万个项目，被喻为中国最大的有激情的创新创业课。学生在参与这类社会实践"金课"中，丰富地体验了跨学科、跨领域、跨文化、跨区域的创新活动，突破了传统教学单一专业知识面的局限性。学生参与社会实践"金课"越多，思维就越开阔，收获的跨学科知识也成为复合型人才的必备条件之一。

我国的高等教育从规模扩张转向内涵式深化发展，课程资源从"数量"向"质量"转型，"金课"建设方兴未艾。在大力推进高校课程教学改革中，致力于人才培养，以培养德智体美劳全面发展的社会主义建设者和接班人为目标，最终实现教育报国、教育强国。

第九章

高校课程评价改革研究

课程与教学评价是教育领域中教师、教育管理工作者或有关人员经常进行的一种特殊认识活动，其目的在于对课程与教学做出各种决策，保证课程与教学的有效性、合理性。近几十年，课程与教学的评价已成为教育领域中极其活跃的部分，在理论与实践中受到极大的重视。本章着重探讨有关课程与教学评价的一些基本问题。

第一节 课程评价的产生与发展

在课程领域中，当设计工作初步告一段落，评价活动就随着课程的实施而展开。通过评价工作，揭示课程的价值和效果，为课程规划及课程目标、内容等的开发和改进提供有效的信息。所以，课程评价是课程研究中必不可少的环节，是衡量目标实现程度的重要依据。

一、课程评价的涵义

（一）课程评价的涵义

从词源上看，英语中的 evaluation（评价）意为引出和阐发价值。在汉语中，"评价"是评定价值的简称。因此，就本质而言，评价系指个人或团体对某一事件、人物或历程的价值判断活动，是对客体满足主体需要程度的判断。完整的评价活动包含 3 个层面：第一，提出有意义的问题；第二，收集信息以回答这些问题；第三，阐释结果。

课程评价（curriculum evaluation）的概念最早由美国"课程评价之父"泰勒提出。随后被广泛运用于课程理论与实践中，并成为整个课程研究中定义的最为多样、最难理解的概念之一。

定义的多样性说明了两点：一是课程评价工作处于不断的改革与发展中，

定义的演变代表每一时期评价运动发展的工作重点；二是涉及学者们不同的知识价值观和信念，每个人对于课程评价的界定都有自己的观点和把握的中心。

把学者们对课程评价的定义加以概括，大体可以区分为 5 类。

1. 将课程评价视同为测验，以学生在测验中所得的分数为准

例如桑代克、埃贝尔（B. Ebel）等人即认为课程评价是优点的判断，有时完全基于测验分数。

2. 把课程评价看成是确定行为与目标间一致性的程度

泰勒认为课程评价过程实质上是一个确定课程计划实际达到课程目标的程度的过程，由于目标是指人的行为变化，因此，课程评价实质上就是一个确定实际发生的行为变化的程度的过程。

3. 把课程评价理解为给课程决策提供信息的工作，属于非判断性描述

如美国学者克隆巴赫（J. Cronbach）指出的，课程评价是为做出有关课程的决策，收集和使用信息。美国的斯塔夫尔比姆（D. L. Stufflebeam）也认为"课程评价就是描述、获得、提供、运用信息的过程"。

4. 课程评价是对成绩或价值的判断

英国课程专家凯利（A. V. Kelly）认为，课程评价是评估课程价值和效用的过程。美国的桑德斯（J. R. Sanders）认为，课程评价是研究一门课程的某些方面或全部的价值的过程。艾斯纳指出，课程评价就是要就某些价值评估不同课程方案的长短，评价的主要问题在于抉择的焦点、复杂性和综合性。

5. 课程评价是对课程形成判断、做出决策的过程

这种课程评价观，视评价为课程方案设计的促进者、课程价值的仲裁者，评价的对象是课程方面所有值得注意的中心因素或边缘因素，不只是行为目标和学生的表现。评价的基本活动也不单是描述课程实施的程序和结果，而是包括价值判断和做出决策两个方面。坦布林克（T. D. TenBrink）把课程评价分为准备、资料收集、评价 3 个阶段，评价就是取得资料、运用资料，以形成判断做出决定的过程。

综上可以看出，课程评价的概念从偏重量化的测量、粗糙的定性，再到逐步重视定量与定性、效用与价值判断、描述与形成决策的统一，经历了曲折的历程，反映了人们对课程评价认识的深化，也从不同角度揭示了课程评价的本质特征：判断课程的效用和价值。

可以说评价是一定事物或对象的价值在人们意识中的反映，离开对价值的反映，就没有什么评价活动可言。课程评价是根据一定的课程价值观或课程目标，运用一定的科学手段，通过系统地收集信息、资料，分析、整理，对课程方案、课程实施过程和结果等的价值或特点做出判断，从而为课程决策提供可靠信息的过程。

若对该定义做具体分析，可揭示课程评价的实质：第一，课程评价是价值或优点的判断，不是纯技术性的工作，也不单是现象的客观叙述；第二，课程评价不只是针对个人特质，即所谓"对人不对事"，也是针对课程方案或行政措施的；第三，课程评价既包含对评价对象的量的描述，也包含对评价对象的质的描述，即定量评价与质性评价兼容并蓄，并趋向于以定性评价为主；第四，课程评价除了为了评定成就、结果，也是为了做出决定。

（二）课程评价与课程评定、测量和测验、课程研究

课程评定和课程评价在北美洲是同义语，但是在英联邦国家有一些区别。英国学者劳顿（D. Lawton）认为，课程评定是课程评价的一个组成部分。学校在开设课程时，对于拟开设课程的性质和必要性需做出价值判断，可以根据因何认为其是合乎需要的、学生应当学的以及应当如何学等进行初步评价。课程一旦实施，其价值就要在实践中进行检验，这就涉及了评定，即要评定实际发生了一些什么情况，课程的可行性和有效性达到了什么程度，据此决定课程的总的实际价值。从侧重点来说，评定的重点是学生以及课程学习的进展，主要是针对学生学习反应的标准或成绩水平而言，显示学生经过一个阶段的学习，在知识技能、态度和行为等方面所产生的变化。评定有多种方式，包括测量和测验、教师对学生的系统观察和记录、学生自我评定的记录、研究工作者对儿童发展的长期研究等。

测量和测验的目的在于度量个人拥有某项特质的程度。为了更客观精确地表示个人特质，常常将此特质加以量化，并指出个人特质在其所属团体中的相对位置，不含有价值成分，需要测量者或测验者尽量排除价值观等主观因素的影响，以保证结果的客观性。评价则是一种主体活动，是做价值判断的活动，是实践与认识的中介。测量和测验是课程评价的工具之一。课程评价是采用各种工具收集资料，以判断课程价值的过程。

课程评价和课程研究均须采用科学方法和程序，从资料收集的设计到结果的报告。近年来，评价和研究有逐渐结合的趋势，但评价和研究尚不能划等号。评价和研究在目的、方法上均有差异。从目的方面看，研究是要从研究设计上变项的相关及假设的证实获得概括化的新知识，研究的结论不一定立即可以应用。评价则是应用的或是应用研究的一种形式，需要获得即刻的、有关的资料作为判断方案、成就、程序或目标价值之用，增进决策者的智慧。所以，价值判断和用途在评价中很重要，但在研究中并不重要。在方法方面，研究者可依自己的需要决定研究的问题和范围，提出研究假设，研究假设通常由理论演绎出来；或经由有组织的知识归纳出来，研究的设计可以随机分派，有系统地消除干扰因素。研究时，所需资料大多依问题和假设决定。评价者对问题不能自己选择，所要探讨的情境几乎完全限定了评价的问题。评价难以拟定精确的假设。评价的情境是正在进行中的计划或已实施的方案，所以无法加以严密的控制。评价时，资料的收集受到可行性研究的影响极大。总之，评价与研究不能划等号，"评价是做出判断的过程，研究是为了做出判断而收集资料的过程"，两者在研究目的和方法上均有差异。

二、课程评价的产生与发展

（一）从教育评价到课程评价

教育是人类有目的、有计划、有组织的一种培养人的社会活动，尤重质量、效率，力求圆满地达到预期的目的。因此，教育从产生之日起即包含着一定的检查、衡量。也就是说，评价自古就普遍存在于教育活动中，评价是价值判断的活动，而教育又是充满价值成分的，它无法排除评价活动。

评价虽然是教育活动中普遍且持续存在的事实，然而系统、正式的评价在人类历史中为时短暂。有学者指出，中国的科举考试是比较正式的评价活动，自隋代开始的科举考试分为秀才、进士、明经、明法、明书、明算6科，采用帖经、诗赋、时务策等形式的笔试。测验是评价的工具之一，因此测验运动的历史又是系统和科学评价的始端。系统和科学的评价是20世纪左右的产物，均在美国发展开来。

美国莱斯（T. M. Rice）的研究可以说是第一个系统的教育评价。1897—1898年，莱斯对3万多名学生实施拼字测验，目的在于评价拼字教学时间不同的学校其学生的拼字成就如何。20世纪以后，教育测试在美国蓬勃发展起来，比奈-西蒙智力量表、西肖尔音乐才能测验、桑代克的书法量表、斯坦福成就测验等如雨后春笋般地出现。

第一个系统研究课程评价理论、提出课程评价模式的，是美国课程理论家泰勒。从泰勒开始，课程评价理论经历了一个逐步发展、完善的过程。泰勒的课程评价理论是在"八年研究"（1934—1942）的实践基础上产生的。"八年研究"是美国进步主义教育协会（PEA）为解决大多数高中毕业生就业的需要，与中学课程只面向大学的矛盾而组织的关于中学课程改革的实验。为了正确说明课程改革实验的结果，须正确进行课程评价。当时美国教育界尚未建立科学的课程评价制度，所运用的教育测验问题较多。进步主义教育协会对此提出批评，认为测验是片断的，不能全部了解人格的发展与知识的获取过程；测验只是注目于客观的信度，对于质的妥当性说明不足；学业测验仍是课本中心；测验导致了学生被动的学习态度。

为了改变这种状况，正确评价新课程实施的结果，进步主义教育协会成立了以泰勒为首的专门的课程评价委员会。该委员会以全面发展人的才能为主要目标，接受新心理学的观点，经过多年的调查与追踪研究，设计了一套课程评价原则与方法，指出评价要从各个侧面进行。不仅要有分析，还要有综合；课程评价过程就是看课程目标实际达到了什么程度；评价方法不能限于纸笔测验，还应包括行为观察等多种手段。

泰勒的课程评价理论发表后，引起一些教育理论家和心理学家对课程评价乃至整个教育评价的积极探讨。在 20 世纪 50 年代，学者们多在赞同泰勒原理的前提下对课程评价做进一步的补充和发展性的探讨。

布卢姆等人继承和发展了泰勒的评价理论，于 1954 年创立了"教育目标分类学"，强调课程、教学与评价的统一。布卢姆将课程活动所要实现的整体目标分为认知、情感和动作技能 3 个领域，并明确提出了各领域在实现最终目标过程中要依次完成的目标体系。布卢姆等人在教育目标分类研究上所取得的成果，使一直被人们模糊理解和定义的教育目标具体化，并使课程评价工作者有了较为一致的目标框架，弥补了泰勒评价理论在目标问题上的不足。

60 年代以后，越来越多的研究者开始强调尊重受教育者的人权和人格，反对用统一的框框衡量所有的学生，提倡使每一名学生的个性都得到充分的发展。评价的领域因此变得欣欣向荣，课程评价研究亦呈百花齐放之势。

（二）课程评价理论的进一步发展

20 世纪 60 年代以后，泰勒的以行为目标为基础的评价模式受到了多方面的批评和批判，一些有威望的教育专家从不同角度提出了改进课程评价模式的主张，推动了课程评价理论的丰富和发展。

1966 年，斯塔夫尔比姆对泰勒的评价理论提出批评，主张采用以决策为中心的评价模式。他将背景评价（context evaluation）、输入评价（input evaluation）、过程评价（process evaluation）、结果评价（product evaluation）结合起来，提出了 CIPP 模式。他认为课程评价是一种过程，旨在用描述、取得及提供有用的资料作为判断的参考。评价是为了做决定，做决定便是选择，从而改变行动，促进改革。

翌年，斯克瑞文（M. Scriven）也批评了泰勒的评价模式。斯克瑞文认为评价是一种方法上的活动，这种活动是根据一组加权（weighted）的目标标准，并收集和合并有关的表现资料，以形成比较的或价值的判断，并且说明资料收集工具、加权数和目标选择的合理程度。

同年，斯太克在《师范学院学报》发表了重要论文"教育评价的外貌"，肯定了判断是评的两大基本活动之一（另一活动是描述）。论文还提出了一个完整的、包含描述与判断两个方面的评价模式，即外貌模式。

进入 70 年代，学者们对传统的课程评价模式的批判与反思迈出了较大一步，发展出新的评价理念——解释的评价。解释的评价不是测量预期的教育效果，而是对整个课程进行整体而深入的研究，并强调运用质性研究的方法。

新的评价观主张，评价的重心应当放在学习环境的多样性和复杂性上，评价者应采取的是人类学家的态度，应当关心的是进行描写和转述而不是进行测量和做出预言。这种描写和转述当然不是与事先定好了的标准相联系，而是与参加者如何评价课程的教育价值相联系。

艾斯纳可以说是新的课程评价理论研究的中坚、质性评价观的积极推动者。1976年，艾斯纳在对传统的课程评价领域进行全面检讨的基础上，提出了课程评价中的教育鉴赏与教育批评模式。他认为所谓教育批评就是把组成课程计划和课程活动的那些必要的、不可言喻的特质翻译成有助于他人更深刻地理解这些计划和活动的语言。从这个意义上说，批评执行着理解的中介的职责。关于教育鉴赏，他认为鉴赏就是有见识的感知行为，亦即鉴别对象的精妙、复杂及重要特质的洞察过程。把这种认识推广到教育上，就是教育鉴赏。他要求人们对课程要具有"批评"和"鉴赏"的能力，教师、评价者和有关的人员对课堂上所发生的教育现象的范围、丰富性和复杂性要逐渐有充分的认识。在艾斯纳看来，对各种形式的成功的课程经验进行"鉴赏"应居于评价的中心地位。

课程评价研究再掀高潮缘于20世纪80年代末著名评价专家古巴（E. G. Guba）和林肯（Y. S. Lincoln）合著的《第四代课程评价》问世。该书把迄今为止的课程评价发展历史划分为4代。第一代的课程评价盛行于19世纪末至20世纪30年代，在此阶段评价被认为是测量，可称为"测量"时期。第二代的课程评价随"八年研究"而兴起，视评价为一个过程，而不仅仅是一两个测验；评价过程中不仅要考察学生的成绩，更要描述目标与结果的一致程度，形成一个以"描述"为标志的评价时代。第三代的课程评价介于1957年至60年代末，以强调"判断"为标志。第四代始于70年代以后，评价的出发点是斯太克提出的"回应性聚焦方式"，即评价的意义在于服务，评价者首先需要关心服务对象关注的问题、兴趣和焦点，以"回应"服务对象为起点。这样的评价需要运用质性研究的方法，并通过协商形成共同建构的途径。第四代评价理论对"评价"这种活动的本质进行了有益的探讨，突出了评价中的价值问题，使评价的理念发生了质的飞跃；第四代的课程评价理论提倡的"回应-协商-共识"的方法，给评价注入了一种民主的精神，使评价成为一种民主协商、主体参与的过程，而非评价者对被评价者的控制过程，体现了多元主义的价值观。90年代以后，古巴和林肯概括的这种评价思想和方法引起了更多学者的共鸣，成为课程评价研究发展的主导趋势。

（三）我国课程评价研究的发展

以上阐述的是西方国家，主要是美国课程评价理论产生、发展的概况。在我国，由现代教育评价的研究和实践基本上是从20世纪60年代开始的。20

世纪 80 年代，钟启泉的《现代课程论》、陈侠的《课程论》和王伟廉的《课程研究领域的探索》3 部我国最早出版的课程研究著作中，都分别探讨了课程评价的一些基本问题。90 年代以后，出版了一批课程研究的论著、专著，其中有许多文章介绍课程评价的理论和实践。《外国教育动态》《外国教育资料》《教育研究》《课程研究》《教育理论与实践》等杂志上还刊载了多篇课程评价研究的论文，课程评价的理论研究有了长足的发展。

三、课程评价的对象

在设计课程评价时，决定要评价的范围是什么十分重要，有助于确定应收集哪类信息，应如何来进行分析。明确对象有助于保持评价的集中，也有助于澄清与解决评价者和可能受评价影响的其他人之间的价值分歧及潜在的引领问题。课程评价涉及面很广，拟从 3 个层面加以考察。

（一）宏观层面

宏观层面涉及课程决策与管理成效的评价。课程决策类型大致有 3 种：一是为课程的改进而进行的决策，这种决策类型在于确定什么课程材料和教学方法使人满意，哪些需要进行改革。二是对个人所做的决策，这种决策旨在为每个学生拟定学习计划，确定他的需要究竟是什么；在进行课程选修或学习分组时，判断学生的特质。使学生了解自己的进步状况和不足之处。三是行政管理方面的决策，这种决策用来判断学校运行的情况好坏和教师工作情况的好坏。对三方面决策的科学性、可行性都需给予实事求是的评价。课程管理是直接规定课程活动的管理活动，是教育管理工作中具有最重要意义的工作。对管理活动成效的评价，是据以进行课程的改善、革新的必要基础。

（二）中观层面

中观层面涉及课程开发过程的评价和课程整体系统的评价。对课程开发过程本身的评价是一个相当复杂的工作，它要求对课程开发过程中所采取的一切步骤的合理性都加以验证。从目前的情况看，这方面的研究还不多。课程整体系统的评价是学校教育认可制度的一种体现，它要求全面评价学校的课程计划，课程计划与培养目标的一致性，学校课程与社会要求之间的符合程度，学校课程与学生的身心发展，课程教学的组织安排等。对这些方面的评价所得到的反馈，有助于改进系统本身，并为它的连续性及逐年的发展奠定基础，使之保持系统整体的活力。

（三）微观层面

微观层面涉及课程目标、课程材料、课程组织、课程实施等方面的评价。课程目标是课程学习的起点和方向，目标制定得如何，是否全面、科学，是否符合社会、学生、教育本身发展的需要等将直接影响课程实施的结果。评价课程目标主要是看它是否符合国家的教育宗旨和学校的培养目标，表述是否清晰，是否适合于特定的教育水平和智力发展阶段学生的学习，并使之通过努力能够达到目标，是否十分重要，以能促进学生的进一步学习。课程材料是指为课程实施服务的材料。评价课程材料主要是看它们的准备是否充分。课程材料的核心成分是教科书（或称课本）。教科书是各科学习方案、各单元学习方案中具体学习活动的载体，教科书评价包括评价教科书中编写的具体学习活动及所蕴含课程（学习方案）的各个方面是否合理，还包括对课文设计、练习设计、配图设计、版式设计、纸张品种和质量等进行评价。课程组织的评价是对课程纵向、横向组织结构合理性的考察。评价课程实施通常以评价课程实施的结果为主，而且比较多的是侧重于学生的成绩。

以上以广角的形式较为全面地介绍了课程评价的各种对象。在现实的课程评价中，在课程评价对象的研究方面尚缺乏经验。课程实施是最为普遍的评价对象，但它只是局限于评价课程实施的结果，甚至窄化为就是评价学生的成绩；至于其他的评价对象，如对课程决策与管理成效的评价、课程开发过程的评价、课程整体系统的评价等，实际上被忽视了。这方面有许多问题值得认真探讨。

第二节　高校课程评价的类型

传统的课程评价类型比较单一，主要局限于对结果的评价，即往往以结果来判断课程的效果和价值，这种评价明显存在着缺陷。20 世纪中叶以后，随着评价一跃成为引人注目的研究领域，课程专家相继开发出各种评价类型，极大地丰富了评价的内涵。根据评价时间的不同，可以把评价分为形成性评价与总结性评价；根据评价者身份的不同，可以把评价分为内部人员评价与外部人员评价；根据评价者的注意力是集中在课程实施的过程还是结果的不同，可以把评价分为过程评价与结果评价；根据评价与目标的关系，可以把评价分为目标本位评价和目标游离评价。

一、形成性评价与总结性评价

形成性评价是指为改进现行课程计划或为正在进行的课程活动提供反馈信息而从事的评价，是一种过程评价。一般而言，形成性评价不以区分评价对象的优良程度为目的，不重视对被评对象进行分等鉴定。总结性评价是在课程实施或进行以后关于其效果的评价，是一种事后评价，与分等鉴定、做出关于学习者个体的决策等相联系。

形成性评价与总结性评价都是为了检验某个对象的价值。有时即便是同一个评价，在一个需求者看来是形成性的，而在另一个需求者看来则可能是总结性的。两者的区别在于评价的目的、时机、评价听取人、使用评价结果的方法。形成性评价最主要的目的在于探明计划或活动的问题或失当之处，以便为修订或改进提供证据，它着重于分析、比较、诊断、改进。总结性评价的直接目的是做出关于课程效果的判断，从而区别优劣和等级。形成性评价直接指向正在进行的活动，是在过程中进行的评价，一般不涉及活动的全部过程。总结性评价是在计划实施之后或课程活动结束以后，通常是对全过程的考察。形成性评价是一种为内部人员采用的评价，而总结性评价是外部导向的评价，为的是满足某些外界听取人或决策者的需要，评价结果主要供外部人员使用。

与形成性评价、总结性评价相关的还有诊断性评价。诊断性评价是在课程计划或教学活动开始之前，对准备、需要、条件、不利因素的一种评价。诊断性评价的目的，不是给课程计划或教学活动贴标签、下结论，证明其"行"与"不行"或"好"与"不好"，而是根据诊断结果设计一些"长善救失"的措施，最大限度地发挥课程计划、教学活动的长处或优势，努力改善课程活动。

二、内部人员评价与外部人员评价

这是依据评价者的身份所做的分类。这种分类的标准是看评价者是课程开发、设计的单位或个人，还是未参与其中的单位或个人。前者是内部人员评价，其主要目的在于改进课程开发、设计的过程，首要任务是弄清预先设定的目标是否已经实现。后者是外部人员评价，主要有两种方式：通过测试等手段评价课程的产品，由外部人员对课程过程进行观察。形成性评价基本是一种内部人员评价，总结性评价则基本是一种外部人员评价。

三、过程评价与结果评价

结果评价是一种"底线式的或清算结账式的评价"，也是一种传统的、常用的评价形式。狭义的结果评价是指学科目标实现结果的评价，着重考察各学科是否达成预定的学科目标。广义的结果评价是指根据课程实施的结果来判断课程的价值和效果。结果评价中的结果通常都是以操作性的方式来界定的。从评价的目的看，结果评价主要在于了解课程计划对学生所产生的结果，但也可用于掌握受课程计划影响，教师和行政人员产生的结果。结果评价采用的基本方法是通过对前测与后测之间、实验组与控制组之间的差异来做出判断。不少人认为结果评价能提供确定课程对学生所产生的结果的可靠信息，因而在实践中乐此不疲。但也有人对此不以为然，认为结果评价只关注结果不关注过程，为暗箱式的评价。

过程评价是对课程计划实施过程以及教学活动过程的评价。比方说，如果想评价斧头这一工具，你可能会研究刀刃的设计、重量的分布、所用的合金钢、斧柄木头的质量、使用的方法、影响使用的情况等，或只研究一位好斧匠用其砍物的数量与速度。那么，后一种方法属于结果评价，前一种方法就是过程评价。类推至课程评价，过程评价在于课程计划所包括的特定内容、课程内容的正确性和组织方式、课程计划实施过程中的影响因素及其相互作用、教学的方式方法、教学的组织、教学中的互动等。

四、目标本位评价与目标游离评价

目标本位评价是以目标为基础进行的评价，旨在测定教育目标在课程中究竟被实现了多少。教育目标是指学生行为的改变，因此，评价最终是考察这些行为改变究竟实际发生到什么程度。目标本位评价的典型代表是泰勒的评价模式和布卢姆的评价体系。目标本位的评价要点明确、重点突出、操作性强，为判明学生学业的进展提供了有用的帮助，实践中运用广泛，在课程评价中至今仍占有重要的地位。但目标本位评价过分强调目标，往往窄化评价的内容，忽略教室生活的丰富意义，压抑教学的自主性，是一种狭隘的评价观。

目标游离评价正是针对目标本位评价的缺陷而提出的一种评价类型，它要求脱离预定目标，重视课程的所有结果，包括非预期结果。目标游离评价的倡导者提出，事先不应把课程的目的、目标告诉评价者，而应当让评价者全面地收集关于课程实际结果的各种信息，不管这些结果是预期的还是非预期的，积极的还是消极的，这样才能真正对课程做出正确的判断。目标游离评价的倡导者认为目标本位评价容易受计划的目的限制，因而也就太容易使计划受使用者和设计者的影响。而且正式规定的目的，往往内容狭窄，易于简单化、表面化。严格按目的行事往往会大大地限制评价的范围及其深远的意义。采用目标游离评价则评价重点由"计划想干什么"转变为"计划实际干了什么"，评价者就可以在没有偏见的情况下自由地肯定其优点。

也有学者对目标游离评价提出批评，指责它简单地以评价者的目的替代计划管理者的目的，另外评价者毕竟还应有判断赞成或不赞成的准则。还有学者觉得，在理论上目标游离评价似乎是可行的，但却不切实际。即使评价对象很明确，要了解评价的情境依然需要花费大量的时间。缺乏对目的的预知，目标游离评价者要么会陷入盲目，要么会形成一家之见。盲目和一家之见显然比预定目标更主观。所以，虽然目标游离评价对许多评价者的工作产生了影响，但由于涉及管理人员地位、评价者职责等方面的重要变化，以及理论自身的不完善，使之未能在实际评价中得到广泛的应用。

第三节　高校课程评价的模式

一、课程评价的模式化研究

在科学研究中，模式被看成是对某一过程或某一系统的简化与微缩式表征，目的在于使人们能够形象地把握那些难以直接观察或过于抽象复杂的事物或对象。评价模式是在一定理论指导下对评价者干些什么的描述，或是对他们应该做些什么的规定。通常，评价者关心的是确定事物或事态的价值或现状。评价模式有两种表达方式：一是为指令性的，这是最常见的。它有相对固定的评价程序，对评价的基本范围、内容、过程和程序有明确的规定或指令。二是为描述性的，包括一些说明或概括性论述，是对评价活动的描述、预测和解释。

课程评价的模式是评价者依据一定的教育理念、课程思想建立的系统化、整体化课程评价体系，它对课程的评价活动做了基本的规定或概括性的说明。推动课程评价的模式化研究，根本动力源于 20 世纪 60 年代以后课程评价领域自身的发展、繁荣，层出不穷的课程评价思想、方法上的联系和理论上的辩护，试图以一种系统化、整体化的方式研究、界说课程评价问题。人们选取不同的研究视角，提出了具有不同课程理念和价值取向的课程评价模式。

以下重点介绍一些具有典型性的课程评价模式。需要说明的是，对某个或某些学者提出的课程评价模式是单指他或他们某一篇或某几篇论文的观点呢，还是更为广泛地指他或他们在各个时期的研究成果整体，学术界一向有争论，因为许多模式建立者的观点会随时间的推移而发生变化。把模式看成是由某一特定的模式建立者在特定时期提出的协调一致的观点。此外，虽然有些课程评价模式表现出一种广泛的包容性，声称自己确定的是各个派别或各个方面都认为是良好的、合适的，但这样的模式恐怕很少。每一种模式都可能存在相对的价值性质、适用范围，也都可能存在缺乏支持的局限性和理解上的不确定性。所以，课程评价的模式化研究是课程改革和课程评价发展过程的一部分，这种发展将会更多地满足对评价的迫切需要，而不是去寻求一个绝对的、最终的评价体系。

二、课程评价模式的取向

课程评价是一项复杂的工作，涉及价值判断的过程和结果，并且受到不同价值取向的影响。也就是说不论评价者对评价对象做出何种决定，评价者在评价时必然会反映出某种基本的取向。比较典型的取向有：技术取向、实用取向、批判取向。

技术取向的课程评价模式侧重于控制，把课程当作一种"产品"，可以根据一些预先确定的准则或其他标准加以评价。技术取向的课程评价模式有3个基本要求：一是对课程目标形成一致的看法；二是明确、详尽地说明课程结果；三是广泛选择收集资料的方法，借此确定课程目标的达成度。技术取向课程评价模式的支持者认为，评价者能够收集到可靠的资料，并使教育工作者对课程计划、课程实施活动的效能做出良好的判断。有很多种课程评价模式可以归入技术取向之列，泰勒的目标达成模式是最为典型的，其他还有普罗沃斯的差别模式、斯太克的外貌模式、斯塔夫尔比姆的CIPP模式等。

实用取向的课程评价模式侧重于"自然性"与"适应性"，"自然性"即以课程活动而不是课程目的为主，"适应性"即不受预先计划和设计的限制。实用取向的课程评价把课程当作一种"过程"和"实践"，评价的意义在于判断这种过程和实践如何使所有参与者达到臻善的程度。评价主要不是依靠外部人员的判断，而是有赖于参与者及其"个人"知识。实用取向的课程评价模式也有3点基本要求：一是描述特定情境下的创新活动；二是记录一系列现象、判断和反应；三是对评价结果的报告采取一种适合评价委托人的方式进行。可归入实用取向的课程评价模式有：阐明性模式、应答模式、鉴赏模式。

批判取向的课程评价模式侧重于"解放"，即从针对实践工作者进行的外来评价中解放出来。课程评价不是课程建构过程中的独立部分，参与者应有绝对的控制和发言权。批判模式是典型的批判取向的课程评价模式。

三、有代表性的课程评价模式

（一）目标达成模式

目标达成模式的评价，旨在确定课程方案达到目标的程度，由美国课程评价专家泰勒倡导，他在20世纪30年代所进行的"八年研究"，便运用了这一模式。泰勒认为，教育的目的在于改变学生的行为，评价就是要衡量学生行为实际发生变化的程度，通过预先规定行为目标设计课程、评价课程。

目标达成模式的评价程序包括如下步骤：第一，拟定一般目标或具体目标；第二，将目标加以分类；第三，用行为术语界定目标；第四，确定应用目标的情境；第五，发展或选择测量目标的技术；第六，收集学生的行为表现资料；第七，将收集到的资料与行为目标比较。

目标达成模式是一种较客观并有一定效率的评价模式，是评价领域技术上的一次进步。后来课程评价模式的发展都与这一传统性模式有关。该模式也极大地影响了许多教育学者的评价研究。哈蒙德（R. L. Hammond）、梅特费塞尔（N. S. Metfessel）、迈克尔（W. B. Michael）等评价专家都接受了泰勒模式的基本精神，就连美国著名的评价学者克龙巴赫也深受泰勒目标达成模式的影响。布卢姆的教育目标分类学说显然也以泰勒的评价要点为基础。

目标达成模式的优点在于把评价与测验做了区分,提出课程评价的目的不仅仅是评价学生的优劣,还在于改进课程开发,这一观点揭示了评价的本质。这一模式结构紧凑、操作性强,也是它在课程评价理论中占有重要地位的重要方面。不过,该模式亦有一定的局限性,由于受到预定目标的束缚,忽略了未预期的目标,更忽略了丰富的互动的课程教学历程(这方面在"课程开发的目标模式"部分还有论述)。

(二)外貌模式

外貌模式由美国教育评价专家斯太克于 1967 年提出。他是在批评泰勒目标达成模式基础上提出外貌评价模式的。他认为已有的课程评价不注重前提条件和相互作用,不注重多种可能的结果,只重视传统的测验,强调个别学生分数的信度和预测效度,忽视先在因素、过程因素和结果因素三者的关系。斯太克建立在对目标达成模式批判基础上形成的外貌模式,也为后来的回应模式开辟了道路。

斯太克提出,课程评价既需要描述,也需要评判。描述包括两类材料:打算做的和观察到的。评判包括两个方面:根据计划实现的内容所做的判断和根据实际观察到的情况所做的判断。但不论是描述还是评判,其材料都是建立在 3 个来源上:前提条件,指教学之前已存在的可能与结果有关的条件,如学生的兴趣、经验、教师的意愿、课程内容的特点、社会的背景;相互作用,即教学的过程因素,如师生关系、师生的交往、作用的氛围;结果,就是课程计划实施后的效果,如学生的成绩、态度、动作技能、对教师和学校的影响。

斯太克主张,课程评价人员一方面要收集描述计划实施前提条件的资料,另一方面要收集实际发生现象的"观察"资料,比较、确立两者间的一致性。评价者还要从"打算做的"和"实际观察到的"两个维度分析各个维度中"前提条件""相互作用""结果"三者之间逻辑上的可能性和经验上的可能性。

外貌模式是一种对课程进行比较全面评价的模式,它不仅关注课程产生的结果,而且还重点分析产生特定结果的各种条件和所运用的方法。因此,运用这种评价模式可以对课程的全貌进行评价,这比前述的目标达成模式更为周到;但在观察、描述和判断中容易带有主观性,从而影响评价结果的可靠和可信;再者,这种评价所了解和处理的内容繁多,要在实践中应用,未必那么容易。

(三)背景-输入-过程-成果模式

背景-输入-过程-成果模式又称 CIPP 模式,是美国教育评价学家斯塔夫尔比姆倡导的课程评价模式,该模式于 20 世纪 60 年代后期发展起来。当时,以目标、测验和实验设计为定向的评价广为流行,CIPP 模式是针对这些评价的缺陷而提出的一种改进方法。斯塔夫尔比姆认为，课程评价不应局限在评定目标达到的程度，课程评价是一种过程，旨在描述、取得及提供有用资料，为判断各种课程计划、课程方案服务。其中，"描述"在于指明做决定所需的各种资料，"取得"即通过收集、组织、分析等过程，得到所需资料，"提供"是依据评价目的，向决策者报告取得的资料，"判断"就是做决定的行动。可见，评价是为了做决定，做决定则意味着进行选择，从而改变行动，促成改革。通过课程评价为决策者提供资料，最终目的在于改革课程。

促进课程改革的决策有 4 种类型，①确定目标的决策（计划）；②设计程序的决策（组织）；③使用、追踪、改进程序的决策（实施）；④判断结果并予以反馈的决策（循环）。

和上述决策类型相对应，形成背景评价、输入评价、过程评价、成果评价4 种评价。

1. 背景评价

背景评价即要确定课程计划实施机构的背景；明确评价对象及其需要；明确满足需要的机会；诊断需要的基本问题；确定一般和具体的目标，并判断目标是否已反映了需要。背景评价采用的主要方法是系统分析、调查、文献评论、倾听意见、会谈和诊断性测验。

2. 输入评价

输入评价旨在确定如何运用资源以达到目标。这里的资源包括材料、设备、程序、方法、人员、环境等。这一步骤要回答，已经确定的目标可行吗？哪些计划可能达成这些目标？每种计划的成本效益如何？每种计划的逻辑性、实用性如何？教师有效使用计划，需要多久的训练？如何执行这些计划？有哪些程序？如何妥善安排人员和设备？输入评价采取的方法是文献调研、访问、试点试验等。

3. 过程评价

过程评价主要是通过描述实际过程来确定或预测课程计划本身或实施过程中存在的问题，为计划的设计和实施者提供定期的反馈。过程评价范围涉及实施步骤、教学法和学生的活动。这一步骤要回答诸如有关活动是否按预定计划得到实施，是否在用一种有效的方式利用现有的资源。从方法层面看，评价者有许多选择，如通过描述真实过程，持续地与工作人员相互了解，观察其活动，控制活动的潜在的障碍，保持对意外障碍的警惕，获得已确定的决策的特殊信息。

4. 成果评价

成果评价即测量、解释和评判课程结果，帮助课程决策者决定课程计划是否应该终止、修正或继续执行。这里特别重要的是应综合收集与结果有关的各种信息，并与来自背景、输入和过程方面的信息进行比较，以对课程计划的利弊做出妥当的解释，正确引导一系列的再循环决策。

CIPP 模式是一个摆脱传统的局限于目标的评价模式，其重点不在引导一项个别研究的进行，而在为决策者提供信息，其目的不在证明而在改良，更好地反映了社会对评价提出的新的要求。但是这种模式实施过程比较复杂，所需要的投入相对也高，操作起来有一定的困难。

（四）应答模式

应答模式由斯太克提出，古巴、林肯等进一步发展而成。应答模式的提出，标志着斯太克完全摆脱了他称之为"预定式评价"传统的评价模式。1973年，斯太克在提交给"评价的新趋势"讨论会的论文中提道，他推荐应答评价。该方法以牺牲某些测量上的准确性来换取评价结果对方案有关人员来说有更多的有用性。现有的评价方法多带有预定性质，即强调目的的表述和客观的测验、由方案执行人员掌握的标准，以及研究性的报告的应用。而应答评价则较少依赖这些正规的信息交流方式，更多地依赖自然接触。

斯太克认为，课程评价有不同的方法，没有哪一种方法是唯一正确的。但要使评价产生效果，必不可少的一点是，评价应该向听取评价结果的人提供他们所关心的信息，要充分地了解他们所关心的问题。在斯太克看来，教育评价如果具备 3 个特点，就是一种应答模式：更应关心方案的活动而不是方案的内容；对听取人要求的信息做出反应；根据不同的价值观，报告方案的成败。

古巴和林肯对应答模式做了进一步的说明，就是以所有与方案有利害关系或切身利益的人所关心的问题为中心的一种评价。这些问题可以包括：是否应该削减方案预算？是否应实行责任制？教学目标是否达到？新教学计划比旧教学计划是否更为优越？等等。总之，应该提供对于方案的担心、怀疑、赞成或反对的一切信息。

应答模式最主要的特点是把问题而不是把目标和假设作为评价的先行组织者。问题是在广泛的交谈后形成的，即通过一段熟悉过程，通过与学生、家长、纳税人、方案发起人、方案执行人的交谈，评价者注意到某些现实的或潜在的问题，这些问题组成了继续与上述各方讨论和制订资料收集计划的结构。在此基础上，评价者再进行系统的观察、调查、访问、测验，或其他任何有助于理解并解决有关问题的评价活动。

应答模式有 10 点实施步骤：①评价者与一切跟评价对象有关的人员交谈，获取他们对评价对象的看法；②根据获取的信息，确定评价范围，并对方案的实施做实地观察；③对方案希望达到的目标与实际上取得的成果进行比较；④对评价应回答的问题进行理论上的修正；⑤评价者以此为基础设计评价方案；⑥选择收集信息的方法；⑦对收集来的资料进行加工处理；⑧将处理过的信息按需要回答的问题分类；⑨把分类评价结果写成报告；⑩根据评价报告对方案做出全面判断。

应答模式的最大优点在于，它不再单纯从理论出发，而是从关心评价结果的各位听取人的需要出发，确认他们的关注焦点，重视他们的价值观，让他们涉入整个评价过程，甚至于报告形式也需符合他们的需要。事实上，不管什么样的评价，其理论再高明，方法再先进，但若其结果不能为听众所接受，那么最终是难以产生任何效果的。此外，应答模式回答了所有其他模式希望回答的诸如目标的达成程度、决策、价值判断等问题，较好地适应了多元社会的现实和具有不同观点的评价听取人的需要。其结果也具有相当的弹性和应变性。因此，应答模式的评价受到了广泛的欢迎和好评，一些学者甚至认为该模式是迄今为止所有评价模式中最全面、最有效的。

（五）鉴赏模式

鉴赏模式是在批判以往的"科学"评价方式，并借鉴非量化评价方法的基础上，由美国斯坦福大学的教授艾斯纳提出来的。艾斯纳认为，传统的评价模式存在许多明显的缺点。

1. 传统的评价模式追求的是预测与控制

评价领域的诞生和发展是以现代科学的发展及其方法论为背景的。科学方法运用到教育上是强调控制。20世纪初发展起来的课程与教学评价，无论是早期的测量和测验，还是20世纪中期占据主流的目标评价模式，其特征都是预测和控制。但教育现象十分复杂，实际上是无法完全控制和预测的。当科学式评价方法流行时，一切不能纳入预定评价框架的都被排除于评价范围之外。评价只能提供片面的情况，而不能全面反映教育的实际。

2. 将复杂的教育现象简化为数字，即将"质"还原为"量"

评价者把各种教育现象不断加以简化，最终代之以数字，并运用统计的方法进行分析。艾斯纳认为，这些数字其实既缺少意义，又无法表明其所代表的内涵。之所以要追求"量化"，一是试图揭示出规律，二是希望使之看起来客观，便于比较。但内在的本质始终无法揭示。艾斯纳为此打了一个形象的比喻，6英尺*高的人，并未给我们相同的印象，所以6英尺无法代表我们观察到的复杂现象。

3. 忽视了学习者的差异性和个性

传统评价追求一元化的价值观，往往把评价对象置于一个共同的标准或常模之下，用评价者认可的某一种价值观要求评价对象。忽视了学习者的个性、差异性，学习趋于标准化。

---

* 英尺为非法定计量单位，1英尺＝30.48厘米。

4. 忽视了评价的目标和功能

传统的科学式评价比较重视结果的比较，即重视总结评价，或者是采用常模参照，或者是标准参照。结果的评价是需要的，但问题是，这样的评价未收集影响结果的条件、过程和互动因素，对于学习结果的改进作用不大。

针对传统评价存在的问题，艾斯纳提出了改革的建议。他认为，教育改革需要评价的改革，评价改革呼唤质性评价。在质性评价方面，艾斯纳提倡鉴赏模式。什么是鉴赏？根据艾斯纳的理解，鉴赏是感知的艺术，而感知的意义是一种觉醒、认识或理解，从而提供判断的基础，鉴赏可以运用于生活的各个层面。运用在教育上就是教育鉴赏。教育鉴赏是感知教育生活的细节，理解这些细节如何组成课堂情境的能力。他要求人们对课程与教学具有评论、揭示、鉴赏的能力。所谓"鉴赏"就是教师、评价者和其他人对课堂上所发生的教育现象的范围、丰富性和复杂性要逐渐具有充分的认识。在艾斯纳看来，对各种形式的教育成功经验进行"鉴赏"应居于评价的中心地位。

鉴赏评价主张收集非量化的资料，评价者应关心学校一年中发生了什么事件，这些事件是如何发生的，师生对它们有怎样的反应，是如何参与的，学生从课程中学到了什么。评价者还应更深入地关心课堂情境，如学生如何进入教室，学生的表情，教学开始时学生的坐姿、动作、眼神及其所传达的信息，师生的交往，教师的耐心，教师对学生间竞争、合作的态度，学生所提出的问题、观念和对事物的反应如何，等等。

与其他各种评价模式相比，鉴赏评价重在审视、洞察、欣赏，而不是追求达标、判断、定位。教育鉴赏要以经验为基础，评价者必须拥有大量的课堂实践经验，才能发展出高超的鉴赏能力，才能够区别在某个实践体系中什么是最重要的。

鉴赏模式的最大贡献在于打破了传统的课程评价科学模式一统天下的局面，主张课程评价可采用另类的方法，拓宽了评价者的视野，丰富了课程评价的研究。通过鉴赏评价克服视听教育结果为简化式数字的弊端，从而在整体上认识、把握教育现象。但教育毕竟是一门科学而非艺术，对于评价者如何去鉴赏，艾斯纳并未说清楚。艾斯纳指出，鉴赏需要品味知识和经验体系，但在教育鉴赏中，这些因素如何运作呢？所以，总体上看，这种评价尚缺乏严格的方法，评价中个人主观色彩也较浓厚。

（六）批判模式

批判模式出现于20世纪80年代，它是一种独树一帜的激进的课程评价模式，其积极的倡导者有阿普尔、凯米斯等人。他们认为评价不应只是一项技术活动，也是一项政治批判活动。评价隐藏着一套社会所接受的意识形态与政治道德规则假设，以判断教育与学校课程的优劣。在他们看来，学校是一个不同利益集团相互抗争的场所，是一个充满价值冲突和霸权的场所。传统的评价模式采取的是保守的立场，只注重个人问题，而忽略团体组织或制度结构的问题。因此，常常不加批判地以接受社会结构及其所衍生的问题为前提。评价时，利用大量的测验判断学生的能力，使之对应于评价者所预设的行为表现类型，据以将学生分类。再以不同的方式，尝试改变学生个人，以解决教育问题。

批判模式采取的是激进的立场，批判性评价不仅需要解释和研究在学校里不同价值和利益的冲突，还要把影响评价本身的价值清楚地揭示出来。为此，评价者需要思考一些问题：①评价者在社会中所处的地位如何？②影响评价准则的价值和利益何在？③评价者的意识形态如何影响他们对学校的价值判断？④评价怎样才能受到普遍利益而不是个别利益的指引。

批判模式有 3 个步骤：一是，提出问题。评价者需探讨的问题包括现有情境是如何形成的、情境中成员的价值观和利益取向又是如何形成的、相互抗争团体（包括霸权团体）的价值和利益、抗争表现的场所（课堂、教室、校园等）；抗争所表现的形式（如在讨论、言谈、社交关系、组织或行动中的表现形式）与什么背景、过程和成果有关；在该情境中是否有抵制的表现，这些抵制形式在什么程度上是有意识地反霸权；就该情境而言，理论与实践的一致性和非一致性如何。二是分析问题。该阶段需要合作或讨论，并让参与者分析日常的教育现象和政策，分析学校与社会、社会与国家、课程与社会的关系。三是行动。经过讨论和达成共识，团体成员确定行动的方向和步骤，行动的步骤可能包括课程行动研究、反省、转化课程的安排，以至变革社会的行动。概括地说，批判模式是课程建构的不可或缺的方法，也是把课程评价与社会转变联系起来的大胆尝试，是 20 世纪 80 年代以后课程评价模式发展中的一个亮点。毋庸置疑，由于该模式的激进性的、非主流性的本质，至今仍未得到教育工作者的广泛认可。

在课程实践中，究竟应该采用哪一种具体的评价模式，人们的观点并不一致。其实每种模式都有其合理内核和不足，有的模式便于操作，但往往只注重近期的可观察到的效果。有的模式比较周全，但实施过程又过于复杂。十全十美的模式是没有的，而且在实践中有时很难说一种评价完全属于哪种模式，往往会涉及两三种不同的模式。所以，需要综合性地、多样化地和有针对性地选用合适的评价模式。

第四节　高校课程与教学评价的内容

制定科学的、合理的、客观的评价标准，是课程与教学评价的核心和关键。针对课程与教学评价的具体内容进行分析，每项内容具有不同的侧重点与标准，因而指标体系也不尽一致，评价的手段与过程也不尽相同。

一、教学计划（人才培养方案）评价

教学计划，又称人才培养方案，是对学校课程设置的总体安排，是对学校各专业培养目标、课程设置与结构、学分修读等方面的规定，是学校教学工作的指导性文件，也是进行教学工作的依据。对课程计划进行评价，包括对课程编制指导思想、课程目标、课程设置等方面的评价。

（一）对课程编制指导思想的评价

对课程编制指导思想的评价就是对课程设置价值取向的评价。对课程编制指导思想的评价可以从以下两个方面入手。

1. 需求的调查

课程编制的指导思想体现在是否培养为社会所接受的毕业生。因此，在课程编制指导思想的评价过程中，需要调查社会在其发展过程中对未来人才提出了哪些新要求，学生或其家长有哪些要求，这些要求在课程编制指导思想中是否有所体现。

2. 问题的诊断

发现问题的症结所在，对这些问题进行研究，提出改革的措施与方案，是课程编制指导思想中的重要内容。要看课程编制指导思想中对问题的判断是否比较准确，是否符合事实，提出的改进措施是否可行等。

（二）对课程目标的评价

课程目标是课程及其教学活动的蓝图，是教学工作的指南，也是衡量课程最终质量的准绳。一定的课程目标是一定的教育价值观的体现，也是教育思想与观念的反映。课程目标的评价要注意以下 3 个方面：

1. 课程目标是否与培养目标相一致

培养目标要通过课程目标才能实现，如果课程目标与培养目标相偏离，那样就无法形成合力，导致培养目标落空。因此，要看课程目标的总和能否覆盖培养目标，培养目标总是通过一定的课程来实现的，如果培养目标体系或目标体系中的一部分目标没有一定的课程来加以实现，那么，这个目标体系或其中部分目标就有可能流于形式，使培养目标游离在课程目标之外。同样，课程目标总和如果超过了培养目标，可能意味着拔高了培养目标，会导致学生无法达到目标。培养目标是建立在学生的现有发展水平和发展规律的研究基础之上，必须使课程目标适应培养目标。

2. 课程目标实现的可行性

一个目标不仅要有科学性、必要性，还要有可行性、可操作性。因此，课程目标必须充分考虑学生的实际发展水平，考虑学校的现行条件与教师情况。如果脱离了这些实际情况，目标就会无法实现。

3. 课程目标表述的准确性

课程目标的表述要注意以下 4 个要求：一是课程目标的行为主体必须是学生，而不能是教师或教育工作者。如"培养学生的创造能力"这样的目标是不恰当的，因为它的行为主体不是学生，如果从教师或教育工作者的角度来说，只要开展了这个活动，就算是达成目标了，至于学生是否真的提高了创造力，按上述目标为标准无法衡量，也是无关紧要的了。二是课程目标只能用课程活动的结果来表述，而不是用课程活动的过程或手段来表述。如"学生应受到外语听说读写的基本训练"这一目标的表述也是不适合的，因为它并没有表达课程活动最终要达成的结果。如果可以用过程表述目标的话，那么，学生只要参加了这一活动，这一目标就可以认为已经达到了。三是课程目标的表述必须是确定的，而不能是模棱两可的。"应该""可以"等词不适宜用来表述课程目标，因为只是表达了一种意向，而没有表述必须完成的要求。四是对于用于评价和检查教学效果的具体目标来说，行为化教学目标的行为动词必须是具体的，而不能是抽象的。课程教学目标不仅是教学过程的指南，也是评定学业成绩的依据。抽象的目标无法观察和检查，不利于评定考核。比如，"学生要掌握计算机的应用程序"这一目标，就不够明确，最好分解为一些具体的、可观察的目标，如：说出计算机各组成部分的名称、列出计算机操作的基本步骤、描述计算机操作过程的注意事项、演示计算机操作的技能等。

（三）对课程设置的评价

课程设置的评价包括对课程设置与课程目标一致性的评价、对课程结构合理性以及课时安排合理性的判断。高校课程设置从课程内容的角度一般可以分为通识课程、学科基础课程、专业基础课程、专业课程等，从选修的方式来讲，可以分为必修课程与选修课程。要通过课程设置判断与培养目标是否一致，各类课程之间的比例是否科学，必修与选修的课程设置是否合理，理论教学与实践教学的安排是否恰当等。当然，这一判断往往要借助专家来进行，同时也要通过该课程体系培养的人才质量来检验。课时总量的合理性也是判断课程设置的一个重要内容。高校阶段安排总课时数、总学分数以及每学期修读的学分数，每周的教学时数、各年级间的课程设置情况等，都是进行课程设置评价时参考的因素。

二、课程大纲（教学大纲）评价

课程大纲编制在上一章做过分析，对课程大纲的评价需要按照 3 个方面进行。

（一）课程大纲目标的评价

一门课程的目标要能与整个学科、专业目标相一致，进而与人才培养目标相吻合。教学大纲是由各门学科的专家分别编制或教师自己编制的，因此要与其他科目的目标既有联系又有区别。如果没有联系，那这一科目可能与其他科目相脱节；如果没有区别，那么这一科目的独特作用就无法体现，与别的科目相重叠。另外，知识内容要能为实现目标服务，目标要通过具体的内容得到反映，课程目标要与学生的需要相适应，脱离学生实际，这一目标也是不妥当的。

（二）课程大纲内容的评价

多尔（Ronald C. Doll）提出了 7 条指标：①作为知识的有效性与有意义。有效性与有意义是内容选择的基本准则，剔除一些无意义与无用的知识内容。②广度与深度的平衡。要使内容的广度与深度达到适当的平衡。③满足学生需要与兴趣的适当性。要辨明学生长期的兴趣与需要有赖于教师充分地了解与对有关情况的掌握。④内容的时效性。学科内容变化非常快，要选择基本概念、基本原理作为基本内容。⑤事实与其他次要内容和主要观点及概念的关联性。要摒弃一些与主要观点不相关的内容。⑥内容的可学性。要选择可以让学生接受的知识内容。⑦由其他学科领域迁移过来的可能性。跨学科的内容往往有助于强化学生的学习。

（三）课程大纲评价指标体系

教学大纲是根据教学计划，以纲要的形式编定有关学科教学内容的教学指导文件，它规定学科的教材范围、教材体系、教学进度和教法上的基本要求。其评价指标体系包括 5 个方面内容：①教学大纲的编制。包括教学大纲编写格式、教学大纲内容选择、教学大纲结构安排等情况。②教学目标。教学目标内容、教学目标要求、教学目标表述等情况。③教学内容。教学内容的广度、深度、科学性、前沿性、适切性，教学内容结构的合理性，与相关学科教学的协调性等情况。④课时安排。教学内容与课时安排的匹配性、教学过程中各课程安排的合理性等情况。⑤学习评价。评价方法的合理性、评价内容与课程目标的一致性、评价结果的客观性等情况。

三、精品课程评价

目前，我国高校正在广泛开展重点课程、精品课程建设。高校往往从以下 4 个方面进行评价：一是建立机构，由教务处牵头成立重点课程或精品课程建设委员会；二是提出目标。根据教学计划的要求，对全校课程进行摸底，提出在若干年内争取建设多少门重点课程的计划与方案；三是成立专项建设基金，专款用于课程建设；四是公布重点课程的标准，作为重点课程建设的样本供参考。

制约我国高校教学质量的一个重要方面是课程质量。因此，加强课程建设与评估是我国高校提高教学质量的重要内容。王伟廉曾指出我国高校课程总量不足的问题，认为高校应开课程数量在 3 000 门以上，科类较多的学院课程总量不少于 2 000 门。为了达到这一数量，他提出要确立"一人多课、多人一课"的目标，改变"一个人一辈子只上一两门课"的局面。其实课程总量只是问题的一个方面，关键还在于课程质量，要提高课程实效。因此，开展重点课程建设、精品课程建设，加强课程评价具有十分重大的意义。2005 年 7 月，教育部正式推出了《国家精品课程评估指标》，该指标体系按照教学队伍、教学内容、教学条件、教学方法与手段、教学效果和特色、政策支持等 7 个一级指标，以及 16 个二级指标评估精品课程，并于当年从 940 门课程中评出了299 门"国家精品课程"。2010 年起，国家又进行精品资源共享课程与视频公开课程建设，其成效尚待实践检验。

四、课程质量评价

课程质量是直接影响人才培养质量的关键环节。在此，以美国作为参照，结合有关文献，论述如何进行高校课程质量评价的问题。

(一)高校课程质量评价主体问题

我国高校课程质量评价虽然起步较晚，但发展较快，主要形成了 4 种评价模式。

1. 督导专家评价

从 20 世纪 80 年代末期开始，为了阻止教学质量下滑的趋势，各高校专门成立了教学督导组，由各学科教学经验丰富的专家负责第一线教学质量的检查。专家们通过查听课等形式，对课程和课堂教学的情况进行评价，评价结果直接向教务部门反映，教务部门将结果通报给各院（系）主管教学的领导，供教师职称评审和评选优秀教师时参考。

2. 同行评价

由各系和教研室的教师互相听课进行评价，由于同行之间对学术水平和教学水平比较了解，因此评价结论相对比较准确，而且对促进教学法研究、集体备课以及统一课程要求等都有好处。但由于教师的课程教学和学术研究的负担较重，难以使这种评价制度化、经常化和规范化，而且教师组织结构松散的特点也决定了这种模式作为一种独立的评价模式很难有效坚持。同时，同行间的人情关系对评价也有较大的负作用。

3. 领导评价

为了直接掌握课程教学的实际状况，领导深入教学第一线检查听课，并形成制度。这种评价虽然在形式上只能作为课程教学质量评价的一种补充，但由于评价者的行政权威，这种评价的影响力比较大。

4. 学生评价

许多在建立课程教学质量评价监控机制的过程中，加大了学生评价的力度，学生直接评价，所有学生均参加评价，采取无记名填涂的方法，对任课教师的课堂教学情况进行评价，评价内容包括教师的职业道德、教学内容、教学方法、教学水平、教学效果等方面。教务处对回收的学生问卷进行统计。

从目前来看，对课程质量的评价有越来越倚重学生评价的趋势。随着高校竞争的加剧，高校收费制度的确定，以及为学生服务观念的确立，学生评价的权重不断加大。而同行评价由于种种原因，很难操作。学生评价的结论作为教师教学质量优劣的依据，用于教师教学质量评比、考核的奖惩之中，并对教师职称晋升等也具有重要参考作用。

美国高校课程教学质量评价的主体是学生。根据美国的教育评价理论，对评价标准的评价主要看其适当性、有效性、可行性和精确性。适当性的主要原则就是"学校要为学生服务"，学校的目标就是如何实现和达到个体的期望。因此，对教师教学的评价必须以教师是否有效满足学生的教学需求为中心，而最能做出这种评价的应该是学生。因此，对教师课程教学质量的评价几乎全部依赖学生这个评价渠道。例如，堪萨斯州立高校在课程教学的学生评价表中的说明写道：请认真思考并诚实地回答表中的问题，个人的评价表采取无记名方式，班级所有评价结果汇总后提交给授课教师和所在系的领导，学生的评价有助于教师改进教学，并能使系领导掌握教学效果，以对教师的加薪、提职和任期进行推荐。

当然，学生评教一直有争议。有人甚至认为，以学生作为评价主体，实际上是用保护消费者权益的商业原则来腐蚀、侵害学术自由的原则；学生评价会带来一些消极作用，如教学质量数据的广泛使用已经引起分数膨胀，课程教学贬值；由于管理者和不诚实的学生滥用评价数据，使得评价信息失效等，因此主张学生进行课程质量评价时必须在评价表上签名或写上学号。

（二）课程质量评价指标体系问题

长期以来，我国在课程教学质量评价指标体系的构建上，一方面特别强调从不同类型课程中抽象出能反映对一般课程共性要求的特征作为评价指标。另一方面，把教学评价的重点放在教师的教学基本功和教学态度及教学责任心上。比如不少学校的评价体系是按照教学目标、教学内容、教学方法、教学手段、教学态度和教学效果等方面来制定评价体系的一级指标，再分别将这些指标的共性要求抽象出来作为二级指标，然后再以此来评价不同的课程。这种评价体系简单明了，对各种课程教学的标准统一，便于对课程教学质量的宏观控制，也易于专家和领导评价打分；但是由于模糊了对不同类型课程的不同要求，实际上制约了教学个性和不同教学风格的形成和发展，也影响了评价的准确性和实际效果。因此，在评价指标的确定上如何突出高校教学的特点，如何反映课程质量，是必须重视的问题。作者工作的学校，每两年举行一次青年教师教学大赛，但如何确定大赛的评价标准一直存在争论，有的人强调教学基本功，有的人强调教学内容的前沿性，有的人强调教师自身的科研能力，总是不能形成统一意见。因此，一定要树立课程质量评价的观念，要突破传统的课堂教学评价框框，改变观念，以使高校课程质量评价不同于中小学教师的教学评价。

美国高校课程教学质量评价指标体系众多，没有统一标准，而且对不同课程有不同要求。比如，华盛顿的高校课程教学组织形式有小班教学、大班教学、讨论教学、问题教学、大型讲授为主的课程、实习课、实验课、测验课和远程教学等 11 种，课程教学评价也因此分别采取不同的评价表格。每种评价表都有 30 多个评价项目，既有共性指标，也有个性要求。

比如，对小班教学重点强调信息传递的清晰性、质量及师生的交互性；对大班讲授教学重点强调课程组织和信息传递；对研讨课重点强调讨论的质量、课程组织及兴趣水平；对那些以解决问题或启发式教学为目的的课程的评价，主要强调问题的难度和解决的质量；对那些以培养学生技能、满足今后职业需求为主的实习课的评价，强调的则是从实践中学习的机会，教师对学生进步的认同和理解，容许学生发展自己的思想和技能的自由程度，能否针对不同学生的技能水平而因材施教等；对于通常由研究生助教承担的测验课，主要评价测验课助教与学生的联系和对问题的解释能力；对于那些主要依赖教材和作业的大型讲授课，重点评价教师与学生交流的能力和布置作业与阅读的价值；对于实验课的评价，主要强调实验指导教师回答学生提出问题和激发学生对实验的兴趣以及帮助学生处理异常问题的能力；远程教学的课程则重点评价教师的反映和支持材料的质量。这种多样化分类评价的方式，较好地处理了统一要求和个性发展的关系，体现了高校课程教学实际的多样化。虽然这样做会增加评价过程的组织难度，但课程评价表设计考虑不同课程的差异，其目的是体现课程评价的客观性和公正性。这种细致的管理制度与作风是值得借鉴的。

（三）具体的指标设计问题

进行学生评价活动的核心是评价指标体系的建立。在国内各高校的学生评价指标体系大同小异。而由于中外的教学评价观不同，中外高校教学学生评价的指标体系却相差比较大，两者各有自己的特色。

封闭式问题共由 23 个量化评价指标组成。

1. 课程的陈述

课程的陈述评价指标包括：①课堂陈述清楚和易懂；②教师准备充分和教学过程组织良好；③教师运用适合学生水平和能力的资料；④教师激发和鼓励学生独立思考；⑤用事例使理论联系实际；⑥科目中的资料是新的并反映当代文献；⑦课堂教学有助于学习；⑧科目中的材料能激发学习的兴趣和热情。

2. 课程的讨论

课程的讨论评价指标包括：①给学生充足的机会提问；②有效地管理课堂讨论；③鼓励学生积极地参与讨论；④教师对学生的意见和问题做出回应。

3. 课程的作业和评价

课程的作业和评价指标包括：①作业的数量和性质适宜；②阅读材料有助于对科目的理解；③有充分的机会（测试、测验报告、论文、课程参与）使教师评价学生的学习；④教师对作业很快提供反馈；⑤评价（测验、作业等）反映课程目标；⑥公正、平等对待学生。

4. 课程的总体

课程的总体情况评价指标包括：①是否向同学推荐本课程；②是否向同学推荐这位教师；③教师尊重学生；④学生在课外能获得教师的指导；⑤是否在本课程中学了很多。

对于上述的 23 个问题，学生的回答有 6 种选择：很满意、满意、中立、不满意、很不满意及不适用。

开放题则由 4 个叙述性问题组成：①你发现课程中有哪些方面（活动、资料等）是最有价值的？②你发现课程中有哪些方面（活动、资料等）是最无价值的？③举例说明，教师在什么方式下最有成效？④举例说明，教师在什么方式下最缺乏成效？

中美学生评价的区别有以下 4 个主要方面：①我国的评价以教学作为重点，而美国的评价以课程作为重点。所以，我国高校要建立课程评价的意识，突破传统的课堂教学评价模式。②我国评价是同一个评价表，而美国的评价表则是多元化的。因此，要根据课程的特点，对大小班、文理科、以讲授为主的课与以实验为主的课要采取不同的评价表。③我国的评价大多采取专家、学生、同行、领导综合方法，而美国主要是以学生评价为主。当然，这是各有利弊的。由于每一种群体的评价视角、评价标准不同，可以使评价更客观一些。但同行、领导等评价也会有各种因素掺和进来，影响评价的真实可靠。当然，有人认为，学生评价也有各种因素的影响，其真实性、有效性也值得怀疑，但总体上看，学生评价较为客观公正。④我国的评价指标体系较为具体细致，根据教学进程与步骤等确定各个因素的权重，追求量化统计；而美国的评价指标体系较为笼统简略，注重学生对课程的总体感受，强调定性评价。

第五节　高校课程评价的方法和过程

一、课程评价的基本方法

评价方法的选择实际上是一个如何有利于获取评价资料的问题。资料收集越客观、准确，越有利于评价得出正确的结论。课程评价方法的确定取决于课程评价的目的、课程评价对象的特点以及评价者自身的水平与客观条件。20世纪70年代以后，随着课程评价研究的深入和评价实践的发展，课程评价方法逐渐丰富。课程评价作为基本的方法，大致可分为两大类：一类是量化评价方法，另一类是质性评价方法。

（一）量化评价

量化评价方法又称定量评价方法，是一种以数字和度量来描述、说明教育现象、课程实践，进而从数量的分析与比较中推断评价对象成效的方法。量化评价方法的认识论基础是科学实证主义、实验心理学和精神测量学，偏重事实、关系和原因，强调大量的样本、控制、一般化的推论等，同时对结果或产品予以极大的重视。由于该方法自然具有的演绎性，使其从开始便更倾向于以理论为基础。在评价过程中，常将事实与价值分离，更注重评价的标准化程序和预先设计。量表评级与测验，或者说数字、计算、统计分析，是量化评价方法采取的主要手段。

课程评价是教育科学化运动的产物，也可以说"课程评价从产生之日起，就是与整个教育对科学化的追求联系在一起的。以量化形式表征事物的性质被认为是科学化的特征之一，因此，量化评价范式一直占据着评价领域的主导地位"[①]。量化评价方法的长处：①量化评价的设计是预先确定的，比较概括和具体，易于控制和操作；②量化的结果便于数学处理，有助于提高评价的精确性；③量化的指标往往是客观化的指标，因而有助于提高评价的客观性；④量化评价有助于对评价对象做出明确的等级区分，如对学生的学业成绩的评价。

（二）质性评价

20世纪70年代以后，在课程研究领域出现了范式的转变，随着"课程的理解范式"的兴起、课程领域主体意识的觉醒，人们开始反思和批判量化评价方法，并由此导向对质性评价方法的追求。

汉密尔顿（D. Hamilton）、凯利等学者，纷纷对量化评价方法提出批评，认为量化评价的方法主要是依据达成预定目标的程度来评价课程的成效。这种方法有几个缺陷：①教育情境被特定化为许多相关的指标，然后利用大量的样

---

① 王春燕，王秀萍，秦元东，2009. 幼儿园课程论［M］. 北京：新时代出版社.

本和严格的控制加以研究，这是十分人工化的，不适合于教室中的现实，预设的评价指标忽视了参与者和制度，使研究脱离了真实的世界。②量化评价多采用前测-实验-后测的程序，其基本假设为课程方案在实施过程中变化很少，或几乎没有改变。事实上，这是不可能的，课程与教学情境是动态的，而不是静态的。③量化评价方法窄化了评价的范围，只关注可测量的课程与教学因素，忽略了那些不可测量的重要方面。④量化评价方法利用大量的样本，追求统计上的准确，却忽视了个体之间的差异和非预期的影响，这种非典型的、非预期的影响对课程改善有重大意义，但在量化评价方法之下，未得到重视。⑤量化评价方法完全依赖于由客观的工具获得的量的信息，因而容易出现忽视其他资料的情况，像那些被认为是"主观的""印象""记录"的资料等。但评价者若要解释评价结果，判断其重要性，并将其置于特定背景之中，这些资料是不可或缺的。

于是，在课程与教学评价领域，质性评价方法逐渐兴起，并受到重视。

质性评价方法是"力图通过自然的调查，全面充分地提示和描述评价对象的各种特质，以彰显其中的意义，促进理解"。质性评价方法也称为自然主义的评价方法。

质性评价方法以自然情境为直接的资料来源，评价者就是一个评价工具，评价者需要与评价对象有直接的接触，需要在评价情境中进行观察、了解和交流。质性评价是描述性的，评价资料的收集多以文字或图片说明，而不化为数字。即使采用统计数据，也是为了描述现象，而不是对数据本身进行相关分析。

质性评价方法坚持整体观，要求评价者注重现象的整体性和相关性，对评价对象进行整体的、关联式的考察。任何现象都不能脱离其情境而被理解，理解涉及整体中各个部分之间的互动关系。对部分的理解必然依赖于对整体的把握，而对整体的把握又必然依赖于对部分的理解。

质性评价采取的是归纳的方法，评价者在收集和分析评价资料时走的是自下而上的路线，在原始资料的基础上建立分析类别。分析资料与收集资料同时进行。由于没有固定的预设，评价者可以识别一些事先预料不到的现象和影响因素。

质性评价的焦点是意义及其"解释性理解"。评价者通过自然的调查，关注评价对象经历了些什么，如何解释这些经历。同时，评价者对自己的"前设"和"偏见"进行反省，了解自己与评价对象达到"解释性理解"的机制和过程。

总之，质性评价方法与量化评价方法有着不同的目的、逻辑、设计、功能、技巧。质性评价方法更侧重于全面反映教育现象和课程现象的真实情况，为改进教育和课程与教学实践提供真实可靠的依据。20 世纪 70 年代以后，质性评价方法开始受到人们的欢迎，并逐渐取代量化评价的主导地位。到 90 年代，质性评价方法已经在课程与教学研究领域奠定了牢固的基础，在质性评价的大旗下已集结了一批各有特色的评价形式，如应答评价、档案袋评定、解释性评价、教育鉴赏、教育评价、苏格拉底式研讨评定等。

可见，量化评价方法虽有较多的局限性，但如果使用恰当，能为揭示教育现象和教育问题提供有说服力的证据。而且，量化评价方法的长处恰恰是质性评价的短处，质性课程评价的长处又可以用来弥补量化评价的不足。因此，将这两种方法结合起来使用，会比单独使用其中一种效果更好。

二、课程评价的组织过程

如何组织课程评价是评价研究的重要课题之一。课程评价的组织通常有两种形式：一是外部组织形式，包括教育系统之外的个人、团体、教育机构联合体对课程实施评价；二是内部组织形式，包括教育系统内部的个人（如教师、评价人员、课程专家及其他工作人员）对课程实施评价，教育系统内部的团体可对课程实施短期的小范围的评价，教育系统内部的研究机构可对课程实施连续的评价。课程评价是十分复杂的工作，其组织的过程因目标和方法的不同有许多变化，难以采取完全相同的程序。但作为课程评价组织的一般程序常可分为 3 个阶段 6 个步骤。

（一）资料收集阶段

1. 确定评价目的

评价目的为实施评价工作的理由，即评价工作完成后，对于课程发展工作有什么帮助。确定评价目的时要考虑：这一次评价是在哪一个层面；这一次评价是为了解决什么问题或了解什么现象；收集到的资料做什么用，谁将受到本次评价结果的影响。

2. 依据评价的问题描述所需资料

3. 拟定评价设计和按设计收集所需资料

在评价设计中，要兼顾实质面和行政面。实质面是指与评价直接有关的工作，行政面是指支援实质面评价运行的工作。

（二）资料分析阶段

整理、分析及解释资料

第一阶段的价值认识带有表面性。为了深化价值认识，评价人员须整理资料、统计资料、分析并解释资料。通过去粗取精、去伪存真和由表及里的改造，掌握价值事实的内部联系、因果关系。

（三）价值判断阶段

1. 完成评价报告和做出结论性判断

此时需要考虑评价报告的提交对象及采用何种呈现方式。

2. 推广、反馈并实施评价的评价不应是一种形式，评价报告也不应被束之高阁

课程评价的作用既在于做出判断，也在于做出决定，通过推广和利用，使课程评价真正对课程实际产生作用。至于"评价"的评价，是了解评价效果及改进未来评价的必要步骤。缺乏此步骤，评价者本身便没有反馈，无助于未来的评价工作的改进。

课程评价的主要角色有两个：一是形成性的，二是总结性的。前者旨在改进课程计划、方案，后者则在总结课程计划、方案的效果。但是，有时课程评价并未达到如此功效。这就涉及评价组织过程中存在的两大问题：

一是方法上的问题。譬如：评价的时机把握不当。课程计划、教学方案未有足够的时间实施便急于测量效果，欲速则不达；再就是比较的层面过于狭窄。计划、方案的效果须从多角度观察，做多层面比较。若仅局限于某一层面，选用某一固定的标准作为判断的依据，乃属不当比较，结果恐不确实，也不公平；还有就是忽视过程和背景。前面比较过评价和研究的不同。研究可以不考虑背景的分歧，抽取其中共通的部分，建立通则；评价则不同，为保证其确切性和科学性，必须要关注过程和背景，如课程在各学校教育、教学情境中发生了什么变化，促使其变化的因素是什么等。

二是认识上的问题。这主要表现在课程评价者和课程计划、方案设计者以及实施者在认识上的不一致，由此，时常发生冲突和矛盾。评价者通常取怀疑、批评的角度，而设计者则往往从相信自己是正确的、重要的一面出发。评价者感兴趣的是抽象概念，倾向于用通则和分析框架思考，而不是此时此地的课程计划、方案。相反，设计者则关心现实，并致力于行动。另外，评价者强调的是终点效果的评价，并不主张课程计划、方案在实施过程中有任何改变。但设计者认为，为促进计划、方案的改进，在实施过程中，理应保证获得即时反馈。

|第十章|

基于现代教育技术的高校课程改革

信息技术的发展推动了信息技术课程的产生与发展，加强信息技术教育是当下国内外教育改革的共同趋势，各国对信息技术教育的普及工作高度重视，不断推出新政策，形成了各自的发展特色。目前，信息技术课程内容已经基本稳定，信息技术课程越来越成熟，为学校及其他领域学习借鉴提供了有利的契机。本章主要就现代教育技术在课程中的运用进行研究，内容包括现代教育技术与课程的整合、信息技术课程及其实验课教学改革、现代教育技术支持下的大型开放式网络课程以及基于现代教育技术的精品课程网站的建设与优化。

第一节　现代教育技术与课程的整合

一、现代教育技术与课程整合的目标

现代教育技术与课程整合强调教育技术要为课程服务，要在教育领域使用。其出发点首先应当是课程，强调找出教育技术对促进学习效果提高的作用，使学生高水平地完成课程教学任务，同时获取教育技术技能。

现代教育技术与课程整合是网络时代教育改革、发展的必然要求，整合的多元化目标体现在几个方面。

（一）培养学生的信息素养

教育信息化为终身学习带来了机遇，但学生只有具备良好的信息素养，才能认识到终身学习的重要性，从而利用信息技术来不断学习。现代教育技术与课程的整合正是培养学生形成所有这些必备技能和素养的有效途径。对学生信息素养的培养主要考虑的因素：一是信息意识与情感；二是信息道德；三是信息科学知识；四是信息能力。

（二）使学生掌握信息时代的学习方式

人们的学习方式在信息化学习环境中发生了重要变化。现代教育技术与课程整合的本质是让学生学会数字化学习，要掌握几点信息时代的学习方式：一是利用数字化资源进行学习；二是在数字化情境中自主学习；三是利用网络通信工具进行协商交流，合作讨论学习；四是利用信息加工工具和创作平台进行实践创造学习。

（三）培养学生终身学习的能力

虚拟课堂、虚拟学校的出现，学习资源的全球共享，现代远程教育的兴起等使人们可以随时随地通过互联网学习，学习空间没有围墙界限。教育信息化还为人们从接受一次性教育向终身学习转变提供了机遇和条件。终身学习就是要求学习者能根据社会和工作的需求，确定继续学习的目标，并有意识地自我计划、自我管理、自主努力，通过多种途径实现学习目标的过程。

实现终身教育和终身学习需要进行深刻的教育变革，要达到教学个性化、学习自主化、作业协同化等要求；要大力培养学生的终身学习能力。

二、现代教育技术与课程整合的基本策略

在教育教学的各个领域中，积极开发并充分应用信息技术和信息资源，促进教育现代化，以培养满足社会需求人才的过程。从技术上看，教育信息化的基本特征是数字化、网络化、智能化和多媒体化。从教育上看，教育信息化的基本特征是开放性、共享性、交互性和协作性。教育信息化是现代化教育技术基本任务的最高表现，是实现教育现代化的必经之路。

为了达到现代教育技术与课程整合的基本目标，需要从以下策略着手来推动现代教育技术与课程的整合。

一是利用信息化学习环境和资源创设情境，培养学生的观察、思维能力。

二是发挥信息化学习环境和资源内容丰富、多媒体呈现、具有联想结构等优势，培养学生自主发现、探索学习的能力。

三是利用信息化学习环境和资源，借助人机交互技术和参数处理技术，建立虚拟学习环境，培养学生积极参与、不断探索的精神。

四是利用信息化学习环境和资源，组织协商活动，培养学生的合作学习精神。

五是利用信息化学习环境和资源，创造机会，让学生运用语言、文字表述观点、思想，形成个性化知识结构。

六是利用信息化学习环境和资源，借助信息工具平台，尝试创造性实践，培养学生加工处理信息和表达交流的能力。

七是利用信息化学习环境和资源，给学习者提供自我评价反馈的机

会。通过形成性练习、作品评价方式获得学习反馈，调整学习的起点和路径。

三、现代教育技术与课程整合的基本方式

现代教育技术与课程整合的基本方式有以下几种。

（一）L-from IT 方式

L-from IT 方式是教师利用信息技术进行辅助教学。教师根据教学目标进行教学设计，将计算机作为备课工具，用来编辑所需资料、情报检索、文字处理以及教学资源管理等。在教学中决定在什么时候、用什么媒体、以什么方式来呈现什么教学内容。作为重要教学工具的计算机在教学中以多种多样的形式被应用。例如，完全利用计算机革新课程内容和教学方法，创设新的教学和学习形式，如合作学习、交互式模拟、探索和发现学习、问题解决学习、以项目为基础的学习等。在这种方式中，最常用的模式是情境-探究模式。该模式中教育技术与课程内容教学的关系如图 10-1 所示。

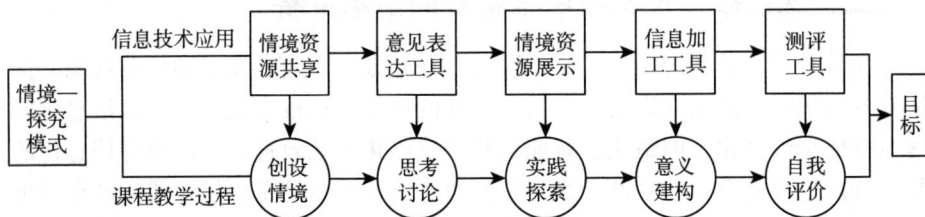

图 10-1　现代教育技术与课程内容教学的关系

（二）L-about IT 方式

L-about IT 方式把信息技术作为学习对象，在信息技术课程教学中引入其他学科课程知识，结合信息检索课程内容，把检索语文、数学资料作为学生的课外练习。这种方式是专门开设信息技术课，旨在培养学生的信息素养，培养学生学习与应用信息技术的兴趣和意识，掌握计算机基础知识和技能。信息技术课程教学不但为了学习信息技术本身，还为了对学生利用信息技术的能力进行培养。

（三）L-with IT 方式

1. L-with IT 方式把信息技术作为学生学习的认知工具

这种方式将信息技术应用于几个方面：一是课程学习内容和学习资源的获取工具；二是协商学习和交流讨论的通信工具；三是情境探究和发现学习工具；四是自我评测和学习反馈工具；五是知识构建和创作实践工具。

2. 信息技术应用环境和方式

根据信息技术作为认知工具的应用环境和方式的不同，又可分为几种模式。

（1）"资源利用-主题探究-合作学习"模式（图 10-2）。

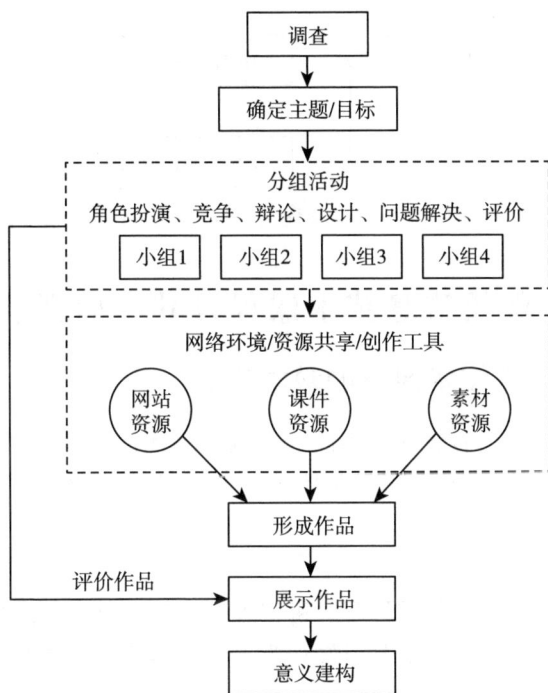

图 10-2　"资源利用-主题探究-合作学习"模式

（2）"小组合作-远程协商"模式（图 10-3）。

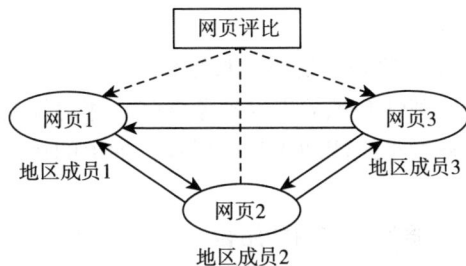

图 10-3　"小组合作-远程协商"模式

（3）"专题探索-网站开发"模式（图 10-4）。

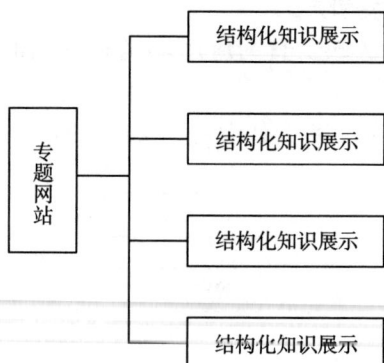

图 10-4   "专题探索-网站开发"模式

第二节   现代信息技术课程及其实验课教学改革

一、现代信息技术课程的教学实施

根据教学中涉及内容属性的不同，可以将现代信息技术课程分成理论课、技能课、实验课、作品制作课 4 种类型。本节主要分析前 3 种课型教学的实施。

（一）理论课教学

现代信息技术课程的每节课都会讲授理论知识，只是理论知识部分所占的比例不同。这里的理论课指的是以知识为主要内容的一种课型。

理论课教学的实施主要从以下方面着手。

1. 基础性理论知识：从激发学生兴趣入手

信息技术课程中的基础性知识，简单易懂，但难以激发学生兴趣，也较难借助实践或操作辅助理解。此时教师可以从激发兴趣入手，把课本上的知识点和学生的兴趣结合起来。

2. 原理性理论知识：将抽象的概念形象化

信息技术课程中原理性知识的内容抽象性强，相对深奥，不易理解。对于这些知识，教师可以通过组织活动或其他形式将抽象的概念形象化，以提高教学效果。

3. 情感态度知识：强调与应用的结合

现代信息技术课程中与"情感态度与价值观"相关的知识，其内容的典型特征是附着于知识和技能之上，体现于过程和方法之中。在教学中，教师需要采用讲授、说明等手法进行必要的拓展或巩固。此时教师可以将理论知识点和学生的实际运用相结合，从而将理论知识外化，以提高教学效果。

（二）技能课教学

技能课是一种以计算机操作技能和应用软件的基本操作为主要教学内容的课型，是信息技术教学中最常见的课型之一，主要目的是对学生使用计算机及操作各类应用软件的能力进行培养和提升。技能课的主要任务是技能训练，在反复练习中熟练操作，进而掌握技巧、总结规律并形成能力迁移。虽然技能课以技能训练为基本目的，但它也强调教学中将学生融入实际问题和具体工作的情境之中，因为只有与学生实际贴近，才能实现问题迁移，让学生体验过程与方法，情感更丰富。

讲练法、任务驱动法等是技能课教学中常用的方法。从信息技术课的总课时上看，技能课所占比例较高。授课教师要以教学内容及学生基础与能力的差异为依据而有针对性地设计技能课教学过程。

1. 从讲演练模式出发，采取大片段教学或者小片段教学

大多数技能课上，教师所采用的都是"讲演练"模式，即教师讲授-教师演示-学生练习。这种最为常见的教学方法有助于促进学生一步一步地掌握技能操作方法。具体实施时，教师可以根据学生年龄、技能、知识的特点，选择小片段或大片段教学。

一般来说，对于低年级学生或设计大型任务时，教师常采用小片段教学。面向高年级学生或设计小型任务时，可采用大片段教学。

2. 将技能学习付诸具体的应用活动

技能课的学习目的是具体应用，将技能学习与具体的应用活动相结合，有助于学生明确技能学习目的，知道何时应用何种技能。因此在技能课的教学中可以将技能学习付诸具体的应用活动，从生活中挖掘素材，以培养学生的信息素养。

3. 利用分层次教学实现技能课的优化

使学生掌握各类技能知识的操作方法，是技能课的目标。与理论课相比，在技能课中，学生的认知水平、学习兴趣、操作技能的差异性更加显著，对此，需利用分层教学法有效克服教学内容与学生技能水平之间的矛盾，克服学生掌握知识水平两极分化的矛盾，真正做到因材施教。

（三）实验课教学

实验课是指以规范的管理方式实施信息技术课程的一种课型，在生物、化学、物理等学科教学中较为常见。依据内容的不同，信息技术课程的实验课可以分为探究型实验课、演练型实验课和设计型实验课等类型。

1. 实验课流程

（1）实验准备。目前的教材中少有专门的实验设计，教师应根据自己的理解与学生的实际情况来加工、改造教材，确定实验内容。然后根据内容特点及目标要求选择合适的实验类型，设计实验过程及步骤，明确实验的指导重点及学生的操作难点，建立切实可行的评价指标。

根据实验需要，教师应事先准备好所用实验设备，保证设备可以正常运转。实验用设备的准备可留有余地，如果条件允许，让学生参与实验准备工作，培养其学习的主动性。实验课程应制定设备使用的标准操作规程。

做好实验室准备工作后，教师可先进行预实验，详细记录实验结果及相关现象、问题等，以便充分把握整个实验过程、操作难点、结果、现象、时间及可能出现的意外情况，合理解释意外结果，以保障实验顺利进行。

实验前教师还要加强学生的实验预习工作，引导学生复习相关理论知识、查阅资料、讨论、预测实验结果及可能出现的问题与解决问题的对策等。

（2）实验讲授。在实验课讲授过程中，应有适当的提问，由学生回答，从实验项目、实验过程直到可能的实验现象等各方面展开讨论，让学生不仅知道怎么做，更要知道为什么这么做。不同类型的实验课，讲授的内容各有侧重。

①演练型实验：着重讲授实验原理，分析和解释设备的性能、工作流程、操作规范等。

②探究型实验：主要讲解目的要求、原理、注意事项等，充分调动学生的积极性，提高学生的思维能力和动手能力。

③设计型实验：由学生设计实验方案，适当选用设备，处理、分析数据，得出结果、结论，并讨论结果等，教师则着重启发学生，综合运用所学知识分析解决问题及进行科学实验的思维与方法。

（3）实验指导。学生实验过程是整个实验教学过程的核心，教师应直接或间接参与实验过程，通过观察、提问、解答、纠正等方式监测和考核学生实验过程，确保学生掌握实验的基本原理、关键的实验操作和基本操作技能。具体从以下方面进行指导。

第一，提醒、要求学生严格按照标准操作规程使用设备，做好原始记录。

第二，积极引导学生理论联系实际，用所学知识解释实验现象及实验中出现的问题。

第三，实验完成后，针对实验过程中观察掌握的情况提出问题让学生讨论，加深学生对实验过程和正确操作的印象，巩固实验效果。

第四，实验结束后，教师布置实验报告，并针对每节课的内容布置适当的思考题或讨论题。最后指导学生做好实验设备的维护整理。

2. 撰写实验报告

实验报告是实验的重要组成部分，学生通过撰写实验报告，可以使实验课要完成的任务更加明确，更好地思考和总结整个实验。同时，教师可以对学生进行明确指导，全面了解学生的实验情况。因此，在信息技术实验课中撰写实验报告得到了学生的高度重视。

实验报告应包括以下基本内容：一是实验目的；二是实验项目与管理；三是实验仪器；四是实验步骤；五是实验过程；六是实验数据记录、处理与分析；七是思考题；八是实验评价。

二、现代信息技术课程体系的构建——以数字媒体技术专业课程为例

（一）构建内容

1. 确定课程大纲

课程大纲是课程教学的规范指导文件，是教学的基本依据。课程大纲要符合培训目标要求，服从课程体系结构及教学计划安排的整体要求。课程大纲的内容包括教学目标的设置、教学内容的安排、课程教学的基本要求、实践性教学环节要求、各门课程的学时学分分配等部分。

2. 组织课程实施，重视实践教学

课程的主讲教师要积极开展研究，重视学生在实践培训活动中的主体地位，充分调动学生参与的积极性、主动性和创造性。进一步优化课堂教学内容，要根据学生的特点和需要因材施教，鼓励主讲教师积极采用现代化教学手段和技术。实践教学是培训过程中的重要环节，要理论联系实际，全面提升学员的素质。实践教学主要包括组织公开课、考察、调查研究等。

3. 完善课程结构

课程的教学内容要与时俱进，尤其是数字媒体技术专业，更要及时反映学科领域的最新成果，因此要不断更新教学内容。结合市场人才需求调查，根据实际需求，及时开设有特色的新课程，调整现有课程体系。

（二）构建方法

要设置合理的面向社会和企业的数字媒体技术专业课程体系，必须先了解现阶段课程设置现状与社会需求之间存在的差距。虽然目前数字媒体技术专业所涉及的学科比较多，但是从数字媒体技术专业发展的角度看，其专业课程的设置应该是各个学科辅助课程的有机结合，而不仅仅是它们的简单拼凑，所以在数字媒体技术专业课程体系设置中应该注重几个问题。

第一，要注重向数字产品的营销与策划、广告创意方向的课程扩展，体现出数字媒体专业技术与艺术相结合的特点，从而形成数字媒体技术专业自己的特色。

第二，课程设置还应加强理论与实践的结合，以强化学生解决问题的能力，在解决问题的过程中，培养学生的沟通能力与团队协作精神。

第三，课程设置应该在保障本专业稳步发展的同时，能及时地根据社会对

数字媒体技术人才需求的不断变化做出调整。

（三）构建方案

数字媒体技术专业毕业的学生主要面向的工作领域有游戏、影视、动漫、数字艺术等，在这些领域主要从事的工作有游戏程序的研发和设计、动漫影视的创作、网络技术的维护和数字艺术相关的工作等，所以数字媒体技术专业人才课程体系应该紧紧围绕这几个方面去设置和改革。数字媒体技术专业课程体系的设置要有层次性，即体现在"三平台一环节"上。三平台有通识教育平台、学科专业基础教育平台和专业选修教育平台，一环节指实践环节。数字媒体技术专业课程体系框架如图 10-5 所示。

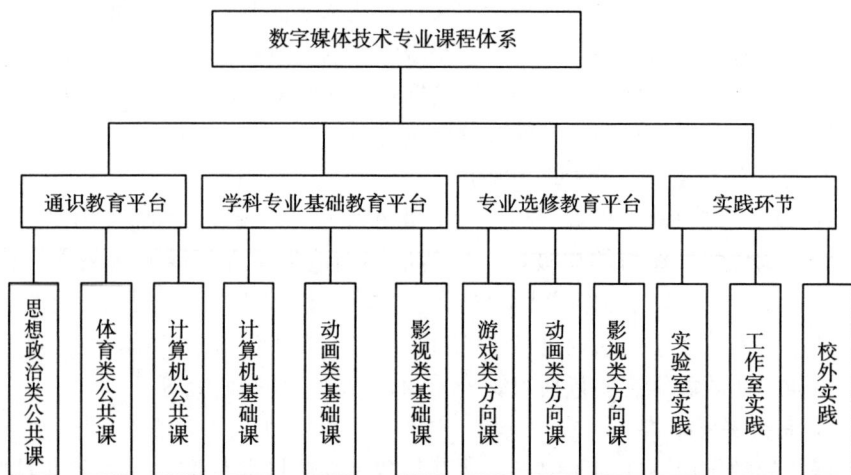

图 10-5 数字媒体技术专业课程体系框架

三、现代信息技术实验课教学改革研究——以《计算机网络与应用》实验课为例

《计算机网络与应用》是学校数字媒体技术专业的一门基于专业基础教育平台的课程。该课程以培养学生网络应用能力为核心，让学生通过课程的学习，毕业后能胜任计算机网络领域相关的各类工作，因此，本课程的实验课教学非常重要。

但是，目前该课程的实验课教学效果不尽如人意，存在学生课前预习不充分、课堂上讨论不充分、对知识点的理解升华不充分等问题，需要进行教学改革。

采用蓝墨云班课辅助教学平台的线上线下混合教学模式，能够改善传统的实验课教学模式，是一款非常实用的软件，主要优点有：教学过程、学生成绩公开公平化，学生信任度较高；教学资源的收集、归类、上传方便；课程过程记录方便灵活；教学反馈相对真实，学生能用文字实时评价；维护优化跟进迅速。

（一）蓝墨云班课辅助学习平台概述

蓝墨云班课辅助教学平台主要用于移动端，有 IOS 和 Android 两种版本，也配有相应的 PC 版平台以适应不同使用者在不同环境下的不同需求。蓝墨云班课平台的注册与使用十分便捷，教师创建好自己的班课，系统会自动生成邀请码，教师将邀请码告知学生，学生下载蓝墨云班课平台并注册，根据邀请码进入班课即可。蓝墨云班课以教师创建的班群和班课空间为基础，可以为教师提供班级管理、课堂讨论、资源上传、学习评价等服务，为学生提供课程订阅、消息提醒、个性化学习资源、讨论交流、能力测试等服务。

（二）基于蓝墨云班课的《计算机网络与应用》实验课改革实施过程

1. 课前情况

课前，教师要求学生首先观看蓝墨云班课资源中与本次实验相关知识点，进行自主学习，然后通过蓝墨云班课平台里配套的测试题来检测学生对本节课知识的掌握情况，并通过结果的反馈和评价让学生有针对性地对视频进行反复观看，最后再测评这一过程。这样，教师就可以清楚地了解学生在预习过程中知识点掌握的情况，并针对测试结果中发现的问题在课堂中进行讲解。

教师在上传有关学习资源时需要利用蓝墨云班课的资源分类形式功能将教学资源归类、合理分组，这样便于资源管理和学生查看。学生通过蓝墨云班课平台中教师上传的资源库进行课前自主学习。自学能力较强的学生，课前能够很好地掌握和完成教师布置的任务，为课上更好地完成实验操作任务打好基础；自学能力和基础较差的学生通过对平台上资源的课前预习，也能对本次实验的任务、目的和步骤有一定的了解。

2. 课堂情况

课堂上，教师利用蓝墨云班课平台布置小组任务，先是小组内讨论完成本次实验的步骤和注意的问题，同时，针对每次实验课容易出现的操作或设计问题组织学生进行讨论。对于在做实验过程中出现的临时问题，教师可让最先遇见问题的学生描述出现问题的过程，再由其他学生讨论，最后归纳讨论结果，给出最终解决问题的方案。在学生做实验的过程中，教师也可利用蓝墨云班课的课堂表现功能，及时给动手能力强和率先成功完成实验的学生增加相应的经验值，以此来鼓励学生。蓝墨云班课中的讨论活动板块除了能让学生可以随时查看自己已经获得的经验值，还可以让其看到自己在本班级经验值的排名情况，这样就能够不同程度地激励学生多动脑、多动手、多参与，营造出你追我赶的学习氛围。

3. 课后情况

课后，为了更好地加强与学生的沟通，教师可以利用蓝墨云班课设计答疑、交流活动区，学生在互动区用文字、语音或图片等方式发表自己在学习过程中遇到的问题，教师则针对学生提出的问题进行解答。课后，教师如果需要知道学生的整体情况，可以通过蓝墨云班课查看整个班级的签到情况、资源学习情况、讨论情况、测试情况等，并在此基础上对学生做出合理的学习评价。

第三节　现代教育技术支持下的大型开放式网络课程

一、大型开放式网络课程（MOOC）的定义

大型开放式网络课程（massive open online courses，MOOC）是一种在线教育形式，是在线教育系统的组成部分，是对以往的网络教学的发展和延伸。"MOOC"的含义分析如下。

"M"：Massive（大规模），不限制同时参与学习的学习者数量，一门课程的学习者可以成百上千，甚至多达十几万人。

"O"：Open（开放），课程向所有人开放，任何感兴趣的人不分国籍，只需一个邮箱，都可以注册学习。

"O"：Online（在线），意味着教与学的活动主要发生在网络环境中，无须旅行，不受时空限制。

"C"：Courses（课程），包括了师生实时交互的整个教学过程。

MOOC把以视频为主且具有交互功能的网络课程免费发布到互联网上，供全球众多学员学习。其典型特点是以小段视频为主传授名校名师的教学内容，以即时测试与反馈促进学员学习，并基于大数据分析促进教师和学生改进教与学。

二、MOOC课程的特点

MOOC课程具有几个特征。

（一）学员没有人数限制

学员为来自全球各地的众多学习者，学生没有人数限制。

MOOC的目的就是让来自世界各地的学习者从最好的大学、最好的导师中免费学到最好的课程，MOOC各平台中的大部分课程都由大学教授来提供。

（二）课程结构较为完整

基于计算机网络平台的MOOC课程不仅有基础性的课本知识讲解、实验操作、在线问题解答，同时还有社区互动平台，学习者可以在线与不同地区的人进行经验交流。另外，MOOC课程还提供学习证书，并能够获取学分，与

传统大学相似。

（三）邮件通知

课程开始前，教师会采用邮件等方式通知学生关于课程的起始时间、课前准备等基本信息。学生根据平台上的导航快捷进入所要学习的页面，并能便捷地获取相关资料。

（四）及时反馈

学生在 MOOC 课程学习时，主要有单元测试和机器测评来评估学生的学习动态，教师也会及时了解和分析学生的测试结果。几乎每门课程都会设置问答平台，以英文进行讨论。

三、MOOC 的教学过程

（一）教学准备

1. 教学目标

教师在设定教学目标时，应充分考虑受众的多样性，制定多层次的目标，让学生都能享受相对完整的学习体验。

2. 教学计划

在课程开始前，教师应清晰规划课程的架构和展开形式，并详细制定课程大纲，制定原则：一是根据课程内容搭建知识体系；二是根据学科特点设计教学模块。

学生通过浏览课程大纲对课程难度和学习任务量做出预估与判断，并进一步了解课程内容。

（二）教学过程

1. 视频教学

MOOC 课程讲座视频的制作过程本身就是教学过程。通过视频教学最好能够达到面对面、一对一的教学效果，让学生有强烈的代入感和参与感。

MOOC 中每小节讲座视频为 10 分钟左右，教师应注意回顾上一小节内容，重点讲授本节知识点，并利用最后 1 分钟时间进行总结。

2. 嵌入式测试

在课程讲座视频中间插入小测试，可以检验学生的学习情况，使学生及时发现和攻克学习中的疑点，然后更顺利地进入下一阶段的学习。

对于教师而言，嵌入式测试能够吸引学生的注意力，增强与学生的互动，提高教学效果，并评估自己的教学成果。

（三）教学反馈

1. 课后测试

课后测试通常用于检验学生一段时间内知识点的掌握及其综合运用情况。

课后测试主要分为周测试与期中、期末测试两类。教师可以根据课程需要灵活安排。

2. 同伴互评

同伴互评是由教师设定详细的考察点，指导学生对同伴的作业做出评价。通常由 4 位学生评价 1 位学生的作业，以避免评价者的主观意见或其能力水平出现偏颇。

教师在同伴互评中的引导作用非常重要：一是教师在布置作业时，要将考查点详细列出，引导学生按照各个要点全面作答。二是教师应设置评价指标并说明每项指标的评价标准。

(四) 教学补充

1. 课程讨论区

课程讨论区是师生之间、学生相互之间探讨课程内容、课后作业以及与课程相关的延展问题的平台。利用课程讨论区这一平台，师生间、学生之间的交流非常便捷。

应针对课程讨论区制定发文规范，明确惩罚机制，确保讨论的内容不与法律和道德相抵触，坚决抵制商业广告，保证讨论环境的健康与纯净。

2. 线下互动

MOOC 缺乏即时的师生面对面互动，为了弥补这一缺憾，MOOC 的授课教师与平台提供商开发了线下互动形式，让学生有机会与教师面对面交流，并让全世界的学习者共同分享。主要互动形式有几点：一是和老师闲逛；二是面对面答疑；三是学生见面会；四是教师邮件提醒。

(五) 教学改进

1. 课前调查

开展课前调查，可以了解学生的人口背景、学科知识储备与对课程的期望。课前调查收集的信息有几点：一是学生的人口学特征；二是学生参加课程的动机；三是学生对课程的期望；四是学生对本课程知识的掌握水平。

2. 课后调查

在课程收尾阶段，教师需要对每位学生的表现进行打分，评估其是否有资格获得结课证书，制作证书，并开展结课后调查。结课后调查的内容有几点：一是课程的总体评价；二是课程资料的评价；三是学生个人的学习习惯；四是对学习任务量的评价；五是对自我学习过程的评价；六是与线下面对面教学方式和其他在线教学方式的比较；七是中途放弃学习的原因；八是其他想要了解的信息。

需要注意的是，课程调查的篇幅不宜过长，而且课前调查与课后调查是一个整体，最好能够将课程调查嵌入课程平台数据中，两套数据互相补充。

第四节　基于现代教育技术的精品课程网站的建设与优化

大力开展网络教育精品课程建设，对现代远程教育意义重大。在建设精品课程库的同时，提高网络精品课程网站的建设质量是摆在教育工作者面前的重要课题。因此，从现代教育技术信息化的角度出发来研究精品课程网站的建设与优化具有现实意义。

一、精品课程网站建设的现状分析

（一）精品课程建设备受重视

随着现代教育技术的不断发展，国内外有关信息化精品课程的建设备受重视，数量不断增加，分布趋于均衡，划分趋于精细。精品课程的建设带动了各学科对课程的重新思考和建设，也为高等院校提高教学质量做出了贡献。

（二）精品课程网站建设呈现出技术多元化局面

科学技术的快速发展促进了精品课程网站技术的发展。目前，网站的技术构成不局限于以往单一的静态网页形式，而是出现了多种新技术，开始呈现出技术多元化的局面。

（三）教学资源的形式更加多样

从教学资源来看，其形式更为丰富多样，大多共享了教案、课件、教材和网络课程，改变了以前以单一形式呈现教学资源的情况，开始提倡动态立体化教材，以期通过不同的形式呈现出更丰富的资源。

二、基于现代教育技术的精品课程网站的优化设计策略研究

目前，制约精品课程网站建设与使用的因素有宣传力度不够、操作复杂不易使用、资源不够丰富等。鉴于此，有关学者利用 ASP. net 技术提出了一项精品课程网站的优化设计策略，其操作简单，界面简洁友好，能充分利用网络精品课程的资源，让网站成为教师与学生互动的平台。

（一）精品课程网站的总体设计

采用 ASP. net 技术与 Web 数据库技术相结合设计精品课程网站，拟设计的优化方案功能有以下几点。

1. 浏览网站功能

课程网站页面左侧有导航条，用户可以根据自己的需要，点击相关的链接进行查看。

2. 后台管理功能

主要包括管理员的身份验证、用户管理、论坛管理、教师信息管理、教学资源管理等功能。

3. 在线交流功能

注册用户可以发表和回复帖子，可实现各用户实时的交互功能。

精品课程网站优化策略的总体设计逻辑如图 10-6 所示。

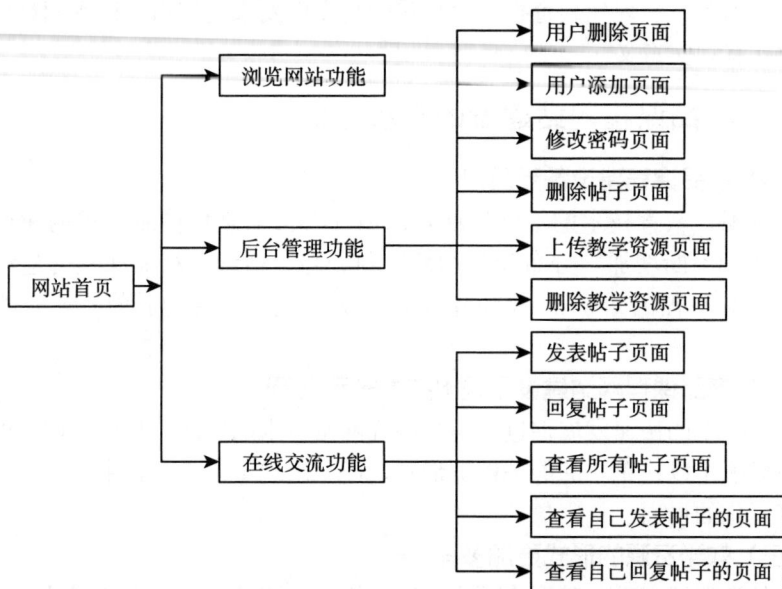

图 10-6　精品课程网站优化策略的总体设计逻辑

（二）精品课程网站的层次化设计方法

网站的总体设计采用结构化的设计方法，根据模块化的设计思想，将总体的精品课程网站系统划分为多个子模块（图 10-7）。

（三）精品课程网站的安全系统设计

网站的用户信息必须有一定的安全保障措施，不同的用户分配不同的权限，各用户允许浏览的页面和允许进行的操作都应不同，这样网站的安全性才能得到保障。已设计的登录角色分为 3 种：游客、注册用户、管理员。登录后的权限管理功能流程为：用户登录后通过权限进行判断，游客不能浏览论坛内容；注册用户除了可以完成游客的操作外，还可以进行发帖、回帖、交流学习心得等操作。注册的用户除系统的管理员外只能对自己录入的信息进行删除和修改操作。系统管理员具有最高权限，包括审核注册用户信息、发布信息等（图 10-8）。

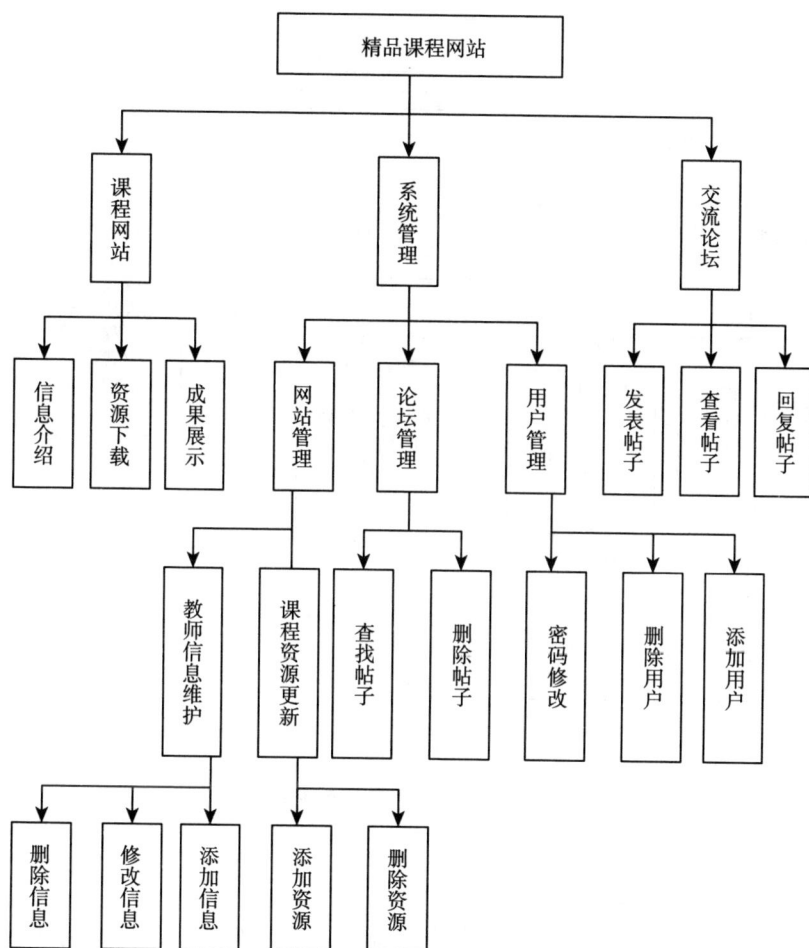

图 10 - 7　优化后的精品课程网站的系统模块层次

　　用于注册的用户名名称本身通常是安全隐患的主要来源。很多系统管理员往往习惯于采用默认的用户名称，如 system、admin、root 等，而这类账户一般是首先被攻击的目标。因此关于注册用户名名称的建议是：如果网站允许用户自由选择用户名称，则要尽量确保禁止使用某些默认名称，尽量不要使用容易被猜出的或有规律的名称。

（四）精品课程网站的上传文件功能设计

1. 使用 ASP. net 技术上传文件

　　传统的 ASP 技术本身不支持上传文件这一功能，必须借助其他的组件来实现，因此要实现文件上传功能是非常烦琐的。而 ASP. net 则不同，它使用 VB. net、C♯等面向对象的语言代替了原有的 VBScript，这样可以使它完成各

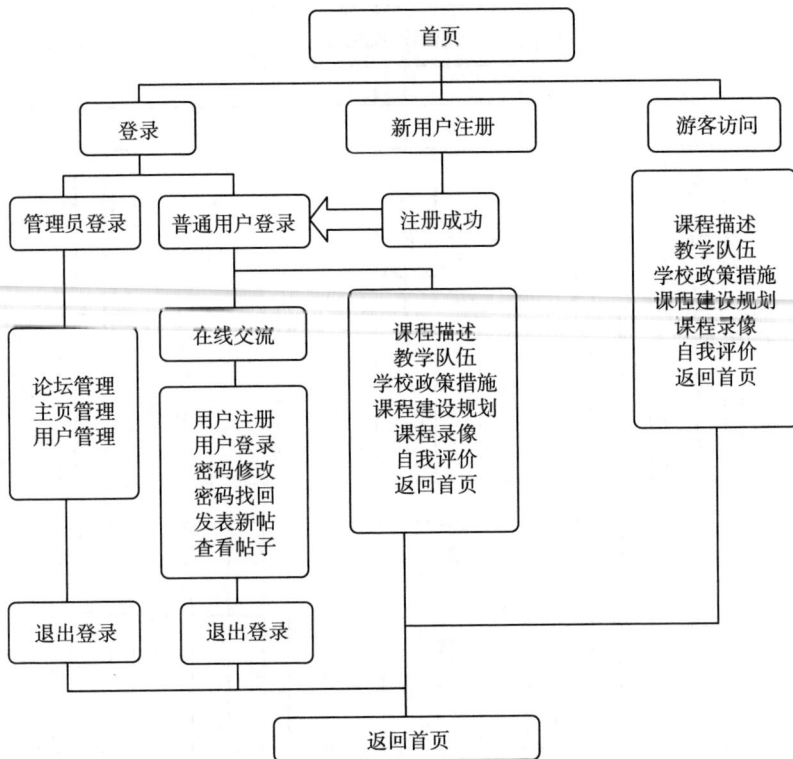

图 10-8　精品课程网站的系统安全设计

种各样以前无法实现的操作。

2. 使用 Web 服务技术上传文件

使用 Web 服务技术实现文件的上传需要 3 个步骤：一是把本地文件通过 ASP. net 程序变成流文件；二是把流文件上传到 Web 服务中；三是通过 Web 服务程序把第二步上传的流文件存储到 Web 服务所在的主服务器上。

综上所述，使用 ASP. net 上传文件的方法非常简单，其缺点是只能把文件上传到 ASP. net 程序本身所在的服务器上，如果要上传的服务器和 ASP. net 应用程序不在同一个服务器上，就需要使用 Web 服务技术来实现这项功能了。

第十一章

现代教育技术在课堂教学中的运用

随着教育信息化的不断发展与教育的深入改革，将现代教育技术充分融入现代课堂教学中，并充分利用教育技术进行课堂教学改革，对提高课堂教学效率与教学效果具有重要意义。本章主要对现代教育技术在课堂教学中的运用进行研究，主要内容包括现代教育技术支持下的课堂教学设计、课堂教学模式、微课教学、翻转课堂以及混合式教学。

第一节　现代教育技术支持下的课堂教学设计

一、现代教育技术支持下的课堂教学设计的概念

现代教育技术支持下的课堂教学设计也就是信息化课堂教学设计，指的是将现代信息技术和信息资源充分利用起来，对课堂教学过程的各个环节和要素进行科学安排，为学习者提供良好的信息化学习条件，优化教学过程和提高课堂教学效果的系统方法。还有一种类似的观点，即现代教育技术支持下的课堂教学设计指的是运用系统方法，以学生为中心，将现代信息技术和信息资源充分利用起来对各个教学环节与要素进行科学安排，以实现课堂教学过程的优化。

在现代教育技术支持下进行课堂教学设计，能够对学生的信息素养、学习能力、创新精神以及实践能力进行培养，使其学业成就不断提高，并使他们最终成为自觉主动的终身学习者。信息化教学设计要求教师对现代信息技术能熟练应用，能够以信息技术为支撑开展各环节的教学工作，在课程教学中充分发挥信息技术和信息资源的作用，以优化教学效果。信息化教学设计同时还提倡教师在信息化教学中对学生的思维能力、探究意识进行培养，通过创设问题情境的方式激发学生思考，设计教学问题是信息化课堂教学设计中的一个重要环节。

二、现代教育技术支持下的课堂教学设计的原则

现代教育技术支持下的课堂教学设计应贯彻几条原则。

第一，以学生为中心，教师对学生的学习过程进行引导、监督、控制与评价，并培养学生的学习能力。

第二，作为学习的促进者，教师应将各种信息化教学资源充分利用起来，对学生的学习行为予以支持。

第三，在学习过程中以"任务驱动"和"问题解决"为主线，在意义丰富的情境中将学习策略与方法传授给学生。

第四，强调协作学习，如师生之间、学生之间以及教师之间的协作，利用信息化学习资源进行跨学科、跨年级等多种形式的学习等。

第五，教学评价要面向学习过程和学习资源。

三、现代教育技术支持下的课堂教学设计的评价标准

信息化课堂教学设计的好坏，可参照几个标准来评价。

1. 信息技术与课程教学合理整合

（1）采用的信息技术和学生学习有明显关联。

（2）技术的应用是教学计划成功实施的必备条件。

（3）教学计划实施中因为在研究、发布和交流中应用了计算机工具而更加顺利。

2. 有利于提高学生的学习效果

（1）学习目标明确，表述清楚。

（2）学习目标与课程标准相关要求相符。

（3）能激发学生的兴趣，有利于培养学生的学习能力、高级思维能力和信息处理能力。

（4）充分考虑学生的个体差异，并有针对不同学习者的学习成效评判标准。

3. 能有效评价学生的学习过程

（1）教学计划中包括务实的评价工具。

（2）学生学习目标和学习成果评估标准密切相关。

4. 教学计划的实施简单易行

（1）教学计划能够灵活修改，以适用于不同的教学对象。

（2）教师能熟练应用教学计划中涉及的教育技术，软、硬件支持力度强。

四、现代教育技术支持下的课堂教学设计的过程

在对信息化教学设计的过程进行研究之前，先简单了解一下一般教学设计的过程。学习理论是教学设计的主要理论基础，以学习理论为指导的教学设计主要有3种类型，分别是以"教"为中心、以"学"为中心及"学教并重"的教学设计。这3类教学设计的设计过程分别如图11-1至图11-3所示。

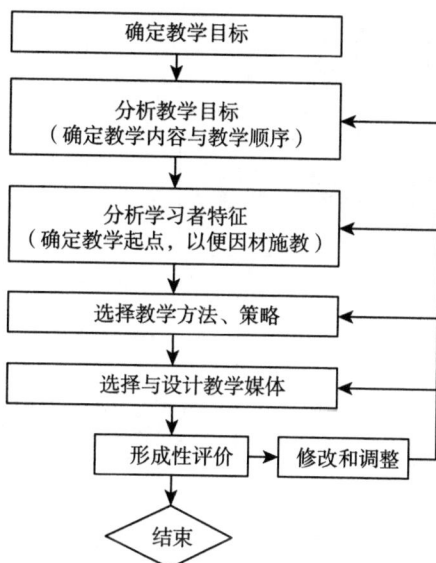

图 11-1　以"教"为中心的教学设计

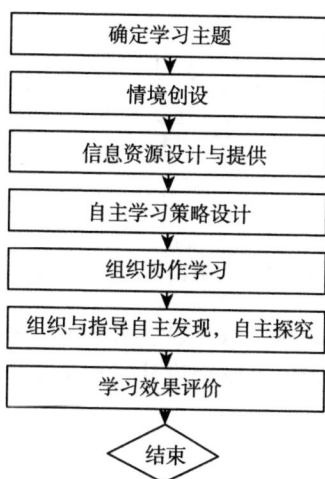

图 11-2　以"学"为中心的教学设计

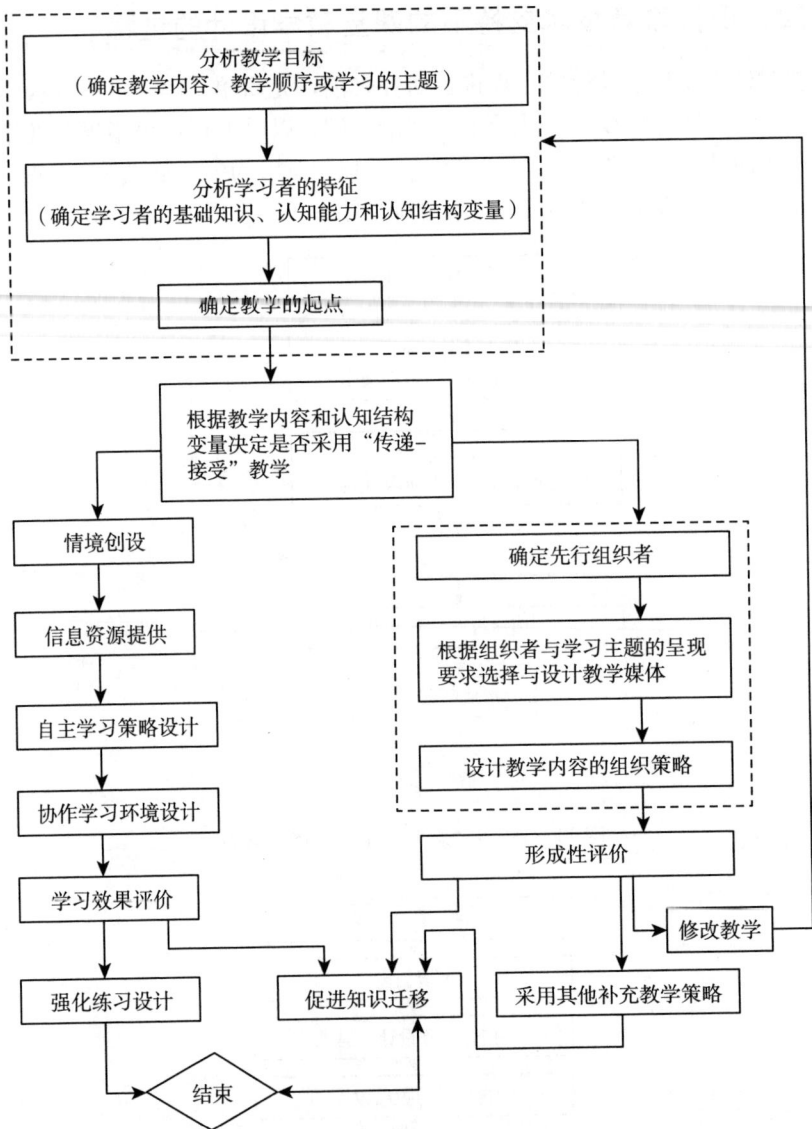

图 11-3 "学教并重"的教学设计

现代教育技术支持下的课堂教学设计可参考一般教学设计的流程，同时要结合信息化教学环境进行设计，整个设计过程主要包括 8 个模块（图 11-4）。

8 个设计环节分析如下：

1. 单元教学目标分析

单元教学目标分析是信息化课堂教学设计的第一步，教师分析教学目标，将学生应达到的水平明确下来。在目标设计中，要对认知领域、方法领域、情

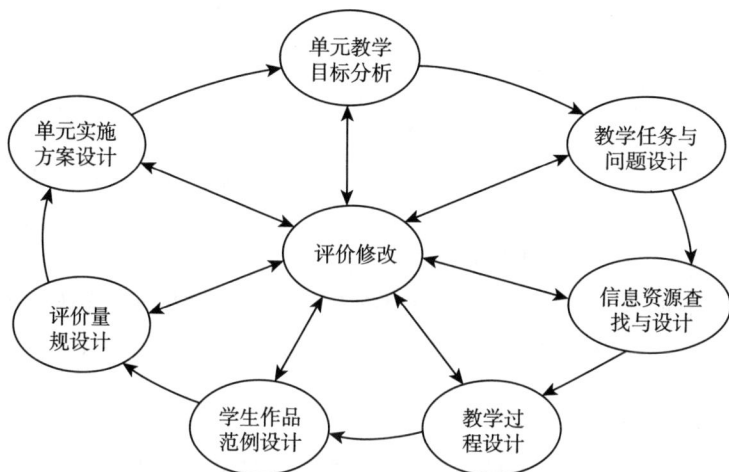

图 11-4　信息化教学环境下的课堂教学设计

感领域 3 个领域的目标进行综合考虑，使学生充分掌握知识与技能，对其情感态度、价值观、实践能力、人格品质等综合素质进行培养。

2. 教学任务与问题设计

对教学任务和教学问题的设计要以单元教学目标为依据进行，任务要真实，问题要与实际结合，具有针对性，使学生带着任务或问题进行学习，以激发学生的学习动机和寻找答案的积极性。

3. 信息资源查找与设计

以学生的学习水平和已经设计的教学任务和问题为依据，确定以何种方式向学生提供学习资源。信息化学习资源的提供方式具有多样化、立体化、多媒体化等特征，突破了书本知识的局限，既有课本资源，也有网络资源，同时还有其他类型的资源。

在信息资源查找与设计环节，教师可以向学生提供现成资源，这需要教师先将相关资源查找与整理出来，并评价资源的可靠性与真实性，将最真实、可靠的资源提供给学生。教师还要根据教学需要对资源列表进行设计，为学生查阅资料提供方便，促进学习效率的提高。

此外，教师也可引导学生从自身需要出发对资源进行查找，但教师要提前说明要求，使学生有目的地查找资源。

4. 教学过程设计

从整体出发梳理课堂教学过程，使每一步都合理有序。这个环节要遵循适应性、新颖性的设计原则，不管是组织课堂教学、设计课堂教学活动，还是使用信息化教学工具，都要确保简便易行，教具要体现多元化和创新性，使不同学生的需要得到满足。一般要以文字形式呈现关于整个教学过程的信息化教案。

5. 学生作品范例设计

在信息化教学过程中，如果学生的学习任务是完成电子作品，则教师需提前将电子作品范例制作出来供学生参考。教师应立足于学生视角设计这个范例，应考虑学生现有的制作水平和希望学生达到的制作水平，使学生通过努力可以完成这个任务。教师展示电子作品范例后，学生会初步形成对这个学习任务的感性认识，并按要求去制作电子作品。

需要注意的是，教师要提醒学生不要完全参考教师呈现的范例，避免学生形成思维定式，要鼓励学生充分发挥自己的个性与创造性，设计有创意的电子作品。

6. 评价量规设计

量规是结构化的评价工具，在信息化学习尤其是电子作品的评价中，这个方法起到重要作用。利用这个定量评价方式，能够对学生的电子作品从内容、技术、科学性、艺术性及创意等角度进行全面化的评价，使评价的可操作性更强，评价结果更客观、准确。

设计量规应对学生的整个学习过程、电子作品的完成情况等因素进行充分考虑，具体评价方式有学生自评、教师评价和学生互评。

7. 单元实施方案设计

教学实施方案应包含的内容：一是方案实施的时间安排；二是学生分组方法；三是上机时间的安排；四是要准备的文档；五是可能用到的软硬件及替代方法。

8. 评价修改

学习过程是一个动态变化的过程，充满不确定性与复杂性，在信息化课堂教学设计过程中，要随时做好评价修改的准备，将评价修改贯穿到整个教学设计过程中。只有不断评价、获得反馈，再合理调控教学过程，才能提高教学效果。

第二节 现代教育技术支持下的课堂教学模式

一、自主学习模式

(一) 模式概念

1. 自主学习的概念与内涵

关于自主学习的定义在学术界众说纷纭，不同学者提出了不同的观点，目前还没有一个统一的说法。例如，庞维国指出，学习者主动调节和控制整个学习过程或学习的各个方面就是学生自主学习。钟启泉等人认为，自主学习从学习过程角度来看是一种具有导向功能和调节功能的学习方式。虽然不同学者从不同角度、维度提出了自己的不同看法，但从中折射出的内涵却是比较一致的，具体包括以下几点。

（1）自主学习不能与积极主动学习完全等同，自主学习强调学生主动选择与控制学习的各个方面。

（2）自主学习不能与独立学习完全等同，学生在自主学习过程中可能会向他人求助。

（3）自主学习中的"自主"是一个相对的概念。对于学习是完全自主还是不完全自主，难以判断。

2. 自主学习模式的概念

从自主学习的内涵来看，自主学习模式指的是学习者独立自主或在他人指导下，对自己的学习进行独立选择和决策，并进行自我调控与管理的学习过程。

（二）操作程序

自主学习模式的操作过程如下：

（1）自主计划任务，包括目标设置和自我动机。

（2）自主监控过程，包含自我观察和自我控制。

（3）自我总结反思，包括自我判断和反思改进。

二、小组协作模式

（一）模式概念

知识分散在不同地方或不同人脑中，对知识的共同建构是通过协作组的互动及各种不同群体的组合而实现的，这是分布式认知理论的基本观点。知识的社会化建构需要依赖协作学习。小组协作模式指的是教师组织学生以小组或团队的形式进行学习，且学生之间通过对话、商讨、争论等方式来充分论证学习问题，从而完成小组学习任务、达成小组学习目标的过程。

（二）操作程序

小组协作学习模式的操作步骤如下：

（1）创建小组，选择主题。

（2）任务分解，明确分工。

（3）协商讨论，完成作品。

（4）展示成果，评价反馈。

三、情境探究模式

(一) 模式概念

探究学习指的是学生在教师的指导下主动发现问题，用与研究类似的方法来分析和研究问题，并探索解决问题的方法，以获得新知识技能的活动。在一定情境中的知识可以将学生的学习兴趣和动机激发出来，促进学生发挥主观能动性，主动发现和提出问题，从而掌握知识和技能，这是情境认知理论的基本观点。

从这一观点出发，可以了解情境探究模式的概念。这种教学活动是教师创设一定的教学情境，通过有效的途径（观察、实验、阅读等）引导学生发现问题，将教学内容置于问题情境中，使学生在分析和解决问题的过程中获得新知识。

(二) 操作程序

情境探究模式的操作步骤如下：

（1）创设情境。创设的情境具有趣味性、挑战性，且与学习内容密切相关。

（2）提出问题。提出的问题具有启发性，与教学内容密切关联。

（3）开展探究。学生利用教师提供的信息化学习资源和工具自主探究或小组合作探究。

（4）总结反思。学生在教师的引导下反思探究过程，总结收获和经验，发现问题，不断完善。

四、任务驱动模式

(一) 模式概念

任务驱动模式指的是在教学任务的驱动下，学生将各种有效的教学资源利用起来，通过自主学习、合作学习、探究学习等方式获得知识与技能的教学活动。教师在采用这一模式进行教学的过程中，提出的学习任务的难度应不断增加，将学习内容隐含在任务中，学生逐步完成每项学习任务后，实现对新知识的意义建构[①]。任务驱动模式的实施过程其实也是引导学生不断探究（发现、分析和解决问题）的过程，学生掌握新知识与新技能的程度最终通过作品呈现出来。

(二) 操作程序

任务驱动模式的操作步骤如下：

---

① 陈斌，2017. 现代教育技术 ［M］. 北京：北京师范大学出版社.

1. 创设情境

基于学生的真实生活创设情境，将学习任务隐含在情境中。

2. 设计任务

（1）明确设计目标。

（2）任务具有开放性、挑战性、启发性。

（3）留给学生思考、探索、交流的空间。

3. 完成任务

学生通过搜索网络信息和资源，并利用学习材料和各种工具来创作作品。教师要给予指导，如划分完成任务的步骤、提供范例等。

4. 成果交流

教师组织学生进行成果交流，让学生总结经验，反思学习过程，并鼓励学生发挥创新思维。

第三节　现代教育技术支持下的微课教学

一、微课与微课教学简述

（一）微课

微课起源于 1960 年，当时美国爱荷华大学附属学校提出了微型课程，后来可汗学院与 TED‐Ed 将微型网络视频带入人们的视野，这种微型课程教学模式逐渐在教育领域中活跃起来。最近几年来，MOOC 等网络课程的出现对微课的发展起到了促进作用。

1. 微视频

作为微课的核心内容，微视频可以说是给学生呈现学习内容的最直接的形式，其特点如下：

（1）目标明确，主题突出。

（2）内容短小精悍。

（3）情境真实，资源丰富。

（4）便于获取、学习。

2. 微课程

微课程除了具有上述微视频的特征外，还具有自身的独特性，表现如下：

（1）更新快，便于扩充。

（2）关注学习主体的发展。

（二）微课教学

微课教学是教师将微课的资源整合到日常课堂中，根据学生的学习特点和学习进度，将微课资源与普通课堂相结合，从而实施教学的过程①。

二、微课教学的设计与程序

（一）微课教学的设计

1. 设计原则

微课教学的设计原则如下：

（1）微课教学设计应遵循动静结合的原则。

（2）微课教学设计应遵循自主探究的原则。

2. 设计要点

微课教学设计要点如下：

（1）微课教学设计应合理设置课程目标。

（2）微课教学设计应明确教学重难点。

（二）微课教学的程序

微课教学的实施步骤如下：

1. 微课程学习视频的制作

在这一环节，应将教学重点和难点牢牢抓住，基于对重点、难点的把握，来制作具有趣味性、引申性、互动性、时间为 5～10 分钟的视频。视频要便于师生互动交流，从而使教师与学生共同改进课程内容。

2. 课堂学习形式和方法的设计

通过微课教学，可以使学生在课堂上自主探讨和内化，在课外学习丰富的知识，并有效整合，提高学习效果。

3. 教学过程的评价

评价教学过程的设计、内容、方法以及成效等各个方面，及时调整微课教学方案，完善微课教学过程，提高微课教学质量。

第四节　现代教育技术支持下的翻转课堂

一、翻转课堂的基本阐释

从字面上来看，翻转课堂就是把课堂翻转过来，其基本定义是把原来在课堂上完成的知识传递过程改为在课前完成，把原来在课后完成的知识内化过程改为在课堂上完成。

翻转课堂教学模式要让学生在课堂上享有一定的自由权，在课堂外完成"知识传授"的过程，让学生自主选择学习方式来掌握教学内容；学生要在课

---

① 景亚琴，2014. 信息化教学［M］. 北京：国防工业出版社.

堂上完成"知识内化"的过程，利用课堂时间多与教师、同学沟通交流，及时解决不懂的问题。

在传统教学中，教师在课堂上通过课堂讲授的方式传递知识，学生通过完成课后作业和进行课后实践操作来内化课堂上教师传递的知识与信息。而在翻转课堂教学模式中，教师提前利用多媒体技术录制教学视频，将这些学习资料发给学生，在课前完成知识的传递，从而保证学生拥有自由的学习空间，学生的学习方式有很多，每个学生都可以根据自己的需要来自由选择，争取在课前就能比较深入地学习下节课要学的内容，从而在课堂上能够顺利完成知识内化过程，通过课堂上的相互碰撞与相互交流而更加深入地理解与掌握新知识。

在很多人看来，翻转课堂就是和传统教学形式相反，从"课上传授＋课后内化"转变为"课前传授＋课上内化"，其实这种观点不够全面，有两个关键部分没有被认识到：一是学生的深入学习真正发生在课外；二是课堂上的观点相互碰撞，从而引起师生在更深层次上研究问题。

学生在课前观看教师已经录制好的教学视频并进行相关练习，并不仅仅是简单预习即将要学习的新知识，还要深入学习和理解新知识，这就要求教师根据学生的学习水平和已有经验来录制教学视频，要让学生可以独立完成自学，课前传授的效果甚至要比课上讲授更好。学生在自学过程中，对新知识有较深的理解，在课堂上经过各种互动与碰撞，学习层次会更加深入，对知识的理解与把握会更加深刻。

还需要注意的是，翻转课堂不同于在线视频。翻转课堂使面对面的互动学习过程更加有效，是这种教学模式最重要的价值。

图 11-5 直观地显示了翻转课堂与传统课堂的区别。

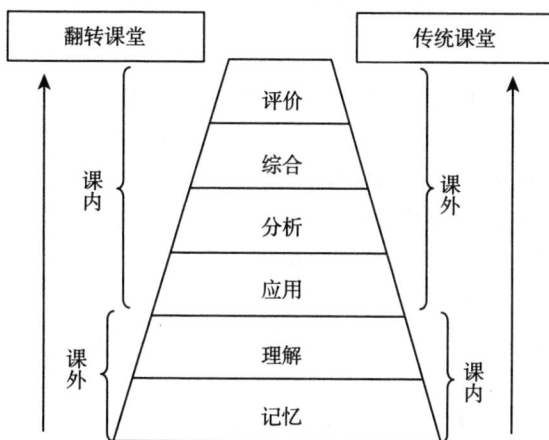

图 11-5　翻转课堂与传统课堂的区别

二、翻转课堂教学模型

（一）罗伯特·陶伯特的翻转课堂模型

罗伯特·陶伯特的翻转课堂模型是其在总结自身十多年教学经验的基础上提出的，该模型指出翻转课堂教学的主要程序具有一定的系统性（图 11-6）。

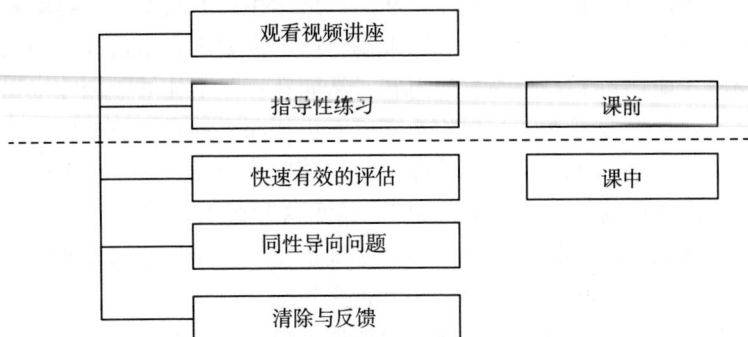

图 11-6　翻转课堂教学模型

罗伯特·陶伯特的翻转课堂模型将翻转课堂教学划分为两个阶段：一个是课前学习阶段，一个是课中学习阶段。

1. 课前学习阶段

学生在课前观看教师提供的教学视频，然后有针对性地做一些练习性作业。

2. 课中学习阶段

在翻转课堂上，教师通过一定形式的测验来考查学生对新知识的掌握情况，然后集中解决学生普遍存在的复杂问题，从而使学生更好地实现知识的内化。

对于可操作性强的理科类课程，可采用这种翻转课堂教学模型。该模型还需进一步改进与完善才能适用于具有发散性特征的文科课程。

（二）杰姬·格斯丁的翻转课堂模型

杰姬·格斯丁提出的翻转课堂模型是一个环形的四阶段模型，四阶段分别是体验参与、概念探究、意义建构、展示应用。

1. 体验参与

参与性学习是第一步，学习方式有同步实验、同步实践、游戏参与等。

2. 概念探究

学生对相关概念深层意义的探索主要通过阅读博文、观看微视频和参与学习讨论等方式实现。

3. 意义建构

学生对新知识的意义建构采取的方式主要有完成测验、创作博客等。

4. 展示应用

最后这个阶段一般以具有创造性的演讲活动或项目活动来完成学习成果的展示和应用。

在要求学生具有较好发散性思维的课程教学中，比较适合采用这种翻转课堂模型。采用该模型能够使学生的主观能动性和个性得到充分发挥，对学生的创造性思维进行培养。

这类翻转课堂模型的缺陷在于对学生学习的主体地位过分强调，忽视了教师的引导和辅助，学生会因为得不到有效的引导而偏离正确的学习轨道，造成学习的盲目性与低效率。

上述翻转课堂模型忽视了教师的作用，而对学生的主体作用过分强调，钟晓流教授为了避免这个问题，对教师的"教"给予了一定的重视。这一翻转课堂模型强调在学生的学习过程中，教师作为组织者、参与者和引导者所发挥的重要作用，强调学生在课堂上的主体地位。

该模型将翻转课堂教学分为课上部分和课下部分两部分，具体又分为4个环节，分别是教学准备、记忆理解、应用分析、综合评价。但这个模型中并没有真正合理安排教与学的部分，"教"的部分相对较少，而且没有提到课程开发和课后交流，有待进一步改进。

（三）张金磊的翻转课堂模型

张金磊将罗伯特·陶伯特的翻转课堂模型作为参考，以翻转课堂理论、教学设计理论和建构主义理论为依据，对全新的翻转课堂教学模型进行了构建，全新的翻转课堂模型主要包括两个过程：一是课前知识学习，二是课堂学习活动（图11-7）。

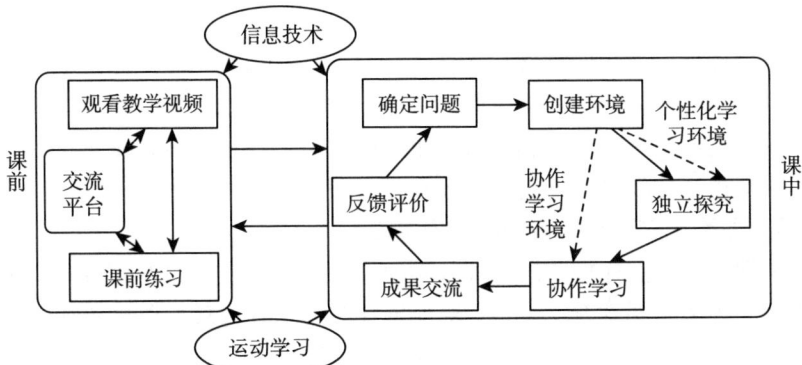

图 11-7 全新翻转课堂模型的过程

在课前和课堂两个学习环节中，信息技术手段发挥了重要的作用，在信息化学习过程中形成了个性化协作式环境。翻转课堂教学的顺利实施既需要信息技术的支持，也离不开学习活动的开展。

这个模型对翻转课堂实施的过程进行详细论述，可操作性强，具有重要的指导作用。但它的问题在于只提到课前和课中两个学习环节，忽视了课后学习，也没有详细论述如何开发针对新知识和要解决的问题的练习。

（四）曾贞的"反转"教学模型

曾贞设计的"反转"教学模型如图 11-8 所示。该模型主要包括 3 个重要步骤。

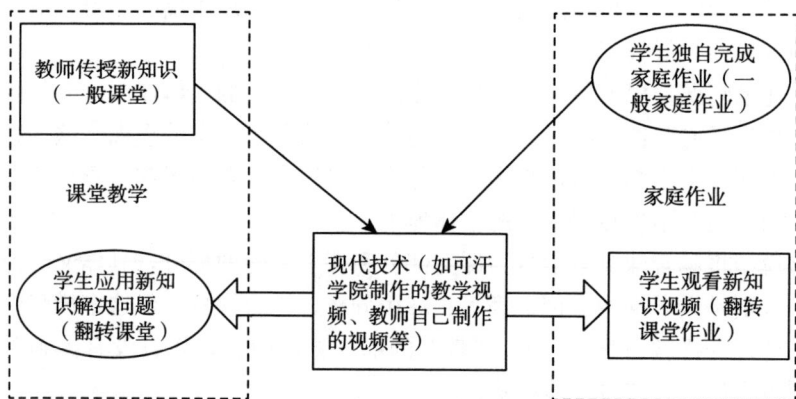

图 11-8 新知识的应用学习

1. 预备学习

观看教学视频，提出要解决的问题并进行简单讨论。

2. 深入学习

根据问题寻找答案的深层学习。

3. 新知识的应用学习

参考"反转"教学模型进行翻转课堂教学，教师能够从实际教学情况出发灵活调整教学过程。但该模型没有从书面上详细论述以上 3 个关键步骤，所以可操作性不强，实际操作中容易偏离正确的轨道，而且也没有涉及对适合翻转课堂的课程进行开发设计的问题，还需要进一步细化与改进。

（五）适用于文科与理科的翻转课堂模型

有关学者参考上述提前的 5 种教学模型，并基于自己的理解与经验而进一步改进和完善翻转课堂教学模型，对能够在文科课程与理科课程教学中通用的翻转课堂模型进行了构建，这个模型包括 3 个部分：一是课程开发，二是课前知识传递，三是课堂知识内化（图 11-9）。

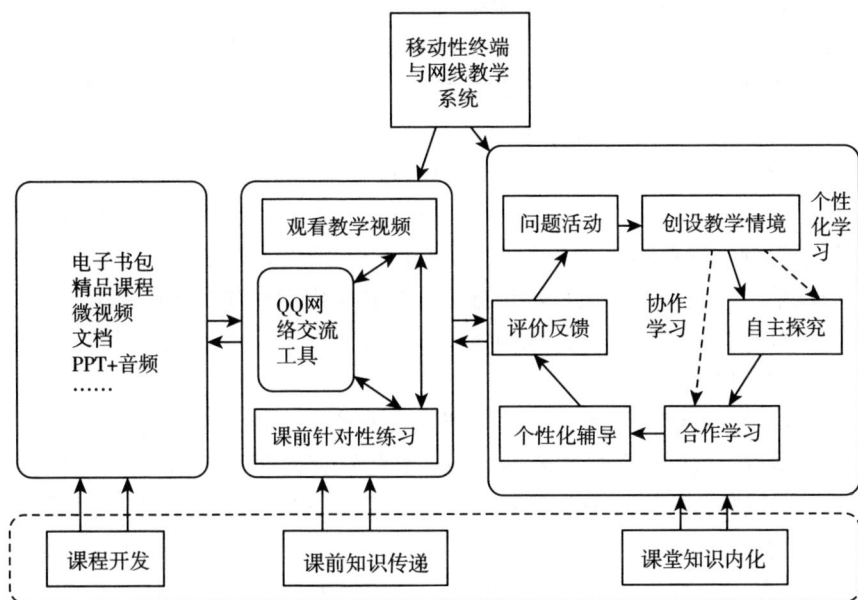

图 11-9　适用于文科与理科的翻转课堂模型

该模型强调，在翻转课堂教学中为有效传递信息、顺利开展学习活动以及创设良好的协作学习环境，需要充分运用网络交流工具、网络教学系统以及移动终端等信息化手段。

三、翻转课堂教学过程

（一）课前准备

1. 教师活动

（1）对教学目标的分析。很多人都认为对教学视频进行制作是实施翻转课堂教学的第一步，但对教学视频进行制作需要以教学目标为依据，所以要先对教学目标有明确的认识，深入分析教学目标，清楚要通过教学活动让学生达到什么结果。其实在任何教学模式中，这都是必不可少的环节。只有教学目标清晰明确，才能有针对性地开展教学工作，确定教学内容，选用教学方法和策略。

将分析教学目标作为实施翻转课堂教学的第一步，能够明确哪些内容对学生有用，哪些内容对师生互动有促进作用，然后将这些内容制作成视频，提高学生的学习效率。

（2）对教学视频的制作。翻转课堂教学中采用视频的方式传递知识。教师可以自己录制教学视频，也可以对他人制作的教学视频或网上的视频资源直接运用。教师制作教学视频的步骤如下：

①课程安排。对课堂教学目标加以明确，确定视频教学工具是否对实现教学目标有用，如果视频教学内工具对实现目标的意义不大，或不适用于教学内容，则采用其他教学方式。没必要因为是翻转课堂而刻意采用视频教学方法，视频并不是翻转课堂教学的全部。

②视频录制。对教学视频进行录制的过程中应对学生的个性有一定的了解，确保教学视频与学生的学习特征、学习能力相符。教师要选择安静的场所制作教学视频，以免噪声干扰学生的观看。视频中没必要呈现教师个人的形象，一双手、一个交互式白板就足够了，将教学内容简要写在白板上。

（3）对教学视频的编辑。视频后期制作非常重要，可以发现视频中存在的错误和问题，以及时改正与完善。

（4）对教学视频的发布。将教学视频发布给学生是为了让学生观看视频，完成课前学习。这个环节的主要问题在于如何选择发布视频的地方，以便于学生顺利观看视频。选择这个地方要因各校和学生的具体情况而定。教师可以在 Moodle 平台、YouTube 等在线托管站点上发放教学视频，或制作 DVD 来提供给没有网络或电脑的学生。也有学校会延长校园多媒体中心的开放时间，让学生顺利观看视频。不管采用什么方式，主要是要让学生观看教学视频的需要得到满足。

2. 学生活动

（1）观看教学视频。教师发放教学视频后，学生观看视频资料，学习基础好的学生几乎可以一次性看完视频内容，并对教学内容有整体的认识。学习基础较差的学生可能会在观看视频的过程中暂停、回放等，或经过反复观看来了解学习内容。学生在观看视频时，可记录不懂的地方，带着问题上课，有目的地学习，然后对自己的学习步调进行控制。在此过程中，学生需要适当梳理教学视频中的知识与内容，明确自己有哪些新的收获。

（2）适量练习。学生观看视频后要根据要求做一些适当的练习。教师布置的练习作业要与视频中的知识有关，目的是让学生巩固从视频中学到的知识，发现自己的问题，以便带着问题上课。教师要合理设计课前练习问题，包括练习数量和问题的难度，具体要以"最近发展区理论"为依据，通过对练习的合理设计，让学生通过完成练习来掌握新知识，巩固与深化新知识。

在学生观看视频学习的过程中，教师可通过网络交流平台与学生互动，了解学生自学中遇到的问题。通过检查学生完成练习的情况，教师可以获得一些反馈，掌握学生的学习问题，在课堂上重点解决学生的难题，并与学生共同深入探索与研究问题，解开疑点，实现学习目标。

（二）课中教学

1. 确定问题，交流解疑

学生的成长是在不断学习中实现的，学生在学习中不可避免地要与他人发生交流与互动，以获取更便利的学习条件和更多的学习成果。传统课堂教学中，教师控制整个课堂，师生地位不平等，关系不和谐，所以师生之间交流的意义也被削弱了。只有在融洽的课堂环境下，师生之间的交流才能真正发挥作用。

学生观看教学视频时，对视频中的知识与内容可能会产生不同的理解，这与他们本身的知识结构、经验水平有关。对视频资料的不同理解会造成学生之间认知的失衡，使学生产生新的知识结构。对此，在师生交流中，教师要根据自己了解到的关于学生学习中存在的问题或知识的掌握情况，来合理引导学生和有效帮助学生。学生之间也可以利用互联网平台来相互交流，提出自己的问题，共同探讨，共享学习技巧与经验。

2. 独立探索，完成作业

现代教育要求学生必须具备独立学习的能力。如果学生没有这个能力，将难以在社会上立足。社会个体的存在必须建立在独立的基础上。

在传统课堂教学中，课堂时间完全掌握在教师手里。教师传授知识占据大部分课堂时间，然后用剩余时间布置作业，这些作业填满了学生的课后时间，学生像机器一样学习和完成作业，失去了独立学习和探索的空间与机会，这方面的能力也越来越弱。作为独立个体的学生应该具备独立的学习能力。学生只有经过独立思考，才能完成知识的内化过程，而教师在学生学习的过程中只能对学生进行方法上的引导，而不能代替学生。

翻转课堂教学模式为学生的个性化学习提供了良好的环境，对于教师布置的作业或提出的问题，学生能够独立完成、独立实验和实践。学生在这个过程中对自己理解知识的角度进行审视，完成知识结构的建构，进一步掌握新知识。教师要给学生提供指导和帮助，使学生完成学习任务。学生独立解决问题的能力达到一定程度后，教师要给学生留出更多的空间，提供更多机会，使其能够独立探究问题，掌握知识，促进其知识体系的不断完善。

3. 合作交流，深度内化

学生的知识体系是在独立探索和独立学习的过程中不断形成与完善的。但是学生还需要通过与教师及与其他同学的交流与合作来完成知识的深度内化过程。

交往是社会个体之间相互作用的直接方式。交往行为指的是主体之间通过符号相互协调的过程，它以语言为媒介，通过对话达到相互理解和一致。交往学习是学生在与他人对话、讨论、争论、交流等学习活动中开展的学习过程，是学生实现自身发展的有效途径。参与式学习、合作学习和团队学习均能取得良好的学习效果。在翻转课堂教学中，教师根据教学需要和目标将学生分成若干人数均等的小组，学生首先进行独立学习，独立探索知识与问题的答案，然后小组学生之间就自己对知识的理解而进行交流，并就学习中遇到的问题进行讨论。教师并不是站在讲台上俯视学生的这些学习行为，而是走进学生学习中，参与探讨，融入小组合作学习中，及时解决学生在合作学习中遇到的问题，对学生在小组学习中形成的错误认知及时引导其澄清。学生在这个过程中主体作用得到充分发挥，主体地位得到巩固，思维能力、解决问题的能力以及合作能力都得到有效的提高与改善。当学生完全出于自身需要而进行学习时，学生才能真正成为自己学习的操控者。此时，教师的角色要从说教者、控制者向引导者、促进者转变，在学生学习中起引导和辅导作用。

当前教育界对合作学习越来越重视，合作学习、小组学习等学习方式也在课堂教学中越来越普及，但在传统课堂教学中，合作学习只是一种补充性或替代性的教学方式，发挥着"微弱"的作用，其在培养学生探索积极性方面的作用难以真正发挥。此外也有流于形式的合作学习现象。而在翻转课堂上，师生之间、学生之间能够进行真正意义上的合作，只有这样的合作学习才能达到预期的效果。

4. 成果展示，分享交流

学生经过独立学习、合作学习后，完成个人或小组学习任务，取得一定的成果。展示成果的过程也是学生交流心得与分享经验的过程，成果展示的方法有展示会、报告会、小型比赛或辩论赛等。在展示成果时，教师可进行适当点评，对于学生的剩余问题要及时"补救"。学生在欣赏他人成果的同时向他人学习，反思自己的问题。成果展示也能使学生对学习的乐趣有深刻的体会与领悟，从而转变学习态度，在以后的学习中始终保持积极乐观的心态，充满自信。在成果展示环节，教师要创设良好的课堂环境，要营造民主平等、自由和谐的氛围，并适时对学生的交流活动进行调控。

在最后环节，教师要鼓励学生勇于展示自己的学习成果，并虚心听取他人的点评与意见。学生也可以利用这个机会在网络交流区上传自己制作微视频的方式，同时学习其他学生在微视频制作方面的技巧与先进方式。视频的制作并不能直接决定翻转课堂教学的成败，而课堂学习活动的设计才是决定翻转课堂教学成功与失败的关键。翻转课堂教学模式带来的启发是，要彻底转变传统课堂教学中一切由教师主宰的被动局面，让学生真正成为课堂的主人，自主操控自己的学习活动。

第五节　现代教育技术支持下的混合式教学

一、混合式教学的概念

学术界对"混合式教学"的认识与理解经历了从广义到狭义，从泛化到细化的复杂过程，关于混合式教学的定义有很多，主要有以下几种。

第一，混合式教学是综合运用多种教学媒体的教学。

第二，混合式教学是面对面传授与在线协作学习有机结合的教学。

第三，混合式教学是"以教为中心"与"以学为中心"的结合。

第四，混合式教学是线下面对面传授与在线学习相结合的教学。

以上几个定义中，最后一个定义相对比较权威，且具有可操作性。有学者指出，如果在线学习时间占到总学时的30%～50%，那就是混合式教学。这个定义使混合式教学的研究领域具有一定程度的明确性，而且在实际操作中可以灵活采用多种形式，操作者自由发挥与创新的空间很大。调查发现，目前真正采用了混合式教学模式的课程大多出现在高校，该教学模式有效提高了高校教学的效果。

二、混合式教学的课程结构

混合式教学的课程结构由以下几部分组成。

（一）在线学习

在线学习能够使学生随时随地学习，为学生安排学习时间提供了方便，能够使学生的学习需要得到满足。但在线学习不够系统，学生学习的是片段化的知识，难以有机整合这些零散的知识，因此这些知识的应用率也较低，为避免这一点，需要与后面的混合模式、课堂讨论结合起来。

学生在线学习时，可采用微格、微课、慕课等多种模式。

慕课是教师负责的，通过互联网开放支持大规模人群参与的，以短视频讲课、论坛活动、作业练习、测验考试、通告邮件等要素交织，并有一定时长的教学过程[①]。

慕课孕育于西方国家，始于20世纪末，真正开始在全球教育界掀起浪潮是在2012年，这是一种网络课程教学模式，也被称为"在线课程"，主要特征是支持"大规模"、具有开放性。慕课作为一种新式在线课程，不同于传统的网络课程。传统的网络课程也能向学生提供优质教育，但收费标准高，开放性弱，而且不支持"大规模"。而慕课这种在线课程是教师全程参与课程教学，如设置课程、实施课程、课程互动。

（二）混合模式

混合模式可以有机整合在线学习和课堂讨论，结合二者的优势来促进学生学习效果的提高。但如果在整合与结合的过程中没有全面分析教学数据和衔接

---

① 王祖源，张睿，徐小凤，2016，混合式教学：信息技术与教学活动深度融合［J］. 物理与工程，26（6）：43-47.

好各教学环节，将会影响学生的学习效果。

教师可采用的混合模式主要有两种：一种是非翻转模式，即课堂教学为主，在线学习为辅；一种是翻转模式，即在线学习为主，课堂讨论为辅。其中翻转模式又有部分翻转与完全翻转两种情况，前者指的是教师在课堂上先对教学重点、难点进行讲解，再进行课堂讨论。后者指的是课堂时间都用来讨论，具体根据教学需要而选择。

（三）课堂讨论

课堂讨论具有即兴学习的特点，有利于整合学生的学习体验与心得，课堂交流与讨论能够使学生思维的主动性增强，并实现知识的深层次内化。但课堂讨论时间有限，在课堂教学中只采用单一的探究学习模式将对学生的学习成效产生不利影响，因此应与以上两个环节紧密结合起来，采用混合式教学模式。

在课堂讨论部分，主要学习方式有两种。

1. 基于问题的学习方式

教师从教学的重点、难点和教学目标出发，由浅到深、从易到难设计问题，问题要有趣味性和挑战性，要与学生的学习能力相符，能将学生解决问题的积极性调动起来。教师设计问题后，学生在教师的引导下通过自主探究、查阅资料、小组讨论、合作交流等方式解决问题，在特定问题情境中应用在线学习中学到的知识，评价自己对知识的掌握程度。学生还可以归纳所学知识，采用归纳与推理的方法来同时解决多个问题，从而实现多重知识的内化。学生也可以构建解决问题的简化模型，提高学习的效率。

2. 基于项目的学习方式

这种学习方式适用于实践性强的课程。教师以学习目标、学生的学习能力为依据，对课件制作、数值模拟、程序设计、实验设计等学习项目加以确定，学生根据要求将相关学习计划和方案制订出来，师生就方案的可操作性共同进行讨论，直到确定学习方案可行。在实验课堂上，学习小组按计划做试验，教师给予正确的引导和及时的帮助。实验结束后，学习小组实事求是撰写研究报告，教师给予指导。

采用这种学习方式时，不仅要求学生运用与实验或问题密切联系的知识，还要在探究过程中应用其他领域的知识，以丰富自己的知识结构。

三、混合式教学的评价

混合式教学的评价主要涉及 3 个维度。

（一）学习成效

评价混合式教学的成效时，可同时采用形成性与总结性两种评价方式，评价中主要考察两个方面：一是知识，二是能力。具体评价方法有问卷调查和学习数据分析。教师要明确制定评价标准。

（二）学习过程的交互性

在混合式教学中，构建学习共同体存在于在线学习和课堂讨论环节中，学生通过学习交互活动解决问题。这个交互包括师生交互与学生之间交互。在线学习环节中，学生的交互活动比较平均，但在课堂讨论环节，交互活动就主要偏向教师眼中的"好学生"。交互的不平衡对学生的学习造成了制约。因此，不管是线上还是线下，都要严格把控交互的数量与质量。

（三）学习过程的个性化程度

学生的个性化学习问题同时存在于在线学习与线下讨论环节中。学生在在线学习中，要从自身实际出发对学习方式进行选择，这体现了个性化特征。在线下讨论过程中，每个学生都是着重解决自己在线学习时遇到的特定问题，这是线下学习个性化的体现。学生学习的主动程度可以从学生学习活动的个性化程度中体现出来。终身教育理念要求学生要有学习的兴趣、自觉性和主动性，因此这是混合式教学评价的一个重要维度。

上述 3 个评价维度密切联系，全面开展这几个维度的评价，能够了解混合式教学的质量和效果，能够根据评价反馈改进混合式教学模式，对学生的高级思维能力、创新能力进行培养，从而深度融合现代教育技术与现代创新人才的培养。

参考文献
REFERENCES

E・P. 克伯雷，1991. 外国教育史料［M］. 任宝祥，任钟印，译. 上海：华东师范大学出版社.

爱弥尔・涂尔干，2003. 教育思想的演进［M］. 李康，译. 上海：上海人民出版社.

布卢姆，1986，教育目标分类学. 第一分册，知识领域［M］. 上海：华东师范大学出版社.

布鲁姆，1987. 教育评价［M］. 邱渊，译. 上海：华东师范大学出版社.

常丽珍，2015. 高校课程改革的现状及对策探索［J］. 产业与科技论坛，14（20）：171－172.

陈琦，张建伟，1998. 建构主义与教学改革［J］. 教育研究与实验（3）：6.

陈玉琨，2001. 课程改革与课程评价［M］. 北京：教育科学出版社.

冯晓玲，2017. 终身教育理念下的高校课程改革与创新［J］. 终身教育研究，28（1）：21－24.

高瑜，2021. 以在线对分课堂为引领的高校课程改革新模式研究［J］. 黑河学院学报，12（4）：102－104.

何春林，2017. 转型背景下地方高校课程建设的实践与探索［J］. 高教学刊（10）：134－136.

和学新，张丹丹，2011. 论学校课程制度［J］. 全球教育展望，40（2）：22－27.

洪早清，袁声莉，2022. 基于课程思政建设的高校课程改革取向与教学质量提升［J］. 高校教育管理，16（1）：38－46.

黄福涛，2003. 外国高等教育史［M］. 上海：上海教育出版社.

黄旭华，郭志芳，2013. 中世纪高校课程特色及启示——以巴黎高校为例［J］. 教育学术月刊（3）：3.

黄勇荣，何亨瑜，丁丽丽，2014. 基于提升大学生实践能力的高校课程改革研究［J］. 黑龙江高教研究（5）：153－155.

吉玲，2008. "洋务运动"能否拯救国产动画——以兰州市中学生动画受众调查为例［J］. 青年记者（6）：39－40.

教育部，2001. 基础教育课程改革纲要（试行）［J］. 人民教育（9）：3.

夸美纽斯，1999. 大教学论［M］. 傅任敢，译. 北京：教育科学出版社.

昆体良，1982. 雄辩术原理［M］. 上海：华中师范学院教育系.

李方，2002. 论教学方法的概念及历史变迁［J］. 现代教育论丛（4）：1-9.

李瑾瑜，柳德玉，牛震乾，2003. 课程改革与教师角色转换［M］. 北京：中国人事出版社.

李晓愚，2018. 论中国画跨代传播中的图像志传统［J］. 学术月刊，50（12）：128-141.

梁晓天，2008. 试论探究教学理论在高校课程改革中的应用［J］. 科技情报开发与经济（2）：185-186.

刘京国，2021. 现代信息技术推动高校课程教学模式改革的研究与思考［J］. 教育教学论坛（4）：64-67.

路胜利，冯军，罗朝盛，2015. 对高校课程建设与人才培养的探讨［J］. 浙江科技学院学报，27（5）：326-331.

孟凡欣，2022. 产教融合导向下应用型高校课程建设规划的思考［J］. 中国多媒体与网络教学学报（上旬刊）（10）：65-68.

聂晨，吕淑云，石美祺，2022.OBE 教育理念下的高校课程建设存在的问题与对策［J］. 科技风（23）：17-19.

闪茜，赵红梅，2022. 互联网经济背景下高校课程改革研究探索［J］. 科技经济市场（1）：125-127.

施良方，1996. 课程理论：课程的基础、原理与问题［M］. 北京：教育科学出版社.

孙爱东，2011. 信息技术与高校课程整合中教师的角色定位［J］. 中国成人教育（23）：131-134.

田海龙，2016. 高校课程改革问题及对策研究［J］. 教育现代化，3（14）：41-43.

涂黎晖，苏德矿，2018. 高校课程改革探析——评《课程与教学论》［J］. 教育发展研究，38（17）：86.

王长柏，刘吉敏，2019. 精品线下开放课程在高校课程建设中的应用［J］. 中国教育信息化（23）：43-46.

王春燕，王秀萍，秦元东，2009. 幼儿园课程论［M］. 北京：新时代出版社.

乌云高娃，娜仁，2014. 高校课程改革与教师教学能力的提升［J］. 赤峰学院学报：自然科学版，30（2）：272-273.

吴迪，贾鹤鸣，徐苗苗，2022. 应用型本科高校课程改革历程与探索［J］. 三明学院学报，39（1）：108-113.

夏之莲，1999. 外国教育发展史料选粹（上册）［M］. 北京：北京师范大学出版社.

雅克·卢梭，2010. 爱弥尔［M］. 内蒙古：内蒙古人民出版社.

杨晓辉，2018. 高校课程建设思维模式与方法探索［J］. 天津中德应用技术大学学报（2）：99-103.

易晓爽，姜学，2021. 网络慕课对我国高校课程改革的影响探析［J］. 齐齐哈尔师范高等专科学校学报（3）：112-114.

曾子敏，2014. 现代教育技术服务高校课程改革的理论探索 ［J］. 科技创业月刊，27（5）：
    113 - 114.
张美玲，2021. 关于批判性思维教育和高等教育改革关系的思考 ［J］. 林区教学（3）：
    27 - 31.

图书在版编目（CIP）数据

高校课程改革与教学研究 / 夏建雪，徐竞，张丽晶
著 . —北京：中国农业出版社，2024.3
ISBN 978-7-109-31835-9

Ⅰ.①高… Ⅱ.①夏… ②徐… ③张… Ⅲ.①高等学
校－课程改革－教学研究－中国 Ⅳ.①G642.0

中国国家版本馆 CIP 数据核字（2024）第 059554 号

中国农业出版社出版

地址：北京市朝阳区麦子店街 18 号楼
邮编：100125
策划编辑：姜爱桃　　责任编辑：李　夷　　文字编辑：刘金华
版式设计：王　晨　责任校对：范　琳
印刷：北京中兴印刷有限公司
版次：2024 年 3 月第 1 版
印次：2024 年 3 月北京第 1 次印刷
发行：新华书店北京发行所
开本：700mm×1000mm　1/16
印张：17.25
字数：328 千字
定价：88.00 元